应用型本科汽车类专业“十二五”规划教材

汽车文化与新技术

主　编　李艳菲
副主编　陈晓茜　李　颖
参　编　周润川　李　岩　任大任

机 械 工 业 出 版 社

本书将人文教育与科学教育、文化素质教育与专业素质教育实现有机结合，系统地介绍了汽车的起源，世界汽车工业的形成与快速发展过程。内容全面、丰富，详细阐述了日本车系、美国车系、欧洲车系等各大车系，并介绍了现代汽车的新技术、汽车的造型与色彩、汽车运动以及安全驾驶等方面的知识，对汽车基本知识的介绍深入浅出、通俗易懂，全书图文并茂，集历史性、知识性和趣味性为一体。

本书适合作为大学本科各专业公共课教材，也可作为广大汽车爱好者了解汽车文化的读物。

图书在版编目（CIP）数据

汽车文化与新技术/李艳菲编著. —北京：机械工业出版社，2013.4（2018.6 重印）
应用型本科汽车类专业“十二五”规划教材
ISBN 978-7-111-41608-1

Ⅰ.①汽… Ⅱ.①李… Ⅲ.①汽车-文化-高等学校-教材②汽车-新技术-高等学校-教材 Ⅳ.①U46

中国版本图书馆 CIP 数据核字（2013）第 035354 号

机械工业出版社（北京市百万庄大街 22 号　邮政编码 100037）
策划编辑：赵海青　责任编辑：赵海青
版式设计：霍永明　责任校对：陈延翔
封面设计：路恩中　责任印制：常天培
北京机工印刷厂印刷
2018 年 6 月第 1 版第 3 次印刷
184mm×260mm · 15 印张 · 370 千字
4501—6000 册
标准书号：ISBN 978-7-111-41608-1
定价：39.00 元

凡购本书，如有缺页、倒页、脱页，由本社发行部调换

电话服务
服务咨询热线：010-88379833
读者购书热线：010-88379649

网络服务
机 工 官 网：www.cmpbook.com
机 工 官 博：weibo.com/cmp1952
教育服务网：www.cmpedu.com
金 书 网：www.golden-book.com

前　　言

最能凸现一个民族传统与智慧的，莫过于文化。在汽车发展的100多年的历史中，汽车的孕育、诞生和发展的过程，始终蕴涵着人类的文化意念。世界上每一家汽车公司的成长，每一个汽车品牌的演进，都有动人的故事，体现着人类的追求，凝结着人类的智慧，汇聚着先进的科学技术，充分体现了人类的创造力，好似一篇动人的乐章，令人思绪激荡。汽车作为交通工具，又充满着艺术的魅力，流动起来更使世界多姿多彩。汽车的发展不断地改变着人们的生活方式，乃至生活的理念，带动着世界经济的繁荣和发展；并积累了丰富的精神财富，被赋予了更多的文化内涵，形成了一个独特的文化现象——汽车文化。

本书作为大学本科各专业公共课教材，将人文教育与科学教育、文化素质教育与专业素质教育有机结合，系统地介绍了汽车的起源，以及世界汽车工业的形成与快速发展过程。内容全面、丰富，详细阐述了日本车系、美国车系、欧洲车系等各大车系，并介绍了现代汽车的新技术、汽车的造型与色彩、汽车运动以及安全驾驶等方面的知识，对汽车基本知识的介绍，深入浅出，通俗易懂。全书图文并茂，集历史性、知识性和趣味性为一体，因此可使读者充分了解汽车的过去、现在和未来，培养广大学生对汽车的兴趣和爱好，提高对汽车的鉴赏能力，学会享受汽车带给人类的物质文明和精神文明。本书不仅可以作为大专院校公选课的教材，也可作为广大汽车爱好者了解汽车文化的读物。

本书编写过程参考、借鉴了一些公开出版和发表的文献，由于作者水平有限，难免存在不足之处，恳请广大读者批评指正，以便再版时修订。

编　者

目　录

第一章　汽车史话

【学习目标】

1. 了解汽车的起源。
2. 了解世界汽车工业发展概况。
3. 了解中国汽车工业发展历程。

第一节　汽车溯源

汽车的诞生、汽车的发展、汽车的完善，经历了一个漫长的过程。真正意义上的汽车自19世纪末诞生以来，已经走过了风风雨雨的一百多年。这个由上万个零件组合的机电产品，是人类智慧的结晶。从卡尔·本茨造出的第一辆三轮汽车以18km/h的速度跑到现在，竟然诞生了从零加速到100km/h只需要3s多的超级跑车。这一百年来，汽车技术的发展是如此惊人，今天人们已经把它和谐地将现代科学技术与艺术相统一。回顾汽车从设计、生产、使用的不断改进，从外表到内饰、从风格到品质的每一步变迁，都深深打下时代文化的烙印，让我们遵循历史的足迹走进汽车的世界。

一、早期的探索

（一）人类伟大发明——车轮的出现

在人类文明发展史上有什么可以与火的使用相提并论？答案是轮子的发明。

远古时代，以狩猎为生的人类没有交通工具，无论是耕种，还是搬运东西，只能靠手提肩扛、众人搬抬。为了生存人们要垒房子、堵洞穴，不但要将猎物搬回驻地，还必须从远处运回大量石块、木头等，这真是一件难事。于是人们思考：有没有一种既省力又能多运东西的办法呢？终于有一天一件偶然的事触发了人们的灵感，当时一个搬运石块的人看见另一个人正拖着一头鹿往回走，就从中受到启发。于是他找来一块带尾巴的兽皮把石块放在上面拖着尾巴走起来，嗨，这办法真灵，省了他不少力！

就这样，兽皮变成了人类最原始的交通工具。不过用了一段时间后缺陷就暴露出来了：在高低不平的路上拖运东西，不久兽皮就被磨穿了，而且用兽皮搬运东西的数量也很有限。后来人们采用绳拽法，将绳子系在物品上用人力拉拽。这种运输方法，物体着地面积大。为了减少摩擦，人们利用树枝为架，两叉之间绑以横木，横木不触底，其上载物，即所谓橇载法（图1-1）。公元前2000多年的埃及人就学会用滑橇来搬运重型物体了。

但是这种木橇在平滑的地面上行进还比较省力，如遇颠簸不平的路面时，仍很费力。后来人们终于发现把一块木板放在两根滚动的圆木上，这样运送东西不仅运得多、运得快，而且特别稳当，进而发明了把圆木垫在木橇之下，借其滚动而移动木橇（图1-2）。这种圆木与木的结合，可以说是车的雏形，装在木橇下的圆木可以视为一对装在车轴上的最原始的特殊形式的“车轮”，其车轴的直径恰好等于车轮的直径，而且两者是一个整体。这种“车

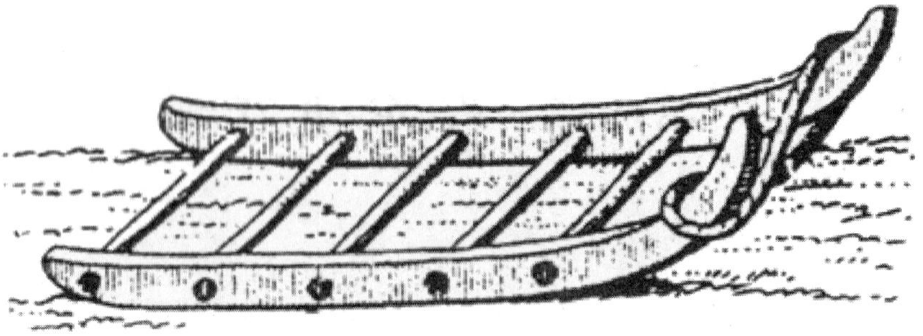

图 1-1 木橇

轮”的出现，是人类在最初阶段对轮子的利用。

图 1-2 最原始的“车轮”

古埃及人就是用这种方法把巨大的石料堆成金字塔的。虽然古埃及人更应该受滚杠的启发而发明车轮，但最早使用车轮的却不是古埃及人。

任何简单而意义深远的发明都不是凭空出现在人们脑海中的，必然有什么现象触发了灵感。正如古人见到水里漂着的木头而想到独木舟一样，车轮的发明也可能是受到了一些自然物的启发。《淮南子》中说我们的祖先“见飞蓬转而知为车”。“飞蓬”是一种草，其茎高尺许，叶片大，根系入土浅，一有大风，很容易被连根拔起，随风旋转。古人可能就是受到这个现象的启发，发明了车轮和车轴。与鲁班受锯齿草的启发而发明锯子的传说一样，这种说法很可能也是一个传说而已。因为轮子在自然界是有原型的。

原始民族曾经普遍崇拜过天空中的日月。古人一定认为它们拥有最完美的外形——直到古希腊时代，哲学家柏拉图也还认为球体是最完美的形式。也许新石器时代的先民在制作器具时很自然地会模仿太阳和月亮的形状。当他们偶然发现制成的圆盘状物体可以在转动中保持形状不变时，他们就有兴趣进一步发掘它的用途。

但在当时，在几乎没有道路的荒原山野上拽这种橇仍然是很困难的。有一天，有人发现在风的吹动下，圆滑的石头或短圆木滚动得比别的东西快。在这个自然现象的启示下，人们用石斧把圆木截短，并把砍下的两端圆木从中间凿一个圆洞，再在洞里穿上一根细一点的木棍把它们连接起来。这样，一种滚子橇就被制造成功了，用它拖东西比过去那种橇又轻快多了（图1-3）。

图1-3 滚子橇

轮子的发明改变了人类陆地移动方式，实现了移动由滑动到滚动的飞跃。

然而当用这种滚轮装运太重的物品时，滚轮就会被压裂，因此，后来人们又想到在这种轮子套上铜箍或铁箍。最初车轮是一对用圆木砍制成的没有辐条的圆盘，后来为了不受圆木直径的限制，改用木板拼接，把两个圆形车轮用横木固定在木板车的两端，就可以轻便地运货了。这种圆盘式车轮在古代叫做“辁”。有了车轮，车的创制就成为可能的事情了。

根据美国历史学家斯塔夫里阿诺斯著《全球通史》，这种车轮出现在美索不达米亚。最早美索不达米亚的轮子只是一些圆形的板，和轴牢牢地钉在一起。车与车辕之间有一个滑动槽，轴在滑槽中转动，车轮就随着车轴滚动。到公元前3000年时，已将轴装到手推车上，轮子不直接和车身相连。

利用车轮滚动而行，减少了车与地面的摩擦，既省人力，又可多载重物，还可以长途运输。车轮的问世，标志着古代交通工具的发展进入了一个新的里程。

再后来，又出现了带辐条的车轮（图1-4），这便是今天自行车车轮、摩托车车轮的祖先。

图1-4 带辐条的车轮

通常轮子被视做人类最古老、最重要的发明，以至我们经常把它和火的使用相提并论。

类似的，关于车的第一个概念出现之后，轮就开始单独制造，并把它固定在一个活动的轴上，装上了轮箍。后来，有了轻便的车轮和光滑的轮座，于是车轮就在不动的轴上转动了。当然，所有这些，无非是一种想象，但是，无论如何，它使我们的头脑完全清楚了车的本质。

（二）车的发明

相传，4600年前，黄帝创造了车。出于纪念黄帝的功绩，后人称他为“轩辕黄帝”。

轩，古人对直木之称；辕，对横木之谓；直木、横木架在轮子上，就成了一辆雏形车。传说黄帝与另一个部落九黎族的首领蚩尤在“逐鹿之战”中就用到了牲畜拉的“车”（图 1-5）。虽然蚩尤以金作兵器，并能“呼风唤雨”，但在拥有“车”的黄帝面前，还是被杀得大败，丢了性命，从此黄帝统一了华夏各族，成就了中华民族的前身。黄帝战蚩尤因此也成了影响中国历史的第一件大事。如此说来，中国有车始于距今 5000 年前。年代虽已久远，传说亦无从考证，但这依然在一定程度上反映出我们的祖先对车最早的认识——因为神话本身就是一个民族对一些基本问题的回答。

图 1-5　传说中黄帝乘坐的车

人类历史上的第一部车是中华民族的祖先发明的。据英国科学家李约瑟考证得出的结论，在 4500 年到 3500 年前，中国出现了第一辆车子。而《左传》中提到，车是夏代初年的奚仲发明的。在公元前 2000 多年的夏初大禹时代，有一位管车的大夫奚仲，是中国车子的创造者，也是世界上第一辆车子的发明者。他发明的车由两个车轮架起车轴，车轴固定在带辕的车架上，车架附有车厢，用来盛放货物。这就是世界上的第一辆车（图 1-6）。

图 1-6　奚仲发明的两轮车

最初的车辆，都是由人力来推动的，称为人力车。后来人们开始用牛、马拉车，称为畜力车。据传说，畜力车是商汤的先祖相土和王亥共同发明的。

另据史料记载：公元前 1600 年的商代，我国的车工技术已达到了相当高的水平，能制造出相当高级的两轮车，采用辐条做车轮，外形结构精致华美，做工也十分复杂。到西周时期（公元前771年），马车已经很盛行了。春秋战国时期（公元前221—770年），各诸侯国之间由于频繁的战争，马车便纳入了战争的行列，对于当时来说，这是代表一个国家强盛的极明显标志。陕西临潼秦始皇帝陵出土的战车式样，代表了2000年前车辆的制造水平。

最早车的实物是在河南安阳殷墟发现的。殷墟先后发现了18辆车，由于深埋地下，年深岁久，出土时木质结构已经全部腐朽。根据黄土中保留下来的朽木痕迹对它们进行剥剔和清理，经过复原，车的大致结构是独辕，约有18根辐条，长方形车厢，一般可坐两三人，大多数车由2匹马驾辕。

记里鼓车（图1-7）发明于西汉初年，是中国古代用于计算道路里程的车辆，又称“司里车”、“大章车”。可惜最初结构已失传，到宋代才重新制造成功。700多年前的宋代，有位进士名叫燕肃，是一位机械工匠，宋仁宗天圣五年（公元1027年），燕肃启奏皇帝，详细说明了制造指南车和记里鼓车的方法。经允许，他重新制造了代表中国古代文明的指南车和记里鼓车。

图1-7 记里鼓车

记里鼓车上有两个木人，车行一里也就是如今的500m就击一次鼓（图1-8）。记里鼓车和指南车都是皇帝出行时的仪仗车，经常被排列在相同的位置。记里鼓车的秘密藏在一组与轮轴相连的减速齿轮上，两个木人被各自的中平轮控制，转一周动一次，很像汽车上的里程表。实际上，它们的机械原理是相似的。记里鼓车是近代里程表、减速器的先驱，是科学技术史上的一项重大成就。

图1-8 记里鼓车上的木人车行一里击一次鼓

指南车（图1-9）是三国时期马

钧所造。这种车是一种由车子和一个小木人构成的指示方向的机械，车中装有可自动离合的齿轮传动装置，并与木人相连，木人有一只手指向前方，不管车辆朝什么方向行走，在自动离合齿轮装置的作用下，木人的手都指向南方。有人笑称这是现代卫星导航系统的先驱。聪明智慧的中华民族在黄帝造车后的2000年，不仅将车的作用发扬光大，而且，在车的某些细节上，已经开始有了一个更高层次的升华，使后人须仰视方可得见！

图1-9　马均发明的指南车

指南车和记里鼓车都是利用齿轮传动原理来工作的。它们的出现体现了1700多年前中国车辆制造工程技术已达到的水平，是中国古代技术的卓越成就。

也许您想不到，世界上设想汽车的第一人，应是我国唐朝天文学家僧一行（原名张遂，683—727)，他发明“激铜轮自转之法，加以火蒸汽运，名曰汽车”（图1-10)，这比西方人所推崇的达·芬奇设想发明汽车的说法早了800年！

图1-10　张遂发明的“汽车”

现代汉字中有个字叫“轩”，相信没有人会对它陌生。“轩”其本义是一种有帷幕的车子，供人乘坐（图1-11)，后来则演化为一种有窗槛的长廊或小屋，成为一个建筑的名字。每个字的出现和演化都有它的原因和道理，那这个“轩”字是不是昭示着车与建筑在某种程度上有着一定的依存呢？是不是那时的中国人对于车的要求已不再是单纯的代步工具，而是对房车最早的理解呢——把建筑用移动的车来承载——这是一种多么充满智慧的浪漫想象！

二、最初的发明

在几千年的发展史中，车辆始终没离开人推马拉，既装得少，又走得慢。主要原因是没

图 1-11　中国古代的轩

有解决动力问题。

带着这个问题，人类开始了不断的探索与研究。1420 年，有人制造出一种滑轮车（图 1-12）。人坐在车内，借用人力使绳子不停地转动滑轮。车虽然走了起来，但由于人力有限，这辆车的速度不能充分得以发挥，甚至比步行还要慢。

图 1-12　滑轮车

后来，大画家达 · 芬奇设想了一种车，利用发条机构使一个带齿的圆盘进行水平旋转，旋转的力通过带有齿轮的车轴和车轮连接起来，车就可以前进了。但他仅仅提出了设想，并没有进行实际的研究。

1649 年，德国一个钟表匠汉斯 · 郝丘制造了一台发条式的汽车（图 1-13）。但是这台发条车的速度不到 1.6km/h，而且每前进 230m，就必须把钢制发条卷紧一次，这个工作的强度太大了，所以发条车也没有能够得到发展。

图 1-13　发条车

（一）第一台蒸汽汽车

真正意义上的第一辆汽车是 1769 年，法国的一名军事工程师，尼古拉斯 · 古诺大尉建造的三轮蒸汽机车（图 1-14）。该车长 7.32m，车宽 2.2m，前轮直径 1.28m，后轮直径 1.5m。车架上放置一个大锅，前进时靠前轮控制方向，每前进 12 ~ 15min 就要停下来 15min，运行速度为 3.5 ~ 3.9km/h。由于操纵困难，在试车途中下坡时撞到了兵工厂的石头墙上，值得纪念的世界上第一辆蒸汽机车就这样成了一堆废铜烂铁，面目全非。由于这并非是现代意义上的汽车，所以我们称之为蒸汽机车，这是汽车发展史上的第一个里程碑。

又经过反复改进，这台蒸汽车上已经可以乘坐 4 个人，速度也提高到 9km/h 了。陆军部下令古诺制造更大的蒸汽车，要求载重 4580kg。1771 年，一台更大型的蒸汽车经过改进，已经可以达到牵引 4 ~ 5t 重物的水平。

在古诺之后，欧洲大陆上掀起了研制蒸汽汽车的热潮。蒸汽汽车的技术水平迅速提高，到 19 世纪初已经达到一定水平。在英国、法国、德国等国家，都开始用蒸汽汽车进行运输，

图 1-14　试车时就撞到墙上的蒸汽机车

并逐渐繁荣起来。到 19 世纪中期，出现了蒸汽汽车与马车并驾齐驱的局面。由于蒸汽汽车功率大、运量多，逐渐占了上风。

1801 年，理查德 · 特雷威蒂克制造了英国最早的蒸汽汽车。两年后，他又研制了形状类似公共马车的蒸汽汽车。这辆公共汽车能乘坐 8 人，创造了在平路上为 9. 6km/h、坡道上为 6. 4km/h 的世界纪录。

1825 年，英国公爵嘉内制成了第一辆蒸汽公共汽车（图 1-15）。这辆车的发动机装在后部，后轴驱动，前轴转向。它采用巧妙的专业转向轴设计，最前面两个轮并不承重，可由驾驶人利用方向舵柄轻便地转动，然后通过一个车辕，引导前轴转动，使转向可以轻松自如。1831 年嘉内利用这辆车开始了世界上最早的公共汽车运营业务，所以这辆车也被认为是世界上最早的公共汽车。

图 1-15　第一辆蒸汽公共汽车

1828 年，哈恩格克制成了比嘉内的汽车性能更好的蒸汽公共汽车，并开始了公共运输事业的企业化。他的车可以承载 22 名乘客，车速 32km/h，营运后很受欢迎。1834 年，发展成立了世界上最早的公共汽车运输公司——苏格兰蒸汽汽车公司。

1805 年，美国人埃文斯首次制造了蒸汽发动机的水陆两用汽车。

1928 年，法国人配夸尔制造了一辆蒸汽牵引车。这辆汽车首次采用将发动机置于车的前端，而由后轴驱动的布置方案。在发动机和后轴之间，用链传动。后轴系由两根半轴构成，当中由差速齿轮连接，这就是最早发明的差速器。此外，两个小小的前轮是各自与车架弹性相接的，这称作独立悬架。这种独立悬架设计，在当时有划时代的意义。配夸尔的链传动、差速器、独立悬架设计，对汽车的发展贡献极大，至今仍在汽车上广泛应用。

但蒸汽汽车有很多缺点，运行时需要大量的水和煤、车身重、易爆炸、不容易控制、车轴易断裂、易熄火、行车受天气影响、舒适性差。蒸汽车的迅速发展引起了马车商人的不满，他们利用各自的势力使政府不支持蒸汽车，并对蒸汽车横加指责。在这种情况下，19世纪中叶以后，蒸汽汽车事业日趋衰落。尽管存在上述的不足而阻碍了蒸汽汽车成为一种理想的运输工具，但蒸汽汽车在汽车发展史上占有重要一页，它是现代汽车的奠基者，在汽车的“家谱”中，它应是“自动车”的祖先。

（二）电动汽车

就在蒸汽汽车产生的初期，已有许多人投入对电动汽车的研制中。一般认为，1873 年英国人戴维森制造的四轮货车是最早的电动汽车。19 世纪 80 年代，在法国已制造了多辆名副其实的电动汽车。在美国，爱迪生和福特都对电动汽车的开发作出了很大贡献。90 年代，电动汽车有了较快的发展，于 1898 年创立的哥伦比亚电气公司当时曾生产了 500 辆电动汽车。1899 年，法国的杰那茨（Camille Jenatzy）驾驶着电动汽车创造了 105km/h 的最高车速纪录（图 1-16）。在以后的 20 年间，电动汽车与蒸汽汽车展开了竞争。但无论是电动汽车还是蒸汽汽车，最后都在竞争中让位于后起之秀——装有内燃机的汽车。其主要原因是电动汽车一次充电的续驶里程太短，而且蓄电池的质量和体积很大，为安放电池使车内空间过于狭小。

图 1-16　1899 年杰那茨驾驶的电动汽车

三、汽车的诞生

（一）近代汽车的诞生

卡尔·本茨（Karl Benz，1844—1929）（图 1-17）是现代汽车工业的先驱者之一，人称“汽车之父”。

1879 年，卡尔·本茨研制成功火花塞点火内燃机。随后他又将内燃机改进为汽油发动机安装在三轮车上。车上装有三个实心橡胶轮胎的车轮，装有卧置单缸二冲程汽油发动机，785mL 容积，虽然它的车速只有 16km/h，但在当时，人们的陆上交通工具还是马车，因此这一速度足以令人“窒息”。该车前轮小，后轮大，发动机置于后桥上方，通过链和齿轮驱动后轮前进，行驶方向靠操纵杆控制，为了提高人员乘坐的舒适感，在车架和车轴间装有钢板弹簧悬架。该车已具备了现代汽车的一些基本特点，如电点火、水冷循环、钢管车架、钢板弹簧悬架、后轮驱动、前轮转向和制动手柄

图 1-17　卡尔·本茨

等。其齿轮齿条转向器是现代汽车转向器的鼻祖。1886 年，卡尔·本茨的妻子进行了公开试车（图 1-18）。卡尔 1886 年 1 月 29 日向德国皇家专利局申报专利并获得批准，因此 1 月 29 日被认为是世界汽车诞生日，1886 年为世界汽车诞生年。这辆汽车被命名为“奔驰 1 号”，现保存在慕尼黑科学博物馆内（图 1-19）。

图 1-18　卡尔·本茨的妻子（贝尔塔）在试车

图 1-19　1886 年本茨制造的装有汽油机的三轮汽车

（二）汽车的发展与完善

汽车刚发明时，并没有马上在各种路面车辆中显示出很强的竞争力。20 世纪初，销量最大的还是蒸汽汽车，电动汽车也比汽车发展得充分。在欧洲的城市公共交通中，有轨电车和无轨电车占据着优势地位。汽车经过几年的发展完善，才在路面车辆中占据了主导地位。

德国人发明了汽车，但在促进汽车初期发展方面作出贡献最多的却是法国人。

1889 年法国人标致（Peugeot）研制成功齿轮变速器、差速器；1891 年法国人首次采用前置发动机后轮驱动，开发出摩擦片式离合器；1895 年法国人开发出充气式橡胶轮胎；1898 年法国的雷诺 1 号车采用了箱式变速器、万向节传动轴和齿轮主减速器；1908 年法国的狄第安采用了流传至今的狄第安后桥半独立悬架。

另外，1893 年德国人发明了化油器；1896 年英国人首次采用石棉制动片和转向盘。

1. 发动机的完善

在这一时期，车用汽油机逐渐完善起来。汽油汽化与点火问题得到了解决。内燃机的冷却最初是用一根长而弯的管子让水循环流动来实现的。1901 年，迈巴赫又发明了蜂窝状的散热器，为高效率的冷却打下了基础。

早期的汽车是靠手摇转动曲轴来起动发动机的，这种方式既费力又不方便，需要有两个人配合。最初消除手摇起动的设想是将压缩空气按点火顺序依次送进各缸以使曲轴转动。压缩空气是靠发动机工作时带动一个气泵而储存的，除了用于起动发动机外，还可给轮胎充气及带动千斤顶工作。但是这种起动方法并不成功。1917 年．美国凯迪拉克公司研制了第一个电起动器，它是用一个小电动机带动与曲轴相连的飞轮转动来起动发动机的。这项发明的关键在于认识到电动机能在瞬时超负荷运转，所以一个小电动机就可以带动曲轴转动至发动机点火起动。这是由凯特林（Kettering）研究发现的，开始用的电动机是为点钞机设计的。到了 1930 年，虽然摇动手柄仍然是汽车的一个附件，但是摇动曲轴起动发动机的事，除极偶然的情况外，已经不大出现了。

2. 传动系统的完善

汽车靠传动轴传递功率后，在传动轴与发动机之间安置了变速器，使发动机在一定的转速内工作，而汽车可以有不同的行驶速度。变速器由齿轮传动，主动齿轮与发动机连接，从动齿轮与驱动轴连接，行驶中换档时，由于两个齿轮转速不同而啮合困难，强行啮合就有打齿的危险。开始人们在变速器的前后各装一个离合器。换档时，用这两个离合器将变速器中的齿轮轴与发动机和驱动轴都脱开。但是由于惯性，两齿轮转速达到同步还得有一段时间，再加上两个离合器配合操纵很复杂，使行驶换档非常困难。1929 年，也是凯迪拉克公司首先研制出同步器，它是通过同步器中锥面相互摩擦使两个齿轮转速相同时才允许啮合。这样只要有一个离合器就行了，换档时既轻便又不打齿，换档时间也大大缩短了。

3. 制动系统的完善

汽车制动器开始是照搬马车上的结构，即用手制动器带动一个单支点的摩擦片来抱住后轮。但是汽车所需的制动力要比马车大得多，而且汽车倒退时这种制动器常常失灵。当时一些汽车在底部安装一根拖针，当汽车在坡路上下滑时，拖针会扎入地下使车停住。后来在车上又增加了脚制动器，控制传动轴的转动。1914 年开始出现轮内鼓式制动器（图 1-20）。1919 年，法国海斯柏诺-索扎公司制成用脚踏板统一控制的四轮鼓式制动器，并由变速器驱动一个机械伺服机构来增加制动力，使制动效果大为改善。1921 年，美国的杜森伯格公司又推出了液压助力器，由一个主液压缸来放大制动力。以后又出现了气动助力的制动器。制动装置逐渐形成了脚制动控制轮边制动，手制动控制传动轴制动的普遍的结构形式。

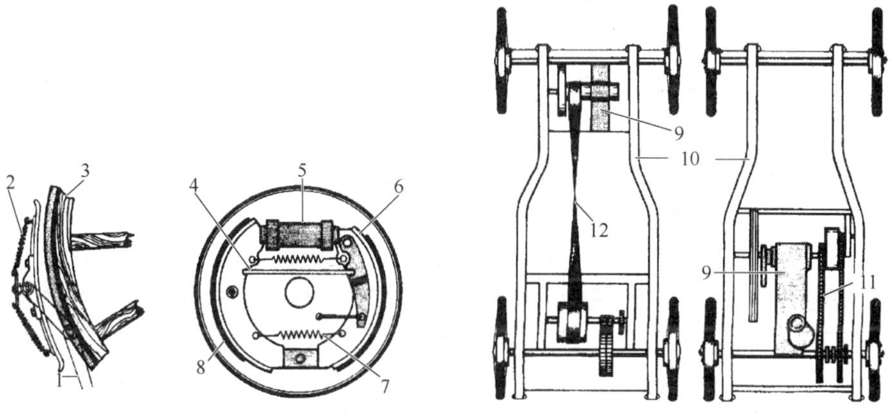

图 1-20 早期的汽车制动与传动装置

a）匙形制动器 b）鼓式制动器 c）带驱动 d）链驱动

1—操作杆 2—弹簧 3—车轮 4—平衡棒 5—车轮轮缸 6—制动蹄片

7—回位弹簧 8—制动鼓 9—发动机 10—底盘 11—链 12—传动带

4. 采用充气轮胎

早期的汽车还有使用实心木轮的，但很快大部分汽车都采用了所谓的辐条式的铁制车轮，外套实心橡胶轮。这种实心轮当车速超过 16km/h 时，车就会跳起来，使驾驶人和乘客颠簸得无法忍受。邓洛普发明了用于自行车的充气轮胎后不久，1895 年，法国的米其林兄弟（Andre and Edouard Michelin）就制造出了用于汽车的充气轮胎。当时这种轮胎虽然改善了汽车的舒适性，但漏气问题却成了驾驶人最头痛的事。当时汽车轮子还是不可拆卸的，所以补胎和换胎都要费很多时间。为了解决这个问题，先是出现了辅助轮缘（Stepney），当轮胎漏气后，靠这个轮缘行驶到最近的修车场去更换轮胎。后来出现了可拆卸的车轮，轮胎也分为内胎和外胎两层，外胎中用金属丝予以加强，从而使轮胎寿命大大增长，更换轮胎也成了一件比较容易的事了。到了 20 世纪 20 年代后期，一般妇女都能完成换车胎的工作。

5. 对道路建设的促进

当汽车发展起来后，公路却还是由碎石和土填成的，汽车行驶时不仅颠簸，而且扬起大量尘土。后来发现沥青既可以消除尘土又可使路面平坦。1910 年，英国成立了“公路署”，专门负责修筑沥青公路。1914 年开始出现水泥公路。1924 年，意大利首先建造了高速公路，当然它还达不到现代高速公路的标准。1942 年，为了战时的需要，德国修筑了符合现代标准的高速公路。以后，尤其是第二次世界大战之后，欧美各国都相继修筑大量的高速公路，其中美国的高速公路修得最长，达 70000km。高速公路的特点是每个行驶方向都有两条以上的行车道，相反方向的行车道之间有草地或灌木的隔离带，行车道之间没有平面交叉，也没有陡坡、急弯和其他不利于汽车行驶的障碍。在高速公路上行驶的汽车车速一般都在 80km/h 以上，欧洲一些国家车速可超过 120km/h，这就使得汽车的运行效率大为提高。

（三）汽车的大量生产和销售

汽车技术的日益成熟使生产销售成为可能。1901 年，美国人奥得尔生产和销售了 425 辆奥兹莫比尔牌（Oldsmobile）轿车，1905 年达 6500 辆，从此开始了汽车大量生产的新纪元。1913 年，福特首先发明了科学设计的汽车流水生产线，并且很快被其他汽车厂商所仿效而广泛采用。福特汽车公司的 T 型轿车从 1908 年到 1927 年共生产了 1500 万辆，这一大量生产的世界纪录，到 20 世纪 60 年代才被德国大众公司的甲壳虫型轿车打破。据记载，到 1923 年，美国已有 2/3 的家庭拥有一辆轿车。为了汽车能大量销售，在 1927 年以前，汽车技术集中解决经济性（包括购置、使用和维修费用在内）、可靠性和耐久性这类基本性问题。例如，1915 年以前，前轮因转向而没有装设制动装置。而在这以后，出现了机械式四轮制动方式，大大提高了汽车的安全可靠性。1926 年，汽车上开始有了液压制动器。为了提高燃油经济性，这一时期汽油机的压缩比有了提高，一些载货车上采用了更省油的柴油发动机。1905 年，在美国的圣·路易斯发生了最早的汽车被盗事件，于是发明了带钥匙的点火开关。1911 年发明了自动起动机，这大大方便了驾驶人，否则驾驶人每次要下车起动汽车。刮水器、制动灯、反光镜等也逐渐在这一时期被开发和使用。1922 年，在仪表板上出现了燃油表。1929 年出现了车用收音机。渐渐地，现代汽车的基本要素均已具备。

（四）注重美观和舒适

1885 年，德国工程师卡尔·本茨（1844—1929）在曼海姆制造成一辆装有汽油机的三轮车，拉开了汽车现代史的帷幕。随着汽车的不断发展，人们开始追求外形、色彩的多样化以及乘坐的舒适性、操纵的便利性。车身变得越来越长、越来越低，车身的整体性和刚度增强，其振动和噪声不断下降。车型变化越来越快，各种变型车和选用款式纷纷出现。在这里，回顾一下车身的发展是很有意思的。

1. 马车形汽车

从 19 世纪末到 20 世纪初，世界上相继出现了一批汽车制造公司，当时的汽车外形基本上沿用了马车的造型，因此被人们称汽车为无马的“马车”。它的英文名“sedan”就是指欧洲贵族乘用的一种豪华马车，不仅装饰讲究，而且是封闭式的，可以防风、雨、灰尘，并提高了安全度。1908 年，福特推出 T 型车时，车身由原来的敞开式改变为封闭式，其舒适性、安全性都有很大提高。福特将他的“封闭式汽车”（Close Car）称为“sedan”。著名的福特 T 型车（图 1-21）是马车形汽车的佼佼者。

图 1-21　1908 年美国福特开始生产 T 型轿车

2. 箱形汽车

马车形汽车很难抵挡风雨的侵袭，美国福特汽车公司在 1915 年生产出一种新型的福特 T 型车，这种车的车室部分很像一只大箱子，被称为“箱形汽车”（图 1-22）。

为提高车速，人们开始降低车的高度以减小空气阻力。但由于车顶高度的降低影响前方视野，这种方法最终被放弃，转而通过提高功率的方法。这样一来，发动机由单缸变成 4 缸、6 缸、8 缸，气缸一列排开，发动机舱盖也随之变长。典型的例子就是意大利 1931 年生产的阿尔法·罗密欧牌汽车的外形。

图 1-22　1930 年 DUESEVBSEVBERG J 型箱形轿车

作为高速车，箱形汽车并不够理想，因为它的阻力大大妨碍了汽车前进的速度，所以人们又开始研究一种新的车型——流线形。

3. 甲壳虫形汽车

1934 年美国的克莱斯勒公司生产的气流牌小客车，首先采用了流线形的车身外形。1936 年福特公司在“气流”的基础上，研制成功林肯和风牌流线形小客车。此车散热器罩很精练，颇具动感，俯视整个车身呈纺锤形，很有特色。流线形车身的大量生产从德国大众开始（图 1-23）。

图 1-23　德国大众公司的甲壳虫形轿车

1933 年德国的波尔舍博士设计了一种类似甲壳虫外形的汽车。波尔舍最大限度地发挥了甲壳虫外形的长处，使其成为同类车中之王，“甲壳虫”也成为该车的代名词。

由于第二次世界大战的原因，甲壳虫形汽车直到 1949 年才真正大批量生产，并以一种车型累计生产超过 2000 万辆的记录畅销世界各地。

4. 船形汽车

美国福特公司经过几年的努力，于 1949 年推出具有历史意义的新型福特 V8 型汽车。这种车型改变了以往汽车造型的模式，使前翼子板和发动机舱盖、后翼子板和行李舱罩融于一体，前照灯和散热器罩也形成一个平滑的面，车室位于车的中部，整个造型很像一只小船，所以人们把这类车称为“船形汽车”（图1-24）。

图1-24　1949年美国福特V8型小轿车率先采用了船形造型

福特V8型汽车的成功，不仅在外形上有所突破，还首先把人体工程学应用在汽车的设计上，强调以人为主体来设计便于操纵、乘坐舒服的汽车。

从20世纪50年代至今，船形已成为世界上数量最多的一种车型。

5. 鱼形汽车

船形汽车尾部过分向后伸出，形成阶梯状，在高速时会产生较强的空气涡流。为了克服这一缺陷，人们把船形车的后窗玻璃逐渐倾斜，倾斜的极限即成为斜背式。这类车被称为“鱼形汽车”（图1-25）。

图1-25　1952年生产的别克牌鱼形轿车

与甲壳虫形汽车相比，鱼形汽车的背部和地面的角度较小，尾部较长，围绕车身的气流也比较平顺，涡流阻力较小。另外鱼形汽车基本上保留了船形汽车的长处，车室宽大，视野开阔，舒适性也好，并增大了行李舱的容积。

最初的鱼形车是美国1952年生产的别克牌小客车。

1964年美国的克莱斯勒·顺风牌和1965年的福特·野马牌都采用了鱼形造型。自顺风牌以后，世界各国逐渐生产鱼形汽车。

鱼形汽车由于其后窗玻璃倾斜太甚，面积增加两倍，强度下降，产生结构上的缺陷。此外还有一个潜在的重大缺点，就是对横风的不稳定性。

对于鱼形车的这一缺点，人们想了许多方法加以克服，例如在鱼形车的尾部安上一只翘翘的“鸭尾”，以克服一部分升力，这便是“鱼形鸭尾”式车型。

6. 楔形汽车

为了从根本上解决鱼形汽车的升力问题，人们设想了种种方案，最后终于找到了“楔形”。就是将车身整体向前下方倾斜，车身后部像刀切一样平直，这种造型能有效地克服升力。1963年司蒂倍克·阿本提第一次设计了楔形小客车。

“阿本提”诞生于船形车的盛行时代，与通常的外形形成尖锐的对立，因此，未能起到引导车身外形向前发展的作用，直到1966年才被奥兹莫比尔·托罗纳多所继承。

楔形对于目前所考虑到的高速汽车，已接近理想造型。现在世界各大汽车生产国都已生产出带有楔形效果的小客车，这些汽车的外形清爽利落、简洁大方，极富现代气息。图1-26所示的雪佛兰子弹头多功能轿车（GHEVROLET LUMINA APV）是典型的楔形汽车。

（五）注重节能、环保和安全

汽车保有量的不断增加使汽车排放物对人类健康的危害越来越明显，公众越来越注意到环境保护问题，各国竞相制定了环境保护法规，限制汽车排放物。最早立法的是美国加州（加利福尼亚州），规定1961年新车应装有防止曲轴箱窜气的装置。1966年以后，又规定新车需符合一氧化碳，碳氢化合物的排放浓度限值（《七工况法》）。

图1-26 雪佛兰子弹头多功能轿车

1968年，美国联邦政府采纳了加州法规，1971年又增加了对NO_2排放的限制。环保要求对汽车技术，特别是车用发动机技术的发展起了很大的推动作用。曲轴箱强制通风系统（PCV）、废气再循环系统（EGR）、排气三元催化系统、分层燃烧系统、稀混合气燃烧系统等新措施和新技术不断推出，缓解了汽车排放对人类健康和环境的威胁。节能是汽车技术发展的永恒课题。1973—1974年以及1979—1980年两次大的能源危机，使得汽车节能问题得到了进一步的重视。美国生产的大排量轿车逐步为日本和欧洲生产的小排量和中等排量的汽车所取代，继而美国各大汽车制造厂家也开始减小所生产的轿车的排量和车型尺寸。1980年，美国公布实行的综合平均燃油经济性法规（CAFE）促进了汽车节能技术的快速发展。与此同时，寻求其他能源（代用燃料）在汽车上应用的研究也受到广泛注意，甲醇燃料、液化石油气和压缩天然气燃料已有一定的商业应用。

汽车增多、车速提高以及人类对生存环境的进一步关心，促使公众越来越重视汽车的安全性。为解决安全性问题，汽车碰撞试验和设计中的人体工程学成为热门课题。美国联邦安全委员会制定了一系列的安全法规，包括汽车碰撞时对乘员的保护、撞击时转向柱向后的位移量限制、车顶抗撞强度和侧门强度要求以及燃油系统安全性要求等。为了满足安全法规要求，汽车设计中发展了可吸收能量的转向柱和前、后保险杠，安全风窗玻璃，软化的仪表板、遮阳板、头枕，强化的前门柱和中立柱，抗撞击的车门等，从而显著提高了汽车的安全性。1956年，美国福特公司率先在轿车上普遍采用安全带，随后其他厂商纷纷效仿，以后则成为法定必装器具。近年来，安全性又得到新的强调：在车身结构中，提高最接近乘客处的车身骨架结构强度；制动系统中普遍采用防抱死系统（ABS），以提高制动效能和制动时的操纵稳定性；撞车时自动膨胀的安全气囊逐步成为轿车的必备装置；各种安全报警装置不断为用户所接受。

（六）电子技术与计算机技术的应用

尽管在20世纪80年代以前电子技术与计算机技术已开始在汽车上得到应用，但广泛而大量的应用则是20世纪80年代以后的事。目前，汽车的设计靠计算机辅助设计（CAD），通过大量设计计算、方案优化，使各部分构件的设计更合理，材料利用率更高，汽车进一步轻量化，性能指标进一步提高。汽车制造靠计算机控制的柔性生产线，各种机器人保证了产品的制造质量与生产节奏，一条生产线可同时生产几种不同的车型。电子技术在汽车上的应用快速增长。美国1980年每辆车平均装用的电子装置价值不到300美元，到了1990年已增加到每车872美元。电子装置的应用改善了排气污染，降低了燃料消耗，提高了驾车、乘车的舒适性。许多操作和控制均可由电子器件自动完成。在高速公路上恒速行驶可不踩加速踏板；行驶中遇有危险时，自动报警器会给驾驶人以提示；在车内可享受与家里一样的高保真音响；当道路堵塞时，车上的计算机可指示驾驶人如何避开堵塞路段；修车工作可由车内的故障自动诊断系统和维修站内功能齐全的智能化检测设备完成。

除了在燃料供给系统中采用电控喷射技术之外，电子控制技术还逐步渗透到内燃机的点火正时、废气再循环、可变配气正时系统中，并与自动变速器、主动悬架、全自动空调、自动巡航、防抱死制动系统等实现协同控制，组成整车控制网络，控制系统综合化、网络化特点日益明显。

总之，计算机技术和电子技术的应用已成为衡量汽车科技含量高低的重要标志。

第二节　世界汽车工业的形成与发展

从第一辆汽车诞生至今已有一百多年的历史。这期间，汽车工业经历了一系列变革，经济危机的打击和第二次世界大战后无节制的疯狂发展及市场的空前繁荣，从一国经济走向多国经济，成为实际上第一个充满全球性竞争的产业。目前美国、欧洲和日本是世界汽车生产中心。

一、汽车工业的形成

具有现代汽车雏形的汽车虽然是欧洲人发明的，然而美国在促进汽车工业的形成方面起了巨大的推动作用，从而使美国成为“汽车上的国家”。

汽车发明之初，由于售价高，只是少数绅士贵族的娱乐工具，还不能体现其交通工具的本质。从19世纪末到20世纪初，欧洲和美国相继出现了一批汽车制造公司，如德国的戴姆勒-奔驰（Daimler-Benz），英国的劳斯莱斯公司（Rolls-Royce），法国的雪铁龙公司（Citroen）和意大利的菲亚特公司（Fiat）等。但在当时由于技术发展还不具备生产汽车这种大型复杂机械产品的水平，加之汽车成为贵族们的奢侈品，一味追求豪华、售价昂贵，因此销售额不高，无论是欧洲还是美国，都未形成具有一定规模的汽车工业。

汽车诞生于欧洲，但最早的汽车工业却形成在美国。说到汽车工业的形成，汽车大王——美国人亨利·福特（Henry Ford）功不可没。福特是一位农家子弟，从小就醉心于家中的手表和农用机械。他于1883年在自己简陋的小作坊里试制成一辆汽油机车。几经周折后，他于1903年成立了福特汽车公司，提出了将汽车由奢侈品变为生活必需品的主张，要求汽车要可靠、耐用、操作简便、售价低廉、使用和维护费用低，即生产普及型汽车。此后，福特致力于普及型轿车——T型车的开发。

1908年秋，令人瞩目的福特T型车问世。T型车的设计思路、生产工艺、零售定价、售后服务等许多方面都采用了与众不同的方法。T型车的各种零件被首次设计成统一规格，实现了总成互换；大型总装车间采用机械传送带运送零件和工具的流水线装配法，极大地提高了工作效率；采用低定价的销售策略，使大多数人都能够买得起；提供充足的零部件和及时的售后服务保障，消除了用户的后顾之忧；大幅度提高工人工资，以求提高工作效率、降低生产成本。由于该车价格低廉、使用方便、维护容易，销售非常火爆，累计1500多万辆的产量更是创造了空前的纪录。T型车使福特获得了巨大的成功，也为福特赢得了汽车大王的美誉。同时，T型车成为普通民众的交通工具，改变了人们的生活方式、思维方式和娱乐方式，将人类带入了汽车时代。

福特T型车的生产经验不仅为美国，甚至为世界汽车工业发展奠定了基础。美国汽车工业的形成和发展与当时美国在资本、国民收入、石油资源、市场等各方面都优于欧洲的具体条件有关，加之美国政府十分重视国民交通工具的现代化，有意识引导人们购买汽车，巨大的国内市场造成了美国汽车工业的大发展。通用汽车公司（General Motors）、克莱斯勒公司（Chrysler）等汽车公司纷纷成立，全美最多曾有181家汽车公司。到1927年通过竞争留存了44家，其中三大汽车巨头销量占全国汽车总销售量的90%以上。那时，欧洲由于第一次世界大战的影响，刚刚形成的汽车工业几乎停产了5年，这使得美国成为第一个以汽车工业为支柱产业的国家。美国在世界汽车生产中的霸主地位从此确立起来，这种优势直至20世纪70年代才遭到欧洲、日本的挑战。

二、汽车工业的发展

汽车工业是关联产业最广，技术涉及面最大的综合性工业。因此，汽车工业的发展不仅依赖于汽车行业本身的技术进步，而且取决于相关联产业的技术进步、汽车工业应用技术的能力、世界汽车市场的容量、能源和原材料的供应、人们对环境的要求、国家政策和意外变化等。例如，第一次世界大战中显示了汽车运输的机动性，而且还训练了不少军用汽车的驾驶人，其中很多人还学到了一些汽车生产维修技术，于是战后出现了汽车需求的迅速增长，汽车市场买卖兴隆。但时隔不久，经济萧条使汽车的需求量一落千丈。

由于欧洲汽车工业发展缓慢，美国汽车大量销往欧洲，美国汽车厂家为了降低运输成本并避免整车运输造成车身外壳损伤，就采用所谓全散件形式作为进口整车车型（Completely Knocked Down，CKD）的方式，将美国生产的零部件运到欧洲就地装配成车出售。最早是福特公司1911年在英国建立了一个装配厂。到了1929年，福特和通用已分别在21个国家和16个国家建立了总装厂。到1930年，欧洲各国为了保护本国的汽车工业，开始对美国汽车增加进口关税，尤其是对汽车零部件进口课以重税，致使美国CKD总装厂改为全部零件就地生产的汽车制造厂。当时，欧洲各国的汽车制造厂虽不能在售价上与美国竞争，但他们凭借技术优势，在品种、车型风格、道路适应性以及某些性能上具有特色，因此也占有了一定的市场份额。有许多新技术，例如发动机前置驱动、后置后驱、承载式车身、节能型微型轿车等，都首先出现在欧洲，从而为欧洲汽车工业的发展奠定了基础。

第二次世界大战期间，各国汽车工业均为军事目的服务，生产坦克、装甲车等军用装备和物资。这也起到了缓和美国与欧洲汽车工业竞争的作用。战后，随着经济复苏与政府支持的加强，欧洲汽车工业开始大发展。特别是原联邦德国在战后仅用了5年时间，就使汽车产量达到了30万辆，超过了其战前的最高水平。1960年，年产量达到了205.5万辆，超过了英国，成为当时世界上第二大汽车制造商。原联邦德国汽车高速发展的主要动力是将轿车迅速普及到国内劳动阶层，以国内市场为主，同时扩大国际市场，如大众汽车成了全世界的畅销车。欧洲汽车工业的大发展使世界汽车工业重心逐步由美国转向欧洲。

三、法国汽车工业的发展

在汽车发展史上，法国人有着自己独特的地位。

早在1769年，法国陆军技术军官居尼奥就在政府的支持下试制成功了世界上第一辆具有实用价值的蒸汽汽车，从而引发了世界性的研究和制造汽车的热潮。但随后到来的法国大革命却让法国的汽车研究中断了几十年，直到1828年，巴黎技工学校校长配夸尔制造了一辆蒸汽牵引汽车，其独创的差速器及独立悬架技术至今仍在汽车上广泛应用。

法国出现第一辆汽油汽车是在1890年，由阿尔芒·标致创立的标致公司生产，第一次世界大战前，标致的年产量达到1.2万辆，到1939年时年产量达4.8万辆。而1915年创办的雪铁龙汽车公司发展更快，在20世纪20年代初年产量就突破10万辆，1928年日产量达400辆，占全法汽车产量三分之一。另一创办于1898年的大型汽车厂雷诺汽车公司发展也很快，1914年便形成了大规模生产，第一次世界大战期间更是因军火生产而筹集了大量资金用于汽车生产。

第二次世界大战期间，雷诺公司为德国政府效劳，为德国军队提供大量坦克、飞机发动机和其他武器，因而战争结束后，雷诺公司被法国政府接管，路易·雷诺也被逮捕。在政府支持下，雷诺兼并了许多小汽车公司，1975年汽车年产量超过了150万辆，成为法国第一大汽车厂商，而标致汽车公司的产量也在战后20年内猛增十几倍，一跃成为法国第二大汽车公司，20世纪80年代更是超过雷诺而登上榜首。雪铁龙汽车公司则因经营不善而被标致汽车公司于1976年收购。

进入20世纪80年代，世界性的经济危机使法国汽车工业受到了一定的挫折，雷诺公司更是连年亏损，1984年产量急剧下降到30万辆，但几年后雷诺公司便恢复了元气，1999年3月还收购了日产汽车公司36.8%的股份。

法国汽车的总体特点就是车体较小而设计新颖，符合大众化的方向，因此在西欧成为家庭轿车的热门，雷诺的丽人行微型车在欧洲曾多次获销量第一的殊荣。但是在豪华车、跑车领域，法国汽车公司就不如美、德、日等国汽车公司出色，这成为法国汽车业的遗憾。

四、德国汽车工业的发展

1885年10月，卡尔·本茨设计制造了世界上第一辆三轮汽油汽车，他的妻子贝尔塔驾驶它时走时停地开了100多km，成为世界上第一个女驾驶人。1886年1月26日，本茨取得了专利权，德国人便把1886年称为汽车诞生年。同年戈特利布·戴姆勒也发明了一部四轮汽油汽车。两人各自成立了自己的汽车公司，1926年两家合并为戴姆勒-奔驰汽车公司。

汽车的诱人前景使德国的汽车厂纷纷出现，一些其他行业的厂家也转向汽车生产。1901年，德国共有12家汽车厂，职工1773人，年产884辆，而到1908年，汽车厂达到53家，职工12400多人，年产5547辆。1914年第一次世界大战前，德国汽车工业已基本形成一个独立的工业部门，年产量达2万辆。汽车工业的发展从某种程度上也激发了第一次世界大战的爆发。

1934年1月，著名汽车设计大师波尔舍联合34万人合股成立了大众汽车公司，得到德国政府的支持，而随后开发的甲壳虫汽车令大众汽车公司迅速成为国际性的汽车厂商。

第二次世界大战德国的战败给德国的汽车工业造成了一定的损失，但从1950年开始，德国汽车工业得到了较快的发展，超过英国而成为世界第二大汽车生产国。然而1967年日本的产量超过了德国，以后德国便始终处在第三的位置，增长速度很慢。

从总体上看，德国汽车以质量好、安全可靠而著称，奔驰、宝马等豪华轿车和保时捷跑车在世界车坛享有盛誉，经久而不衰，其品牌含金量极高。所以，1998年春戴姆勒-奔驰公司与克莱斯勒合并时，戴姆勒-奔驰的年产量仅百万辆有余，而克莱斯勒年产量近400万辆，但戴姆勒-奔驰取得了新公司的支配权。当然，德国汽车一味追求高档、豪华也给其市场开拓带来了一定的难度，除了大众汽车公司能以真正大众特色的产品雄居世界十大汽车厂商第四位外，其他公司的产量都不高，这也是日本后来居上超越德国的原因。

五、美国汽车工业的发展

美国历史上第一次汽车展览始于1900年11月，在纽约市当时的麦迪逊花园广场举行。从历次汽车展览可以看出美国汽车工业的发展历史，也可以看出美国汽车工业汽车造型及功能的发展。

19世纪末，美国的经济已经达到了比较高的水平，工业生产开始处于世界前列，它的钢铁和石油化工等工业的发展为汽车工业创造了条件。1908年，福特汽车推出了著名的T型车，这种售价不足500美元(后降到300美元）的汽车，只有当时同类汽车价格的1/4甚至1/10，美国一个普通工人用一年工资就可以购买到。福特的T型车战略使汽车成为真正意义上的大众交通工具。1913年，福特公司首先在生产中使用流水线装配汽车，这给汽车工业带来革命性变化，美国随即出现了普及汽车的高潮。

第一阶段：1900—1915年。1893年福特发明世界上第一辆以汽油为动力的汽车后7年，汽车开始大量生产，人们进入汽车时代。奥兹莫比尔汽车公司成立于1887年，是美国历史最悠久的汽车制造厂商。该公司于1903年生产的Doctor Coupe是单气缸发动机汽车，也是该公司第一批大量生产的汽车，1903年共生产了约4000辆。1909年福特汽车公司生产的福特T型汽车为汽车制造开创了新纪元，可以说是20世纪美国甚至是全世界让汽车成为大众交通工具的先驱，因为它是世界第一条生产线上装配而成的汽车。

第二阶段：1916—1929年。汽车制造在这个时期日趋成熟。越来越多的中等阶层拥有汽车，而汽车的造型已经成为汽车制造过程中的一个重要步骤。通用汽车公司更是率先成立艺术与色彩生产部门。在这个时期，富有人家流行汽车车身定做，即先购买某种汽车的机械部件，然后再另外设计定做车身。虽然许多被视为经典的汽车外观都是这个时期的产物，但车身定做其实是费钱而不实际的。成立于1902年的凯迪拉克汽车公司一向以机械部件优良著称。公司曾经有过把3辆汽车拆开，将机械零部件整个打散，再重新混合组合成3辆汽车的记录。这项创举，旨在强调凯迪拉克零部件的标准化及一致性。另外，当时声望极高的高级汽车制造厂商Pierce Arrow汽车公司从1901年至1938年在纽约州水牛城生产汽车，公司早期即采用铝合金车身并配备有动力制动。这个时期，美国汽车工业为适应消费者需求已经能够生产8缸发动机跑车，车速可达到185km/h。

第三阶段：1930—1942年。利用空气动力学原理，汽车的发动机设计在这个时期出现长足的进步。然而，第二次世界大战让汽车制造厂商投入军事车辆及机械的制造，汽车外观并无明显演变，几乎无造型可言的吉普车的出现完全是基于实际的需要。Packard汽车公司共制造出7种车速可达160km/h的高性能Packard Speedstar汽车，被视为当时豪华汽车的代表。当时全球市场上有15家厂商制造豪华汽车，Packrad就占了50%的市场。Franklin Sport Runabout汽车公司自1902年至1934年在纽约州的雪城生产汽车，发动机开始使用空气冷却系统。

第四阶段：1946—1959年。随着喷气飞机时代的来临，汽车造型也趋向更低、更长、更宽，并在车后加上大大的尾翼。这个时期的汽车造型有两大特色，一是车身的防撞设计，二是尾翼的流行。20 世纪 50 年代美国最具特色的汽车是家庭式旅行车（Station Wagon），象征着郊区家庭的美好生活。这个时期，福特雷鸟汽车曾是公司跑车的代言者。1955 年公司生产的雷鸟 8 缸双人座敞篷跑车，车顶为活动纤维玻璃，其华丽造型获得了高度评价，后因其控制轻巧，又被喻为私人轿车的象征。1958 年，美国汽车厂商专为纽约国际汽车展览设计了一款只有 1 辆的 Dual Ghia 100 原型汽车，它的功率为 294kW，最高车速为 224km/h，并配有当时车迷所梦想的盒式磁带汽车音响。

第五阶段：1960—1979 年。消费者抛弃以往强调越大越美的汽车造型，传统而保守的造型蔚然成风，以甲壳虫为代表的小型汽车大为流行。一些价格合理的小跑车如野马和 Corvette 等普遍受到欢迎，小型汽车市场开始增长。美国三大汽车公司都有此类产品推出，1964 年福特野马跑车率先掀起小型车的革命。捷豹 E 型汽车以玲珑的流线形外形赢得消费者青睐。当捷豹 XKE 汽车第一次在 1961 年的纽约国际汽车展览出现时，立刻造成轰动。这款双人座双门敞篷车车速高达 240km/h，而它创新的独立后悬架系统使其在当年的车展上备受宠爱。

第六阶段：1980—2000 年。从 20 世纪 80 年代起，美国汽车工业几乎难以招架日本汽车业的凌厉攻势，日本的本田、日产、三菱和富士公司相继在美国设厂。美国汽车工业为与日本汽车进行竞争，又不断推出新造型汽车，被称为小型箱式车（Minivan）的客货两用轻型汽车一举成为最受家庭喜爱的车种，这种汽车的外形更接近于普通小汽车，只是车厢后部增加了可以放置物品的空间，约占车厢的 1/3，驾驶时的感觉也与普通小汽车类似。而家庭轿车、双门轿车、跑车也都讲究流线形设计，一改近 20 年来的直线设计。90 年代，多功能车又独领风骚，因为很多美国人喜欢有载货和越野功能而又可以做代步工具，驾驶它上下班的汽车。

六、日本汽车工业的发展

回顾全球汽车工业一百多年以来的发展历程，全球汽车工业的变化趋势和历史上的三次石油危机息息相关，但所谓“祸兮福所倚，福兮祸所伏”。日本汽车工业在近 50 年的发展中正是很好地利用了全球三次危机中潜在的机遇，一步步从第二次世界大战后的废墟中走出，逐渐成长为全球汽车工业的翘楚。2008 年全球金融危机对日本的汽车工业影响也是最小的。回顾日本汽车工业近 50 年的发展历程，我们发现在每次危机中，日本汽车企业总能巧妙地躲过危险，发现机遇，最终在行业整体复苏后实现领先于竞争对手的增长。

（一）日本汽车工业的生产摸索时期（1930—1950 年）

日本汽车制造业的开山者应是吉田真太郎，1904 年他成立了东京汽车制造厂，三年后制造出第一辆国产汽油轿车“太古里 1 号”。随后日本国内出现了众多汽车制造厂，情形不亚于 20 世纪 80 年代的中国。出于军事的需要，政府颁布了《军用汽车补助法》，对汽车厂商进行扶持，这成为早年日本汽车业发展的原动力。

第二次世界大战失败后，盟军司令部曾下令全面禁止汽车生产，但没有得到执行，丰田、东洋工业、富士重工都推出了自己的新车型。但在 20 世纪 50 年代前期，美国、欧洲生产的汽车充斥日本汽车市场，大有泛滥之趋势。特别是欧洲生产的小型廉价汽车，对处在半毁灭状态的日本汽车工业构成了致命的威胁。当时的日本政府为了保护本国汽车产业，对进口汽车征收高达 40% 的关税（本项关税于 1978 年废止，其后直到今天日本对进口汽车全免关税），同时严格禁止外国资本渗透国产汽车工业。而一些小的汽车厂家为了生存，纷纷采取与国外厂家连手搞“事业合作”或“技术合作”，唯有丰田依然靠自身力量开发生产国产轿车。1936年丰田开发出AA型的标准型汽车，该车型以完美的前轮承重和舒适的乘坐感觉而领先于本国及海外的其他厂家，成为今天丰田汽车的起点。

1955年，日本通产省公布了发展国民车的大胆构想，他们提出鼓励企业发展一种供日本老百姓使用的微型汽车的计划。当时通产省的设想是，要求企业设计生产出一种400kg以下，车速100km/h以上，乘坐4人或2人并可以同时携带100kg货物，发动机排量350～500mL，行驶10万km无大修的汽车。而且这种汽车生产成本限制在15万日元以下，售价25万日元以下。通产省要求各汽车厂家都来投标，然后评选出优秀车型，政府给予帮助。国民车构想发布后在日本国内引起极大反响，各大汽车公司竭力想在这场竞争中分得一杯羹。当时，日本人均生产总值尚不足300美元。

（二）日本汽车工业的发展时期（1950—1970年）

日本汽车工业在20世纪50年代形成完整体系，60年代是其突飞猛进的时期。1961年日本汽车产量超过意大利跃居世界第五位；1965年超过法国居第四位；1966年超过英国升为第三位；1968年追上原联邦德国居世界第二位。1980年日本汽车产量首次突破1000万辆大关，达1104万辆，一举击败美国成为世界第一。

从20世纪60年代到第一次石油危机（1973年）之前，日本处于经济高速发展时期，汽车工业与钢铁、造船并称为日本“三大经济支柱”。到70年代末，在日本与汽车工业相关的就业人数达493万人，占全国总就业人口的10%。产值达183073亿日元，也占整个制造业的10%左右。

20世纪70年代的两次石油危机使日本认识到包括能源在内的资源短缺是日本的致命弱点，于是日本政府不断强化汽车法规。1978年修改的排放及噪声法规都达到世界最严格的标准，迫使日本汽车工业放弃了大功率、高车速、豪华、大型车辆汽车技术，从而保护了日本的民族汽车工业。

日本丰田汽车公司开展全面质量管理活动，从而创造出了符合日本国情的丰田生产方式。此后日产汽车公司出现了“看板生产方式”，五十铃公司采取了“流通生产法”等。这些生产方式的目的都是为了减少生产过程中的浪费，最大限度地降低成本，加快资金周转，使产品更具竞争力。日本的这种先进生产方式目前已为各国所效仿，美国人也不得不放下架子来参观和学习曾经是自己学生的日本人。

如果说美国人对汽车工业的最大贡献是发明了流水线作业的话，那么日本人对世界汽车工业的最大贡献就是开创了“精益生产方式”。这种精益生产方式就是用精益求精的态度和科学的方法来控制和管理汽车的设计开发、工程技术、采购、制造、贮运、销售和售后服务的每一个环节，从而达到以最小的投入创造出最大的价值的目的。这其中的每一个环节以及各环节之间的衔接都是经过精心筹划和计算的。日本人的这一创举是具有划时代意义的。目前包括美国和西欧在内的许多国家的汽车行业及其他行业都在学习和采用这种精益生产方式，并取得了显著的效果。

第一次石油危机后，日本的紧凑型小客车以其省油、重量轻、质量好、设施完善、价格便宜、售后服务周到等优势一举打入国际市场。1970年日本汽车出口量为109万辆，1974年汽车出口量超过原联邦德国，居世界第一位，1980年汽车出口量增到597万辆，1981年出口量为605万辆，占日本总产量的54%，其中轿车为394.7万辆。美国是日本最大的海外市场，1980年向美国出口轿车190万辆，1981年为186万辆。1988年为210万辆，1990年达340万辆，在美国市场的占有率已达34%。如将在美合资建厂生产的轿车计算在内，其市场占有率达39%。由此可见日本汽车在国际市场上的竞争能力是其他国家无法比拟的。

下一步日本汽车的出口方向将针对进口限制较严的欧盟国家。自1983年后，日本为避免同欧美国家在汽车产品上的贸易摩擦，采取了在海外设厂（主要是美国），直接生产或组装汽车，同时还与欧美公司合作共同开发、生产和销售小客车。这就是日本近年来虽整车出口量受到限制，但实际其出口趋势有增无减的原因所在。

日本汽车工业在20世纪70年代引进电子技术，并广泛用于汽车设计、试制、试验、制造及产品等各个领域。目前日本汽车产品的开发周期普遍比欧美国家缩短30%（需3年左右，而欧美国家则需5年）。日本民用轿车的电子化程度和各种自动设施也远远高于欧美国家。日本汽车生产广泛采用机器人，1981年世界汽车行业中70%的机器人为日本所拥有。

日本在进口汽车方面限制极为严格。日本人使用的汽车基本都是国产货。尽管如此，欧美国家的高级轿车，如奔驰、宝马、奥迪等正不断挤入日本市场，从而垄断了高级轿车市场。为此，日本各大汽车公司纷纷开发和研制自己的高级轿车和跑车，跻身于利润丰厚的高级轿车市场，以改变日本汽车公司只能生产廉价货的不良形象。因为高档轿车所代表的是先进的技术和精湛的工艺，可以衡量一个国家汽车工业的水准。

1989年，日本汽车业的“老大”——丰田汽车公司终于推出了令世人瞩目的雷克萨斯LS400高级轿车。该车型是丰田公司投资20亿美元，历时5年投入的结晶，并首次采用了4000mL 8缸发动机。在此之前，日本最高级的轿车也只是采用3000mL的6缸发动机。

雷克萨斯LS400从头到脚都是全新设计，该车无论是设计水平、综合性能还是制造质量都达到了日本汽车工业有史以来的最高水准，尤其是在安静无噪声方面更是举世无双。一辆雷克萨斯LS400在发动机怠速运转时（即发动机稳定运转的最低转速状态），3m之外听不到声音，仿佛没有起动。

另外还值得称道的是，雷克萨斯LS400轿车当时的售价是4.2万美元，而同档次的奔驰420SEL轿车的售价却高达7万美元以上。由此看来，“好车并不一定就昂贵”，这是丰田公司给世界汽车界树立起来的新观念，即一辆真正好的汽车应该是物超所值，而并不仅仅是昂贵。

雷克萨斯LS400一经推出，就在世界汽车行业引起很大的反响，并被喻为日本汽车工业的里程碑。此话虽有些言过其实，但至少也说明了雷克萨斯LS400轿车是众望所归。

同时，日本其他车商也不甘落后，日产汽车公司也推出了装有4500mL 8缸发动机、售价为4.7万美元的英菲尼迪Q45；本田公司推出了价值3万美元的传奇（Legond）高级轿车。同年本田公司还首次推出了当时售价高达6万美元的NSX高性能跑车。NSX是世界上首部采用全铝车身的批量生产轿车，并号称融合了当时世界汽车工业的六项最新科技，从而成为高科技汽车的典范。日本的汽车工业也并不是被个别企业所垄断，除著名的丰田、日产、本田之外，还有三菱、马自达、铃木、富士、五十铃等。

自1990年起日本高级轿车大举进军世界汽车市场，并从奔驰、宝马等欧洲名牌轿车手中抢了一部分市场。雷克萨斯LS400和英菲尼迪F45还几乎垄断了自1990年以来世界高级轿车质量评比的第一和第二名。

当前，尽管世界汽车市场日趋饱和，但日本汽车仍以其优越的性能、合理的价格、可靠的质量、完善的电子设施、低排放、低油耗和多样化的品种，不断扩大世界汽车市场的占有率。

虽然日本汽车工业在近几年受国内经济形势和日元汇率上升等因素的影响而出现了低迷不振，但日本汽车工业的技术、管理、效率及产品质量仍然是世界首屈一指的。

（三）海外扩张时期（1970年以来）

日本汽车的海外扩张起始于20世纪70年代末，并于80年代中后期达到高潮。1986年，本田在北美市场推出ACURA品牌；1989年，丰田和日产相继推出LEXUS和INFINITI品牌；至1990年，日本海外汽车产量首次突破300万辆，其中在北美地区的产量达到157万辆。在美国方面的报复性贸易保护措施惩罚下，1996年的日本汽车出口量相对于1985年最高峰的673万辆下降了45%，至371万辆，但当年的海外汽车产量则进一步增长到578万辆，其中在北美地区的产量达到264万辆。1990年，日本国内经济的泡沫化达到最顶峰，当年日本国内汽车销量达到了至今尚难超越的777.7万辆。在“失去的十年”中，日本国内汽车需求年均下滑2.2%，至2007年，日本国内销量下滑到535.4万辆，比1990年的最高峰下降了31.2%。面对“失去的十年”，日本汽车企业加快了调整步伐，海外扩张和汽车出口同步加速。1990年之后，日本海外汽车产量年均增幅7.9%，至2007年，日本海外汽车产量达1186万辆，首次超过国内产量。同时，海外扩张从北美地区逐步转向亚洲和欧洲地区。

日本汽车不仅将市场扩张到海外，同时还在海外建立了工厂，在北美、南美、欧洲、亚洲都有日本汽车企业的工厂。在亚洲，日本三大汽车巨头之一本田率先在广州花都区建厂，继本田之后丰田、日产也都来到花都区建厂，广州成了日系汽车海外扩张的大本营。日本三大汽车制造商“集群”广州的态势，与当初通用、福特、克莱斯勒“集群”底特律颇为相像，因此业界人士期待广州能够演绎一段底特律式的传奇。

当然日本汽车也不是尽善尽美、无可挑剔的。日本汽车总的来说比较综合全面，各项指标较平均，但款式普通，无个性和创造性可言，这恐怕和东方人的中庸哲学有关。

日本人往往可以将别人的发明创造加以完善和发展，甚至做得更好，但却缺乏自己创新的能力。这就使他们处在世界最前列时往往不知如何是好，只能等待再次出现领先者时，拼命赶上去，而自己却永远不能脱颖而出。如果以田径运动为例的话，日本汽车可能取得全能冠军，但却不能取得单项冠军。尽管如此，今天的日本汽车工业仍凭着这种企业精神在世界汽车业内担当重要的角色。

第三节　中国汽车工业之路

中华人民共和国成立以前，中国使用的汽车完全依靠外国进口，厂牌共达130多种，因而被戏称为“万国汽车展览馆”。在1949年新中国成立之后，毛主席也对中国汽车工业的发展进行了特别的批示，表示要大力发展汽车工业。而当他第一次出访前苏联参观莫斯科的斯大林汽车厂的时候，便对随行人员说：“我们也要有像斯大林汽车厂这样的大工厂。”而这句话就成为加速一汽建设的催化剂。回顾60年的历史，中国汽车工业经历了从无到有、从小到大，创建、成长和全面发展三个历史阶段，取得了举世瞩目的成就。

一、1953—1984 年——起步阶段

1952 年 7 月，中央正式决定成立汽车工业工厂，同年末，任命饶斌为厂长，国家批准了一汽年产 3 万辆 4t 货车的设计书。1953 年 6 月，毛泽东主席亲自签发了《中共中央关于力争三年建设长春汽车厂的指示》，并为一汽奠基题词“第一汽车制造厂奠基纪念”十一个大字（图 1-27）。1953 年 7 月 15 日，一汽在孟家屯举行了隆重的奠基典礼。

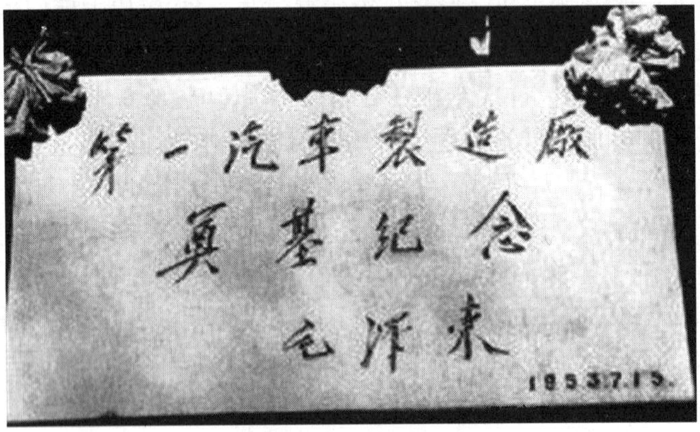

图 1-27　毛泽东题词

1956 年 7 月一汽正式建成投产，而 7 月 13 日也是值得中国人铭记的日子，因为这一天在长春一汽崭新的总装线上，第一辆解放牌汽车试制成功。7 月 14 日，装配出的第一批 12 辆 4t 解放牌汽车在欢声笑语和雷鸣般的掌声中徐徐驶出装配线。这标志着第一汽车制造厂的三年建厂目标如期达到，从此结束了中国不能批量制造汽车的历史。此后，第一批下线的解放牌货车，还参加了 1956 年的国庆阅兵式，之后一部分汽车在天安门展出，无数群众争相目睹国产汽车。

一汽生产的解放牌汽车的型号是 CA10 型（图 1-28），包括 CA10、CA10B、CA10C 等型号。C 既有长春的意思也有中国的意思，A 是第一的意思。解放 CA10 型原型车是以莫斯科斯大林汽车厂（后改为李哈乔夫汽车制造厂）出产的吉斯－150 型载重汽车为蓝本设计而来的。

图 1-28　中国第一台汽车解放 CA10

解放货车属于中型载货车，它决定了以后近30年中国货车的发展方向。解放CA10采用后桥驱动，空车重3900kg，搭载直列水冷6缸四冲程汽油发动机，最大功率71kW，最大速度为75km/h，载货量为4t，可拖带4.5t重挂车，每百公里耗油29L。以后又生产改进的CA15型，包括CA15K，CA15J等，外形与CA10相似，载质量为5t，发动机功率85kW，最高车速80km/h。

1957年5月，一汽开始仿照国外样车自行设计轿车，1958年试制成功CA72型红旗牌高级轿车。一汽的设计师们以借来的一辆1955型的克莱斯勒高级轿车为蓝本，根据中国的民族特色进行改进后以手工制成了一辆高级轿车。这辆轿车的动力系统和装备几乎和克莱斯勒一样，其实就是把克莱斯勒车完全拆开，对每个零件进行手工测绘，然后自己制造，仅用33天便制造出这款影响了中国半个世纪的车型。在研发出来之后，从1958年8月到1959年5月，一汽的设计师又认真对红旗轿车整车作了5次系统的试验。5次试验后，红旗轿车定型样车被正式编号为CA72，正式给轿车命名为“红旗”。之后，红旗牌高级轿车被列为国家礼宾用车，并用作国家领导人乘坐的庆典检阅车（图1-29）。

图1-29　红旗检阅车

但进入20世纪80年代，“红旗”因为耗油量大、成本高、产量低而停产。到那时为止，全国在20多年里总共生产了1540辆这种牌子的轿车。改革开放给红旗车带来了第二次生命。90年代，一汽通过与国外公司合作，逐步开发了拥有全部知识产权的新型“小红旗”和豪华风格的“大红旗”等多个品种的系列产品。

起步初期的中国汽车步履还是很平稳的。1960年时，全国汽车总产量已从1955年的61辆提高到22574辆。

当时，与日本、韩国等邻国相比，按照前苏联模式发展起来的中国汽车的起点并不算低。要知道在20世纪50年代初日本本田还只会造两轮的摩托车，而韩国现代尚没有生产汽车的念头呢。

但是之后的中国汽车很快就在社会的大潮中沉浮不定，直到1971年，全国汽车产量才突破10万辆，1980年，才突破20万辆。而那时，日本汽车正进入跳跃式发展的急增期。

1965 年，出于国家经济安全等各方面的考虑，开始在湖北十堰筹建二汽。4 年之后，二汽破土动工，并从一汽抽调人员援建二汽，所产车型是一汽刚刚研发的新型货车。而一汽则继续生产“老解放”。在此后很长一段时间里，特别是 20 世纪 80 年代之后，一汽都因车型不如二汽而在市场上苦苦挣扎。直到 1986 年，解放货车实现垂直换型，CA141 问世才扭转了局面。

同样在 1958 年，北京汽车制造厂研制的“井冈山”牌小轿车、上海打造的“凤凰”牌轿车也被作为向共和国献的礼物生产出来。

轿车的第一次浪潮很快因种种原因而偃旗息鼓。从 1958 年到 1983 年，中国轿车用了 25 年的时间才将年产量突破 5000 辆。

原机械工业部部长何光远在总结中国汽车 50 年的坎坷历程时说，1953 年到 1984 年，中国汽车工业基本上是“中国货车工业”。

二、1984—1994 年——合资阶段

1984 年，在共和国成立 35 周年、改革开放 6 年后，汽车企业吸引外资，要与外国人合伙生产汽车的问题被推到了前台。

1984 年 1 月，中国汽车的第一个中外合资企业———北京吉普诞生了。当时的北京吉普可是国内越野车企业的绝对“老大”。此后的 19 年里，这块中国汽车改革的试验田经历了兴与衰、荣与辱。

有了问路石的中国汽车很快就进入了第一轮合资浪潮。1985 年，上海大众汽车公司成立，同年，南京汽车引入了意大利菲亚特的依维柯汽车；广州汽车与法国标致的合资项目也获批准，被桎梏了 30 余年的轿车工业开始大步向前。

在 1986 年的六届四次人大会议上，“把汽车制造业作为重要支柱产业”被写进了“七五”计划。当年，全国轿车总量就突破了 1 万辆，是上一年的 2. 3 倍。此后连年大幅上升，到 1994 年，轿车产量就已超过 25 万辆，上海大众这样的单一轿车生产企业也逐渐超越了一汽、二汽等大集团，成为中国汽车的领头羊。

良好的形势使国务院开始审慎研究轿车的发展。1987 年的北戴河会议上，确定了“三大三小”的总体格局，尽管现在来看计划经济的味道过浓，但毕竟确立了轿车产业向规模化的方向发展。

1990 年，轿车产业的“三大基地”进一步调整。上海汽车工业总公司宣告成立。同年，投资上百亿、规划 15 万辆的一汽大众、神龙项目签约。但因种种原因，直到 20 世纪 90 年代中后期，捷达、富康才在市场上初露锋芒。

三、1994—2000 年——放开阶段

1994 年，是中国汽车史，特别是轿车史上值得纪念的一年。在这一年，左右中国汽车近 10 年的《汽车工业产业政策》出台了。虽然用目前的眼光来看，这个产业政策还有许多局限之处，但还是解决了汽车发展中的许多问题，特别是将“汽车”和“家庭”联系到了一起！

汽车是非常惊人的！一些改革开放后先富起来的人购车热情被激发起来，私人汽车在老百姓心中也不再神秘、遥远。从1994年到1995年，全国汽车总产量增加了10万辆，其中，轿车就增加了8.5万辆，增长量比1991年的轿车总产量都多。

为了探讨汽车进入家庭的可行性，国家有关部门举行了一次名为“Family Car”的研讨会，并在1994年专门举办了一次家庭汽车展。

“尽管那次家庭车展的展览面积只有1万m^2，却有10万观众涌入了展馆。”当时车展的主办者、中国国际贸促会汽车行业分会副会长艾树媛至今回忆起当时的情景还是一脸兴奋，“当时是11月份，可是馆里热得只能穿衬衫。奔驰、保时捷还带来了专门为中国开发的家庭概念车。”

家庭汽车概念所引发的热情迅速扩散至全国，当时有20多个省、市将汽车作为支柱产业。而全国的主要工科大学也都开设了汽车专业，一批又一批带着汽车设计师梦想的青年人走进了汽车的殿堂。

汽车消费市场也应运而生，亚运村、北方等汽车交易市场初见规模，一群背着“军挎”的年轻人开始了“车虫”的生活，其中很大一部分如今已成为腰缠千万的富翁，而其他如贴膜、加装汽车防盗器之类的行业也成为当时最暴利的生意之一。

不过，与此同时，一场关于“要不要发展家庭轿车”的大论战也被推向了高潮。参加这次论战的有经济学家樊刚、社会学家郑也夫、中科院院士何祚庥、新华社高级记者李安定、《经济日报》程远等。

在这场历时数年的论战中，“汽车进入家庭”的问题被拓展到社会学、经济学、交通学的高度。一时间，百家争鸣，上至庙堂学府，下到百姓茶余饭后，汽车和交通的辩证关系成为一个津津有味的话题。

原机械工业部部长何光远在回忆起当时的情景时说，1994年之后，汽车消费不再受限制，但事实上，在要不要发展汽车工业，特别是是否鼓励轿车进入家庭的问题上还是有很大争议的，由于当时并没有明确鼓励汽车消费，各种税费、地方保护仍十分严重。

正是在这些因素影响下，鼓励私人购车所引发的热潮很快就平息下去。1994年到1998年的4年里，中国汽车增长平缓，年增速只有1.5%~7.3%。

同时，汽车工业本身散、乱、规模小的劣势也愈发明显。如在1995年，全国汽车产量只有144万辆，尚不如国外一家汽车企业的产量多，但却分散在122家整车生产企业生产。其中年产量超过10万辆的只有5家，产量在1万至10万辆的有14家，剩下的企业平均年产只有1700辆左右。

到了1998年，中国汽车的总产量达到了162.8万辆，从而成为世界上第十大汽车制造国。就在这 年，中国轿车的第二轮合资热潮开始了，上海通用、广州本田破土动工，而后别克、雅阁的问世，使国产汽车的词典里又多了个“中高档轿车”的名词。

在此期间，一汽大众、神龙公司也站稳了脚跟，开始向连续多年位居国内汽车企业榜首的上海大众发出挑战，但同时，国内第一合资汽车企业——北京吉普则由20世纪90年代中期的高峰期走进了低谷。

四、2001年至今——快速发展阶段

对于进入21世纪的中国汽车，“家庭汽车”已不再是争论的热点，取而代之的是WTO

之后的生存与发展。

在2001年的“十五”计划中，汽车进入家庭已经被明确提出。赛欧、夏利2000等一批旨在重新定义家庭轿车的新车型涌入了市场。一时间，10万元成为了界定家庭轿车的分水岭。

同时，国家计委也将汽车价格放开，汽车终于从高高在上的“生产资料”，还原成了走进平民百姓家庭的“商品”。在企业层面，新的合资项目越来越多，而像吉利这样的民企也得以进军轿车领域。

社会对汽车的热度随之持续上升，老百姓谈论着加入WTO之后的汽车会便宜多少钱，各大媒体开设了专门的汽车版面，汽车产品的广告也充斥了电视、报刊和大街小巷。

2001年下半年，汹涌而来的汽车热浪却因“WTO”而暂时停滞，由于消费者对WTO期望过高而出现了长时间“持币待购”，市场这只无形的手开始发挥功效，让2001年的中国汽车在“叫好不叫座”的主题中度过了关键的一年。当年，全国汽车总产量为234万辆，仅比2000年多了20多万辆。

可是，转过年后的2002年却令所有的汽车业内人士大跌眼镜。爆发式的增长行情令马路上的汽车一夜之间就多了起来，全年销量旋风般地增至325万辆。同时，一汽收购天汽、东风联手日产，一系列的内引外联使中国汽车格局发生了巨大的变化。

在总体发展目标上，我国要在20年左右的时间里成为世界上最大的汽车生产国，同时努力成为汽车技术强国之一。

现在，我国已经有自主汽车品牌，如吉利、奇瑞、比亚迪、夏利等，汽车的品质也有了很大的提高。

五、我国汽车工业现状

如果从1958年中国第一辆轿车进中南海算起，中国轿车已经有了50多年的历史，但真正让中国汽车实现跨越式的发展却是改革开放之后汽车合资企业开始兴起的功劳。当然，其间合资企业也完成了车型在中国隔代上市到逐渐与国际同步的变化。

我们汽车工业经过50多年的建设，特别是“八五”、“九五”期间的快速发展，现在已经形成了一个比较完整的工业体系。在这50年中汽车从公用、生产为主到私家车占据了大部分市场，从国产到国产、合资共存，从一个品牌到47个品牌，中国目前已经成为世界第三大轿车市场，现在已经形成了一个比较完整的工业体系。1999来以来，中国轿车市场一直保持着年均两位数的增幅，2005年增幅为27%，2006年增幅为12%，2007年增幅达17%。但受国际金融危机冲击，2008年中国汽车产销结束了连年高速增长的势头，同比增长只有8%，自1999年以来首次低于10%。而2009年我国汽车行业却又实现了巨大飞跃，北京现代、比亚迪等品牌销量增长均接近或超过100%，这一年不仅我国汽车销量超越美国，成为世界第一大汽车消费市场，同时我国汽车自主品牌也得到前所未有的发展。

虽然我国汽车在技术、总产量、自主品牌等方面取得了骄人的成绩，但我国汽车工业还存在一些问题。

第一个方面，产品的自主研发能力薄弱，缺乏自主品牌。由于长期以来比较重视引进产品，没有在核心技术的消化吸收上下工夫，缺乏产品研发的实践，形不成产品研发的整体力量。具体表现为没有很好地掌握产品开发流程、过程、管理技术、项目管理技术和评价技术，没有很好地掌握系统配备、发动机关键总成和零部件开发技术，缺乏产品开发需要的技术数据，尤其是轿车产品研发数据积累严重不足。合资企业的轿车产品，特别是高端产品几乎都是外国品牌，缺少自主品牌。无论是客车、货车、轿车，尤其是中高档轿车自主品牌比较少。

第二个方面，与先进的汽车国家相比，我国的产品技术水平差距还比较明显，由于缺乏核心技术，除了轿车产品技术水平与国外存在较大的差距以外，商用车产品技术水平与欧、美、日相比同样存在着不小的差距。比如中型货车在使用寿命、可靠性、故障率、舒适性和环保方面还存在着很大的差距。

第三个方面，就是汽车零部件技术基础还是比较弱，长期滞后于整车的发展。零部件生产过度分散，我国有多少零部件企业到现在谁也说不清楚，我们平时讲的零部件的产值只是指一些规模以上的，比如说年产值在500万元以上的等。现在所有的零部件企业加在一起，有的人说有三万多家，有的人说有四万多家。专业化程度也比较低，没有形成经济规模长期以来严重的投资不足。另外，发达国家发展汽车，零部件跟汽车整车的比重大概是1.7:1，就是说投在整车上是1块钱，投在零部件可能是1.70元。我国正好相反，是投在整车上1块钱，投在零部件上大概不到0.5元。所以造成产品开发能力薄弱，与正在形成的国际汽车产业零部件全球采购的趋势不相称。

第四个方面，就是汽车产业后市场严重滞后于产业发展。主要表现在营销方式、服务、贸易理念以及汽车金融、消费信贷、二手车流通、配件流通、报废、回收、拆解等方面，跟国际上先进的国家比，差距非常大。

第五个方面，就是车用能源、交通、环保与汽车工业快速发展的矛盾比较突出。我国原油资源缺乏，进口依存度不断提高，当前汽车每年消耗掉国产85%左右的汽油和23%左右的柴油。这个比例随着汽车的快速增长还在不断增长。另外城市的交通拥堵现象越来越严重，汽车有害气体在城市排放中的比例也越来越高。

这些因素都将制约汽车工业的快速发展，是目前汽车工业发展存在的一些主要问题。

本章小结

本章首先介绍了汽车从设想到初步实现到逐步探索和完善的过程。经历了设想阶段、自走式车辆的幻想与探索、早期车辆探索三个时期。汽车的完善主要包括对汽车结构、汽车动力、汽车制动系统及汽车外形的逐步完善。1879年，卡尔·本茨研制成功火花塞点火内燃机，标志着现代汽车的诞生。

接下来介绍了法国、德国、美国、日本对汽车工业的发展作出的突出贡献。我国的汽车工业经历了起步、合资、对外开放和快速发展四个阶段。当前我国汽车工业虽然发展很快，但也存在着诸如产品的自主研发能力薄弱等问题，例如缺乏自主品牌，缺乏核心技术，汽车零部件技术基础还比较薄弱，汽车产业后市场严重滞后于产业发展，车用能源、交通、环保和汽车工业快速发展的矛盾比较突出等。

【思考与习题】

1. 简述世界汽车发展历程。

2. 简述我国汽车发展历程。

3. 登录下列网站了解这些公司的发展历程：

http：//www. ford. com

http：//www. toyota. com

http：//www. vw. com

第二章　汽车制造商与品牌文化

【学习目标】

1. 了解日本车系、美国车系、欧洲车系、中国车系及其他车系的发展情况。

2. 掌握日本汽车公司、美国汽车公司、欧洲汽车公司及其他国家汽车公司的著名品牌及其车标的丰富内涵。

汽车成为商品后，汽车公司如雨后春笋般兴起。目前，世界著名的汽车制造公司有100多家，汽车公司的创建、发展和变迁，记录了世界汽车工业的成长历程。车标，顾名思义就是汽车公司或汽车品牌的标志，是艺术性和象征性的高度统一，也是汽车公司生存和发展的缩影，或蕴藏着深厚的历史文化，或体现着创业者的理想与追求，或彰显了产品优秀的品质，或包含传奇而动人的故事……本章按照世界汽车公司所在国的顺序，着重介绍世界各大著名汽车公司的基本情况及其品牌文化的丰富内涵。

第一节　日本汽车

一、日本汽车概况

日本汽车起步晚，落后于欧美，它崛起于20世纪70年代，由于两次世界石油危机，使人们对汽车的要求发生了很大的变化：外形尺寸大、排量大的汽车销量急剧下降，而外形小巧、经济省油的日本小型汽车则广受欢迎。正是凭着小型汽车，在1980年日本汽车超过美国成为世界上最大的汽车生产国和出口国，在世界汽车市场形成日、欧、美三足鼎立的局势。日本轿车善于模仿，在世界上只有日本人能够把模仿的车子卖到被模仿国，而且比前者卖得还好。

日系轿车的优点在于外观细腻优雅，操控性能好，性价比高。另外，日系轿车更新换代快，注重整体设计，各项指标平均，外形符合东方人的审美观点。很多人喜欢把欧系轿车和日系轿车相比较，但由于地域文化的差异，车辆设计的方针不同，很难说谁优谁劣。比如日本车给人感觉不坚固，但车头钢架结构部分不一定越坚固越好，当车辆被撞击后能迅速变形吸收冲击能量最好。在欧美地区，日本车的返修率和顾客满意度远高于欧美轿车。2003年丰田公司在美国市场，更是在单一车型销量上超过美国本土的福特汽车公司，位居第二。日本轿车的动力性、舒适性和安全性都非常出众，价格又不昂贵，所以很受欢迎。在欧美市场的日系轿车经济实用，装备齐全，所以物有所值。

日本汽车企业一直都十分重视在目标市场当地建立研究与开发机构，并舍得投资。在设计理念上信奉“一体化设计”思想，以配合贯彻新的全球化竞争战略，即为了设计出适合当地市场所需要的汽车，日本汽车生产企业不仅十分注重对当地市场的营销研究，更注重以扎实而合适的技术去衬托营销战略。在设计过程中，不仅要贯彻总公司的一贯思想，还要尽可能地将当地零部件供应商在设计之初就吸纳进来，以更好地满足当地消费者的需要和政府的有关要求。从职能上看，日本汽车企业在海外的研发（R&D）中心职能越来越齐全，包括为当地购买零部件和生产提供技术支持、零部件技术评价、整车技术评价、车型及一般设计、零部件设计、汽车设计以及模具设计与生产。目前，共有30多个R&D机构分布在欧美，吸收人员在5000人左右，对双方都有利，日本的汽车公司已经享誉全球。

日本汽车的特点：轻巧美观、造型新颖、油耗低、使用效率高、注重经济性、装饰做工细腻。日本国土狭窄，人口密度大且集中于城市，人们精打细算，讲究效率。日本车灌注了东方人精微细腻的心理特征，在为乘员着想方面做得无微不至。在细节这方面特别能体现日本民族做事一丝不苟的特点，无论是车门缝隙的大小、漆面的光滑平整度还是车厢的焊接工艺，与同等价格的美国车甚至欧洲车相比，日本车都要更加出色。

二、日本汽车公司及其品牌车标

（一）丰田汽车公司

1. 概述

丰田汽车公司是世界十大汽车工业公司之一。作为日本最大的汽车公司，丰田创立于1933年，现在已发展成为以汽车生产为主，业务涉及机械、电子、金融等行业的庞大工业集团，汽车公司总部在日本东京，年产汽车近500万辆，出口比例接近50%。

丰田汽车公司的创始人丰田喜一郎（图2-1），是日本汽车工业的功臣，日本人称他是“日本的大批量汽车生产之父”，他创造了后来风靡全球的“丰田生产方式”。

图2-1　丰田喜一郎

丰田喜一郎的父亲丰田佐吉既是日本有名的纺织大王，也是日本大名鼎鼎的“发明狂”。丰田佐吉为了发展自己的工厂，将丰田喜一郎送到东京帝国大学机械工程学科读书，毕业后送他到自己的自动织布机械厂工作。经过10年磨炼，丰田喜一郎晋升为主管技术的常务董事。然而，目光远大的丰田喜一郎并不满足眼前的成就。当他发现汽车能够给人带来极大方便时，预感到这一新兴行业具有广阔的发展前景，决定将其作为自己的毕生事业，他的这一想法得到了父亲的大力支持。

1929年底，他代表自动织布机械厂到英国签订一项合同。在国外，他除了完成父亲交办的事情外，花了四个月的时间考察英国及美国的交通，尤其是美国的汽车生产企业，弄清了欧、美国家的汽车生产情况。这次国外之旅给他留下了极为深刻的印象，坚定了他发展汽车事业的决心。

1933年，公司设立汽车部。1933年9月，他着手试制汽车发动机，拉开了汽车生产的序幕。1937年8月28日丰田喜一郎创建了丰田汽车公司。丰田喜一郎的指导思想是，贫穷的日本需要便宜的汽车，生产廉价的汽车是公司的责任。后来，丰田汽车公司确立了“用低成本、大批量的生产方式生产高质量的汽车，进而加入世界第一流汽车工业”的方针。

丰田喜一郎对汽车工业的另一项贡献是对生产过程的科学管理。他主张弹性生产方式，“工人每天只做必要的工作量”即可，减少零部件库存，开始了丰田生产方式（图2-2）。

丰田汽车公司有很强的技术开发能力，而且十分注重研究顾客对汽车的需求。因而在它的各个不同的历史阶段，都创出了不同的名牌产品，而且以快速的产品换型击败美欧竞争对手。早期的皇冠、光冠、花冠汽车名噪一时（图2-3），近来的豪华汽车也极负盛名。目前丰田汽车公司旗下拥有丰田、雷克萨斯、赛恩、大发等汽车品牌。

丰田财团旗下拥有5家世界500强企业，分别是丰田汽车、丰田自动织机、丰田通商、爱信精机、日本电装。十几家财团一级企业均是世界知名企业，产业链覆盖汽车产业从上游原料到下游物流的所有环节。不仅如此，丰田还立足于汽车产业的未来，不断在环保和新能源领域投资，成为环保汽车的领军者。

图2-2　丰田生产方式

丰田汽车全年生产汽车445万辆，占世界汽车市场的9.4%。目前，丰田是世界第一大汽车公司，在世界汽车生产业中有着举足轻重的作用。丰田汽车还是日本军用汽车与装甲车的最大生产商，每年负责大量日本装甲车与军用汽车的维护。

图2-3　1993年产的丰田皇冠

2. 公司主要品牌及其车标

（1）丰田系列

日语“丰田”英文为“TOYOTA”。1990年初开始使用的丰田车标（图2-4）由三个椭圆形的环组成，结构左右对称，椭圆具有两个中心，表示汽车制造商与顾客心心相印。中间的两个椭圆形环一横一竖，垂直组合，构成了一个“T”字，外边的大椭圆代表地球，而里面两个小椭圆最大限度地占据了外面椭圆的空间，寓意着丰田公司要把自己的技术、产品推向全世界，也象征着丰田立足未来，对未来的信心和雄心，还象征着丰田置身于顾客，对顾客的保证。

图2-4　丰田车标

（2）雷克萨斯系列

丰田汽车雷克萨斯（Lexus）部是1989年丰田汽车公司专门为向国外销售豪华轿车成立的一个分部。该车名是丰田花费3.5万美元请美国一家起名公司命名的，因为雷克萨斯（Lexus）的读音与英文豪华（Luxury）一词相近，很容易使人联想到该车是豪华轿车（图2-5、图2-6）。

图2-5　雷克萨斯C概念车

20世纪90年代，丰田汽车公司推出的雷克萨斯高级轿车，就像一匹黑马，以与众不同的风格跃入人们的眼帘，以不同凡响的

图 2-6　雷克萨斯 ES 2013 款 300h 精英版

商标“L”标新立异。雷克萨斯的图形标志（图 2-7）不是采用丰田常用的三个椭圆相互嵌套形式，而是在一个椭圆中镶嵌英文“Lexus”的第一个大写字母“L”，“L”的外面用一个椭圆包围着图案，椭圆代表着地球，表示雷克萨斯轿车遍布全世界。该标志被镶在散热器正中间，车尾标有文字商标“Lexus”，喻示该车驰骋在世界各地的道路上。

图 2-7　雷克萨斯车标

(3) 赛恩（新贵）系列

赛恩（Scion）是全球最年轻的汽车品牌，是丰田汽车公司根据对消费群的调查，为迎合下一代的新车用户于 2002 年推出的新品牌，也是北美丰田继 Toyota、Lexus 之后，旗下所拥有的第三个品牌。北美丰田赋予赛恩全新的品牌生命，赛恩代表的是个性化汽车时代的来临，透过全新设立的经销体系，每一位车主都将有机会体验到赛恩精心设计的个人化购车流程，买到一部与众不同的个性化赛恩汽车。

赛恩运作路线从三个基本点出发，那就是时尚、多功能、惊奇。这三个要素不仅仅体现在产品上，也体现在销售和服务上。

Scion（图 2-8）的含义从英文意思上理解为“子孙后代”。它将以一个独立的、极具特色的产品阵容以及新的销售理念来迎合未来新车用户的胃口。同样，它还有一个含义，即作为丰田品牌的后代来继续丰田汽车的造车理念。

图 2-8　赛恩车标

（二）本田汽车公司

1. 概述

本田（Honda）汽车公司全称为本田技研工业股份有限公司，其前身是本田技术研究所，建于 1948 年 9 月，创始人是传奇式人物本田宗一郎（图 2-9）。

图 2-9　本田宗一郎

该公司是世界上最大的摩托车生产厂家，于 1962 年开始生产汽车。公司总部在东京，雇员总数 3 万人左右。本田先后建立了本田美国公司、本田亚洲公司、本田英国公司，已成为一个跨国汽车、摩托车生产销售集团。它的产品除汽车、摩托车外，还有发电机、农机等。

本田公司的摩托车产品种类繁多，有100多个品种，运动摩托车、竞赛摩托车和普通摩托车在世界摩托车市场占有绝对优势，总产量达250万辆左右。本田公司车队在赛场上实力强劲，无论在汽车赛场还是摩托车赛场，本田车队每年都要拿几个世界冠军。

本田公司素有日本汽车技术发展的排头兵之称。在技术开发和研究上，创始人本田宗一郎舍得投巨资，因而科研成果颇丰，如本田汽车的发动机专利技术——可变气门正时及升程电子控制系统（VTEC，Variable Valve Timing and Lift Electronic Control System）、世界上最先应用在汽车上的导航装置——电子导航仪等技术。

2. 公司主要品牌及其车标

（1）本田系列

"本田"即本田宗一郎的姓氏。本田汽车公司在20世纪80年代成立了商标设计研究组，从来自世界各地的2500多件设计图稿中，确定了现在的三弦音箱式商标，也就是带框的"H"（图2-10）。图案中的H是"本田"日文拼音"HONDA"的第一个字母。这个标志把技术创新、团结向上、经营有力、紧张感和轻松感体现得淋漓尽致。

图2-10　本田车标

"人和车、车和环境的协调一致"，是本田公司的发展方向；动感、豪华、流畅，是本田公司的一贯风格；设计动力澎湃、低耗油、低公害的发动机，是本田公司的技术目标；靠先进而实用的设计、卓越的制造质量和相对低廉的价格吸引更多顾客，是本田公司的宗旨。"H"商标，这个世界著名商标，是本田公司立业之本，是本田公司成功之魂。

美国机械工程师学会的荷利奖，专门用于奖励那些在机械工程领域作出杰出贡献的人。迄今为止，该奖项一共颁发过两次：1936年奖励了有"汽车大王"之美称的美国人亨利·福特；1980年奖励了日本人本田宗一郎。据此，人称本田宗一郎为"日本的福特"。

本田汽车公司（Honda Motor）是汽车行业的彼得·潘（Peter Pan）——一家拒绝长大的公司。作为世界上最年轻的以及少数几家保持独立的主要汽车制造商，本田一向喜欢我行我素。本田坚决维护其创始人所倡导的独立行事、快速行动的企业文化，大胆地在全球战略、产品概念以及可持续使用的资源等方面坚持走自己的道路。当习惯性思维促使汽车制造商们纷纷朝一个方向奔去时，本田注意到了这一点，于是便转而向另一个方向进发。

自1948年作为一家摩托车制造商诞生至今，本田的这一策略一直很奏效。本田现在是世界第七大汽车制造商和利润最高的汽车制造商之一。本田在日本占有15%的市场份额，超过日产（Nissan），仅次于丰田（Toyota）。在几乎占据了本田营业利润三分之二的北美市场，本田已经建立了第五家汽车装配厂，并且正在对"三大"汽车制造商最后的堡垒——轻型货车市场发起进攻。它在新型燃料方面也占据着重要地位。在其他汽车制造商正在就行驶里程和排放——主宰21世纪汽车工业的两大问题——大伤脑筋时，本田在这两个领域已处于领先地位。

本田公司与我国的合资企业有东风本田和广汽本田两家公司。

东风本田汽车有限公司位于国家级开发区——湖北省武汉经济技术开发区内，是一家由东风汽车集团股份有限公司与日本本田技研工业株式会社共同投资组建的整车生产经营企业。公司成立于2003年7月16日，注册资本2亿美元，中日双方各占50%股权。公司的宗旨是，以建立国际企业为目标，竭尽全力以合理的价格、提供全球化高品质产品，让广大的用户满意。

东风本田主要车型：轿车有思域（图2-11）思铂睿；SUV有本田CR-V；MPV有艾力绅。

图2-11　本田思域2012款

广汽本田汽车有限公司由广州汽车集团公司和本田技研株式会社按50:50的股比合资建设和经营，于1998年7月1日正式挂牌成立。首期工程总投资22.775亿元人民币，注册资本11.6亿元人民币，合资年限30年。截至2010年12月，广汽本田现有员工7400多人，占地面积58万m^2，拥有研究开发中心、排放试验室等强大技术研发力量和冲压、焊接、注射、涂装、总装、整车检测等先进工艺生产车间，以及物流配送中心、综合培训中心等辅助设施。

目前，广汽本田的产品包括本田品牌的歌诗图（Crosstour）、雅阁（Accord）、奥德赛（Odyssey）（图2-12）、锋范（City）、飞度（Fit）五大系列车型和理念（Everus）品牌的理念S1车型。

图2-12　本田奥德赛2013款舒适版

（2）讴歌系列

本田的讴歌（Acura）如同丰田的雷克萨斯（Lexus）一样，也属于豪华车品牌。讴歌是本田为了角逐北美的高档汽车市场，于1986年3月创立的旗舰品牌，是日本企业在海外市场树立的第一个高档品牌。讴歌目前有RL（图2-13）、TL等产品系列，共六种车型。其中RL 3.2是高级轿跑车。它是目前市场上最清洁的多用途运动型汽车之一，其尾气排放量极低，而且在同级汽车中它的整体燃油经济性是最出色的。2005年，讴歌在北美地区的总销量高达23.2万辆，其中TL单车型的销量达84140辆，均创下历史新高。

图2-13　讴歌RL

讴歌系列汽车是先有讴歌名字，后有车标。Legend和Integra推出时还没有车标。直到1991年，NSX跑车推出时，为了体现事业部“精湛工艺打造卓越性能”新口号的精髓，有了将Acura中的“A”转化为一个传统的卡钳样式的车标（图2-14）。这与本田车标“H”有相似之处。在机械加工中，卡钳专门用于精确测量，这正好体现了事业部“精确”的主题。

图2-14　讴歌车标

（三）日产汽车公司

1. 概述

日产（Nissan）汽车公司是在1933年12月26日由日本产业公司与户田铸造公司联合成立的汽车制造公司，当年就开始生产汽车，1934年5月正式更名为日产汽车公司，同时，日本产业公司接收了户田铸造持有的日产汽车公司的全部股份。日产公司的总部现设在日本东京市，雇员总数近13万人。

日产汽车公司是日本的第二大汽车生产厂家，也是第一家开始制造小型Datsun轿车和汽车零件的制造商。该公司除生产各型汽车外，还涉足机床、工程机械、造船和航天技术等领域，是一个庞大的跨国集团公司。

日产汽车在很多方面均能与丰田一争高低。“西有丰田、东有日产”的流行说法是对日产汽车集团实力的最现实的评价。如果说丰田汽车以销量见长，则日产汽车以技术著称。

日产公司的汽车产品分实用型（即货车、小型客货车和四轮驱动车）、豪华型和普通型三类。实用型的品牌有巴宁、途乐、皮卡和佳碧等；豪华型有公爵、蓝鸟、千里马、英菲尼迪、光荣、桂冠、总统和贵士（图2-15）等；普通型有阳光、自由别墅、地平线和兰利等。几十年来，日产汽车公司的技术与产品受到全世界消费者的喜爱。

图2-15　日产贵士2012款

2. 公司主要品牌及其车标

（1）日产系列

日产车标早期（图2-16a）采用圆形红色为底色，简洁明了的红色圆表示太阳；中间是蓝色长方形，其上白色的字是“日产”的拼写形式“NISSAN”，整个图案表明了日产汽车公司位于“日出之国”的日本。日产的日语读音近似“尼桑”，所以曾被音译为“尼桑”。新车标（图2-16b）的整个底色为银灰色，实心圆形变成环形标识。

（2）英菲尼迪系列

日产公司英菲尼迪（Infinite）部类似丰田公司雷克萨斯部，专门开发豪华品牌轿车。日产英菲尼迪汽车（图2-17）采用后轮驱动，豪华程度与日产总统牌（日本皇室人员专用车）如出一辙，其安全性能和装配质量极高，驾乘极为舒适。

a)　　b)

图2-16　日产车标

a）旧车标　b）新车标

图2-17　日产英菲尼迪车标

东风日产是中国东风汽车公司与日本日产汽车公司的合资企业，创立于2003年6月9日，注册资本167亿元人民币，是迄今为止中国汽车行业合作规模最大、合作领域最广、产品最全的合资项目。目前，东风日产拥有员工7000余人，从事乘用车的研发、采购、制造、销售、服务业务。东风日产乘用车公司拥有广州花都和湖北襄樊两个生产基地，由冲压、焊装、涂装、总装、树脂五大车间组成。自诞生之日起，东风日产乘用车公司就立志成为中国乘用车市场的最佳品牌之一，产品覆盖包括小型车、中型车、大中型车、MPV、SUV等领域。

（四）马自达汽车公司

1. 概述

马自达汽车公司本名为东洋软木工业公司，成立于1920年，以生产汽车为主。该公司生产的汽车以公司创始人“松田”来命名，又因“松田”的拼音为Mazda（马自达），所以人们便习惯称为马自达。1984年公司正式更名为马自达公司（Mazda Motor Corp.）。

1931年，该公司正式开始在广岛生产小型载货车，20世纪60年代初正式生产轿车，自1981年到2002年，马自达已累积生产了3500多万辆汽车。在90年代之前，马自达汽车公司在日本国内排名仅在丰田、日产之后，也是世界知名的日本汽车品牌之一。自2000年开始，马自达公司通过实施“新千年计划”，使公司的发展进入了一个新的阶段。2002年，马自达公司推出了马自达6（图2-18）、马自达2等一系列新车型，在世界各地都取得了不俗的销售业绩。马自达汽车公司拥有非常完备的产品线，涉

图2-18　马自达6

及经济型轿车、越野车、跑车等各种车型，其中家庭用车一直占据主导地位。

2. 公司主要品牌及其车标

最初马自达汽车使用的车标（图2-19a），是在椭圆之中有双手捧着一个太阳，寓意马自达公司将拥有明天，马自达汽车将跑遍全球。1997年，马自达公司与福特公司合作之后，采用了新的车标（图2-19b），椭圆中展翅飞翔的海鸥，同时又组成“M”字样。M是“Mazda”第一个大写字母，预示该公司将展翅高飞，不断技术突破，以无穷的创意和真诚的服务，勇闯车坛顶峰，迈向新世纪。

俊朗（Eunos）汽车部是马自达汽车公司的豪华车分部，有专用车名“Eunos”和专用车标（图2-20）。

a)

b)

图2-19　马自达车标

a）旧车标　b）新车标

图2-20　马自达俊朗车标

（五）三菱汽车公司

1. 概述

三菱（Mitsubishi）汽车公司是日本第四大汽车公司，也是历史最悠久的一家汽车公司，它的前身是岩崎弥太郎于1870年创建的九九商会，并于1873年改名为三菱商会。三菱汽车是日本汽车工业的先锋。1917年，生产出日本第一辆A型轿车（图2-21），直到1970年，在三菱重工业公司和美国克莱斯勒公司共同出资下，正式成立了三菱汽车工业股份有限公司。

图2-21　岩崎弥太郎和三菱公司1917年生产的A型车

三菱公司拥有华丽、扶桑、海市蜃楼（Mirage）、米尼卡（Minica）、欧蓝德（Outlander）、蓝鸟和枪骑兵等轿车品牌，以及帕杰罗（Pajero）等越野车品牌。公司总部设在东京都，目前公司汽车年产量在100万辆以上。在日本国内有10个生产厂、两个轿车研究中心、一个载货车和客车研究中心，国外有25个生产厂。曾生产出日本第一辆柴油客车扶桑BD46。主要产品有微型轿车和载货车、小型轿车和载货车、中重型载货车、厢式车、客车、运动车、发动机和其他零部件等。

2. 公司主要品牌及其车标

三菱的标志由三个菱形组成（图 2-22），蕴含了三菱“和”的企业理念，并表达出企业内部所孕育的朝气。

更富于传奇色彩的是，三菱标志是公司创办人岩崎弥太郎在牢狱中设计的。在日本德川幕府末期，岩崎弥太郎在牢中认识了一位神奇的老犯人，老人告诉他，如果想要推翻德川幕府，必须拥有政治资金，所以要先学习、研究经济学。有趣的是，老人还教他学会打算盘，为他讲解西方的资本主义，并告诫他：“企业的发展条件中，最重要的是人和”。

图 2-22　三菱车标

受到这位奇异老人的开导，岩崎弥太郎深有所悟，尤其对“人和”的印象特别深刻。他把三个人形组成一个图案，最后修正成为三个菱形的标志。

（六）富士汽车公司

1. 概述

富士（Fuji）重工业株式会社的前身是创立于 1917 年的飞机研究所，因制造飞机得以快速发展，随后公司发挥其技术特长逐渐形成了汽车、航空、产业机械、运输机械四大部门。

富士重工属下的斯巴鲁（Subaru）汽车公司拥有力狮（Legacy）、翼豹（Impreza）、森林人（Forester，图 2-23）等汽车品牌。

2. 公司主要品牌及其车标

富士重工汽车的车标（图 2-24）采用斯巴鲁（Subaru），中文意思是“金牛星座昴宿星团”。在椭圆形中间，是用肉眼可以看到的这个星团六颗闪亮的星星，所以又被称之为“六连星”，象征着富士重工及 1955 年与之合并的其他五家公司的团结一致、共同奋进的精神。

图 2-23　斯巴鲁森林人

图 2-24　斯巴鲁车标

（七）铃木汽车公司

1. 概述

铃木汽车有限公司（Suzuki Motor Corporation）成立于 1920 年，总部设在日本静冈县滨松市，其前身是 1909 年创立的铃木织布机工厂（Suzuki Loom Works）。1952 年开始生产摩托车，1955 年更名为铃木汽车有限公司，开始批量生产 Suzulight 牌汽车（图 2-25）。

铃木汽车公司不但在摩托车领域上享誉盛名，而且凭借低燃耗、低排放的奥拓（Alto）

等车型，一直独占日本国内微型汽车销量首位。此外，为了能让更多消费者体验驾驶四轮驱动的乐趣，早在1970年，就开发出紧凑型SUV并获得了广泛赞誉。

铃木自始至终以小巧、轻便、低燃耗、少排放等为宗旨，设计开发每一款汽车，为创造节约型、环保型社会作出贡献。

铃木汽车公司主要拥有奥拓（Alto）（图2-26）、依妮诗（Ignis）、雨燕（Swift）（图2-27）、利亚纳（Liana）、维罗纳（Verona）、百乐（Baleno）等轿车品牌和吉姆尼（Jimmy）等越野车品牌。

图2-25　1955年生产的铃木Suzulight

图2-26　铃木奥拓

图2-27　铃木雨燕

2. 公司主要品牌及其车标

铃木车标（图2-28）中的“S”是铃木“Suzuki”的第一个字母，这种设计给人以力量的感觉，象征着发展中的铃木。

SUZUKI

图2-28　铃木车标

（八）五十铃汽车公司

1. 概述

五十铃汽车公司是日本最早生产汽车的厂家，其前身是东京石川岛造船所，1922年就开始生产沃尔斯利（Wolseley）A9型小轿车。1949年改名为五十铃汽车公司，总部设在东京，主要生产载重汽车、客车、越野汽车等，其中载货汽车产量占70%以上。

五十铃汽车公司的知名产品是柴油机（图2-29），早在1934年，公司就开始试生产柴油机，并首次应用在大客车上。20世纪四五十年代，日本大部分柴油载货汽车的发动机由五十铃汽车公司生产。

图2-29　五十铃柴油发动机

2. 公司主要品牌及其车标

五十铃汽车以日本五十铃河而得名。五十铃车标（图2-30）于1974年开始使用，两根上升的大柱体现了五十铃汽车与顾客和社会和谐相处的理念。其中一根象征着“和用户并肩前进的五十铃”，另一根象征着“与世界各国协作发展的五十铃”。红色是太阳的火焰，也是五十铃不断进取的标志。

图 2-30　五十铃车标

（九）大发汽车公司

1. 概述

大发（Daihatsu）公司成立于 1907 年，原名为大阪发动机制造公司，1951 年正式改名为大发。所谓“大发”，就是大阪发动机的简称。大发公司主要生产小型轿车（图 2-31），其独特的技术力量和生产能力在国际上享有较高的声誉，生产的汽车已在 160 多个国家得到广泛使用。

2. 公司主要品牌及其车标

大发的车标（图 2-32）是由大发的拼音（Daihatsu）的第一个字母“D”变化而来，图案设计喻示着大发公司永葆青春。

图 2-31　2009 款大发森雅

图 2-32　大发车标

（十）日产柴油机公司

日产柴油机（Nissan Diesel）是以生产重型柴油机载重汽车为主的汽车制造厂，是日产集团中的柴油机部门。

公司标志（图 2-33）中的“UD”有双重意思，一为 Universal Diesel（万能柴油机）的字头，二为公司创业时的二冲程发动机 Uniflow Scavenging Diesel（单流扫气式柴油机）的字头。

图 2-33　日产柴油机

第二节　美国汽车

一、美国汽车概况

汽车文明从欧洲传到美国后，这个年轻而富有创造性的国家对它表示了极大的兴趣。美国被称为“捆在车轮上的国家”，汽车普及率位居全球首位，汽车工业是美国经济的三大支柱之一，它的兴衰直接关系到美国经济的命运。

在 T 型车出现以前，汽车一直被视为是少数富人的奢侈品。亨利 · 福特于 1908 年推出的福特 T 型车，使汽车从贵族及有钱人的专利品变成了大众化商品。

T 型车之所以畅销，主要是因为它价格便宜且性能优良。在 T 型车的研制之初，福特的技术人员不但参考了国内其他公司的汽车，而且还输入了法国颇受好评的雷诺汽车的先进技术。经过不断改良，发动机由手动起动改为电气起动装置起动，原来使用的油灯或瓦斯灯，也改装成了电灯。T型车坚固耐用，结构紧凑，实用性能好。大批量流水生产的成功，不仅使T型车成为有史以来最普遍的车种，而且使家庭轿车的神话变为现实。

美国车系技术发达、资金雄厚，无论是通用、福特还是克莱斯勒，其动力强劲、极尽豪华、用材奢侈、乘坐舒适、驾驶安全、通过性好等优点突出。对于中国百姓而言，其最大的缺点是油耗高。但近年美国汽车公司也通过兼并，吸收了欧洲和日本车系的理念和技术，推出了一些符合中国消费特点的经济实用型轿车，例如目前畅销的欧宝系列及福特蒙迪欧等汽车。

二、美国汽车公司及其品牌车标

（一）通用汽车公司

1. 概述

通用汽车公司（General Motor Corporation）是美国第一大汽车公司，也是世界上最大的汽车公司，年工业总产值达1000多亿美元。它是由威廉·杜兰特（William Durant）（图2-34）于1908年9月在别克汽车公司的基础上，联合奥兹莫比尔、凯迪拉克和奥克兰（旁蒂亚克部）发展起来的，创立于美国的汽车城底特律。公司现总部仍设在底特律。

图2-34 威廉·杜兰特

通用汽车公司在美国最大五百家企业中居首位，在世界最大工业企业中位居第二。它是一个大规模的跨国公司，在世界几十个国家都设有子公司、装配厂、零部件厂和销售中心。通用在北美拥有别克、凯迪拉克、雪佛兰、奥兹莫比尔、旁蒂亚克、土星、吉奥（GEO）和专门制造载货汽车的吉姆西（GMC）八个生产汽车的分部。另外，通用还拥有不少控股公司。

通用的业务范围很广，除汽车外，还涉及铁路机车、筑路机械、航空发动机、柴油机及军工产品。它的主要产品是轿车、载货汽车、大客车、发动机和汽车零部件。汽车年总产量达900万辆，其中约有500万辆为家庭轿车。

通用汽车公司生产的汽车，典型地表现了美国汽车豪华、宽大、内部舒适、速度快、储备功率大等特点。而且通用汽车公司尤其重视质量和新技术的应用，因而其产品始终在用户心中享有盛誉。

通用汽车公司旗下主要汽车品牌包括凯迪拉克（Cadillac）、别克（Buick）、雪佛兰（Chevrolet）、奥兹莫比尔（Oldsmobile）、旁蒂亚克（Pontiac）、土星（Saturn）、悍马（Hummer）、吉姆西（GMC）、德国欧宝（Opel）、瑞典萨博（Saab）、澳大利亚霍顿（Holden）、韩国大宇（Daewoo）和英国伏克斯豪尔（Vauxhall）等。

通用汽车公司在中国建立了12家合资企业和2家全资子公司，拥有超过35000名员工。通用汽车公司在中国进口、生产和销售宝骏、别克、凯迪拉克、雪佛兰、欧宝、五菱及解放等品牌的系列产品，所提供的产品系列之丰富位居所有在华跨国汽车企业之首。2011年，通用汽车及其合资企业在华销量超过254万辆。

2. 公司主要品牌及其车标

通用汽车公司的标志（图2-35）取自其英文名称（General Motor Corporation）的前两个

单词的第一个字母 GM。各车型商标都采用公司下属分部的标志，而“GMC”图案商标则成为通用汽车公司载货车的专用标志。

图 2-35　通用汽车公司标志

（1）凯迪拉克汽车分部

凯迪拉克分部的前身是凯迪拉克（Cadillac）汽车公司，由亨利·利兰得（Henry M. Leland）（图 2-36）于 1902 年 8 月创建。亨利·利兰得曾经是奥兹的零件供应商，从 1900 年起自行制造汽车，并成为凯迪拉克汽车公司的生产经理。他造出凯迪拉克牌汽车（图 2-37）时，已是近 60 岁的老人。

图 2-36　亨利·利兰得

图 2-37　亨利·利兰得和 1905 年的凯迪拉克车

1906 年，凯迪拉克汽车公司在底特律的工厂已成为当时世界上最大、最完善、装备精良的汽车厂，产品质量上乘。1909 年，亨利·利兰得把公司卖给了通用汽车公司，自己作了 8 年通用汽车公司凯迪拉克分部的经理。此时，他设计的凯迪拉克牌汽车更加重视豪华和舒适性。至今，凯迪拉克汽车仍保持这一传统，以专门生产高级轿车而蜚声世界。

凯迪拉克车标选用“凯迪拉克”之名是为了向法国的皇家贵族、美国底特律城的创始人安东尼·门斯·凯迪拉克（Le Sieur Antoine de la Nothe Cadillac）表示敬意。凯迪拉克一向被公认为是充分演绎美国精神和领袖风格的豪华轿车典范，其乘坐者的尊贵、沉稳、豪迈和权力，更使凯迪拉克成为一种权贵的象征。

凯迪拉克旧车标（图 2-38a）是凯迪拉克家族在古代宗教战争中所使用的主“冠”和“盾”型纹章图案，周围为郁金香花瓣构成的花环。该标志以其雅致的图案和丰富的内涵，喻示着凯迪拉克车的高贵、豪华和气派。“冠”是凯迪拉克家族的纹章，冠上七颗珍珠喻示皇家的贵族血统。“盾”象征着凯迪拉克军队的英勇善战。盾分为四个等分。第一和第四等分是门斯家族的全底纹章，中间横穿过的深褐色棒把三只相同的黑鸟分开，两只在上，一只在下。这三只鸟意味三位一体的神圣，还意味着大胆和热情的基督教武士拥有智慧、富有、聪明的头脑和完美的品德。第二和第三等分是

a)　　b)

图 2-38　凯迪拉克车标

a）旧车标　b）新车标

由于内部通婚，当另一块领土加到门斯家族的财产上时，这时四等分才能在门斯盾形纹章里被采用。四等分的色彩代表了凯迪拉克家族广阔的土地：红色标志着行动的勇敢和大胆；银色表示团结、博爱和美德；黄色表示丰收和富有；蓝色表示创新和探险。凯迪拉克车标象征了底特律城创始人的祖先的英勇和荣誉，也体现了凯迪拉克汽车的高贵、豪华、气派和潇洒。凯迪拉克骑士们的英勇善战、攻无不克，喻示着凯迪拉克牌汽车具有巨大的市场竞争能力。

凯迪拉克车标自诞生以来，其花冠和盾牌的设计在不同时代不断变化，百余年来竟达30多次。21世纪伊始，凯迪拉克对车标进行了一系列创新设计，新车标（图2-38b）整体以铂金颜色为底色，而花冠则保留了原有的色彩组合，不过六只可爱的鸟飞走了。凯迪拉克车型如图2-39、图2-40所示。

图2-39　首辆凯迪拉克A型汽车

图2-40　1914年生产的V8发动机的凯迪拉克

目前凯迪拉克车系列主要包括：

CTS（图2-41）——源于Catera轿车；

图2-41　凯迪拉克CTS 2011款

STS——源于SeVille轿车；

DTS——源于DeVille轿车；

SRX——四驱 SUV；

XLR——硬顶敞篷跑车；

EXT——豪华皮卡。

（2）旁蒂亚克汽车分部

旁蒂亚克（Pontiac）汽车分部原为奥克兰（Oakland）汽车公司，建于 1907 年 8 月 28 日，创建人是一位年轻的实业家爱德华 · 墨菲（Edward Murphy）。旁蒂亚克是一个印第安酋长的名字，18 世纪他曾率部在底特律附近抵抗英法殖民者。为了纪念他，把靠近底特律的一座小城命名为旁蒂亚克市。在这里，爱德华 · 墨菲于 1893 年创办了旁蒂亚克轻便马车公司。为了生产汽车，墨菲对轻便马车厂进行改造，于 1908 年生产了一种 4 缸发动机轿车，其功率大，很有竞争力，因而得到了迅速的发展。

奥克兰汽车公司的兴旺引起了杜兰特的注意，通过会谈，1909 年 1 月 20 日，通用汽车公司收购了奥克兰汽车公司 50% 的股份。同年夏天，奥克兰汽车公司创始人爱德华 · 墨菲过世之后通用汽车公司全面控制了该公司。自 1932 年 3 月 6 日起正式启用旁蒂亚克汽车公司这一名称，主要生产轿车和跑车。

旁蒂亚克汽车商标（图 2-42）由两部分组成。其文字“PONTIAC”取自旁蒂亚克市；图形商标是带十字标记的箭头。十字形标记表示“旁蒂亚克”是通用汽车公司的重要成员，也象征旁蒂亚克汽车安全可靠；箭头则代表旁蒂亚克的技术超前和攻关精神。旁蒂亚克车型如图 2-43、图 2-44 所示。

图 2-42　旁蒂亚克车标

图 2-43　旁蒂亚克传奇车火鸟

图 2-44　旁蒂亚克跑车

（3）雪佛兰汽车分部

雪佛兰汽车分部原为雪佛兰（Chevrolet）汽车公司。1909 年，通用汽车公司的创始人威廉 · 杜兰特邀请著名的瑞士赛车手兼工程师路易斯 · 雪佛兰（Louis Chevrolet）（图 2-45）帮助他设计一款面向大众的汽车。1911 年 11 月 3 日，以设计师名字命名的雪佛兰汽车公司应运而生。

图 2-45　路易斯 · 雪佛兰

1918 年 5 月雪佛兰汽车公司并入通用汽车公司。雪佛兰的国际品牌血统已经传承了近百年，自 1912 年推出第一部产品以来至今销售总量已超过 1 亿辆。其市场覆盖到 70 个国家，曾经创下每40s销售一辆新车的记录。2004年雪佛兰全球销量超过360万辆，占全球汽车当年销售总量的5%。作为通用汽车旗下最为国际化和大众化的品牌，雪佛兰拥有强大的技术和市场资源。雪佛兰的品牌定位是一个大众化的值得信赖的国际汽车品牌，品牌个性是值得信赖、聪明务实、亲和友善、充满活力。

雪佛兰分部除生产大众化车型外，还生产知名的运动型跑车克尔维特（Corvette）（图2-46），这一车名是沿用17世纪、18世纪时欧洲的一种炮舰的名称，其含义是向当时风行的英国跑车挑战。

图2-46　雪佛兰·克尔维特

雪佛兰（Chevrolet）汽车标志（图2-47）由图形和文字两部分组成。1908年，杜兰特在一次环球旅行途中，在一家巴黎酒店的墙纸上意外地发现了一个“金领结”图案，他认为这个图案可以作为汽车的标志，于是就撕下了墙纸的一角并展示给朋友们看。后来这个有趣的“金领结”图案就演变成了畅销全球的雪佛兰汽车的标志。“雪佛兰”取自原雪佛兰汽车公司创始人之一路易斯·雪佛兰的姓氏。通用·雪佛兰图案（图2-47a）采用抽象化的蝴蝶领结，象征着雪佛兰汽车的大方、气派和风度；雪佛兰·克尔维特的商标图案（图2-47b）是在椭圆内交叉嵌套着两面旗帜，黑白相间的旗帜表示该车是参加公路大赛的运动车，红色旗帜上的蝴蝶结表示该车由雪佛兰分部制造，而上面的奖杯和花朵则代表夺魁后的欢呼和成功的纪念。

a)　　b)

图2-47　雪佛兰车标

a）通用·雪佛兰　b）雪佛兰·克尔维特

（4）奥兹莫比尔汽车分部

奥兹汽车公司由兰索姆·奥兹（图2-48）于1897年8月21日建立。1904年奥兹汽车公司成为第一家出口汽车的美国汽车厂商，产品销往18个国家。1908年11月12日奥兹汽车公司并入通用汽车公司，更名为奥兹莫比尔汽车分部。在20世纪40年代生产出第一部带自动变速器的汽车；20世纪60年代制造了美国第一部四轮驱动轿车……

奥兹莫比尔（Oldsmobile）之名由奥兹（Olds）加莫比尔（Mobile）得来。奥兹（Olds）是公司创始人兰索姆·奥兹的姓，莫比尔（Mobile）在英文中是机动车之意，因此奥兹莫比尔就是奥兹的机动车。第一辆前轮驱动轿车龙卷风如图2-49所示。

图2-48　兰索姆·奥兹

奥兹莫比尔的经典车型如奥兹（Olds）、短剑（Cutlass）和奥兹 88（Eightyeight）都是人们最喜欢的品牌。在它最辉煌的 1985 年，销量多达 100 万辆。从 1985 年开始，奥兹莫比尔品牌汽车开始失宠，市场销售量下滑。因为在人们的印象中，奥兹莫比尔耗油量极大。万般无奈之下，通用汽车公司只有放弃其所属的奥兹莫比尔品牌。2004 年 4 月 29 日，奥兹莫比尔轿车组装厂的一辆 2004 款 Alero GLS（阿莱罗）轿车作为奥兹莫比尔品牌的最后一辆汽车驶离了生产线，结束了奥兹莫比尔轿车的百年辉煌。

图 2-49　第一辆前轮驱动轿车龙卷风

课外史话：2000 年 12 月 12 日，通用汽车公司作出了一个令全球汽车界震惊的决定——未来几年内奥兹莫比尔品牌将逐渐被淘汰。对于一个有着 100 多年辉煌历史的汽车品牌来说，这一天来得还是太快了。市场就是这样无情而势利，它不以人的意志为转移，更不屑于感情的羁绊。在当今的经济形势下，一个企业如果不能赢利，无论它有着多么悠久的历史，多么迷人的文化，人们对它有多么留恋，都不能逃脱被淘汰的厄运。

奥兹莫比尔汽车标志（图 2-50）中，在一个红色底面上有一架简化了的飞机，周围绘有白色、黄色花边，飞机和箭形图案象征该部生产汽车的快速和舒适，也象征该部积极向上和勇往直前的精神。

a)　b)　c)

图 2-50　奥兹莫比尔车标

a）通用·奥兹　b）奥兹莫比尔　c）奥兹·曙光

（5）土星汽车分部

土星汽车（Saturn）是通用汽车公司为推行“土星计划”于 1985 年推出的，旨在降低成本，缩小与日本汽车企业的差距，开发先进的土星牌轿车以抵御日本轿车大规模进入美国市场，为此借鉴了日本汽车公司先进的生产和管理模式。

土星汽车分部设在美国田纳西州春山市，是通用汽车公司下属的全资子公司之一，也是通用公司唯一从内部建立起来的公司。1992 年土星轿车正式投产，主要产品分为豪华轿车 SL、旅行轿车 SW（图 2-51）和跑车 SC。

图 2-51　土星旅行轿车 SW2

土星是通用汽车公司最年轻的品牌，它不存在背历史包袱、损害传统的顾忌，以市场需求为准绳，创新立异轻装上阵，在外观上和性能上有所创新，在价格上有优势。因此土星主宰了美国价格便宜的紧凑型汽车市场。

土星汽车标志（图2-52）由图形和文字组成。Saturn是土星的英文名称。土星是太阳系中的一颗行星，体积是地球的755倍，有一条美丽的光环围绕着它。车标中的图案就表现了这颗行星的局部。在红色背景前，显出了两条星球运行的轨迹，也像高分子运行的轨迹。其含义在于开发高科技材料，追求高科技产品和新成果的结晶。该标志给人一种高科技、新观念、超时空的感觉，寓意土星汽车技术先进，设计超前且最具时代魅力。

图2-52　土星车标

（6）别克汽车分部

苏格兰人大卫·别克（David Buick）（图2-53）于1899年在美国底特律创立了别克动力公司，1901年创立了别克制造公司，开始生产一些小型的动力机械及双缸侧置气门船用发动机。1903年5月19日，在布里斯科（Briscore）兄弟的帮助下，创建了别克汽车公司（Buick）。公司总部设置在底特律附近的弗林特市。1908年它的产量达到8820辆，居美国第一位，威廉·杜兰特因此以别克汽车公司为核心成立了美国通用汽车公司。

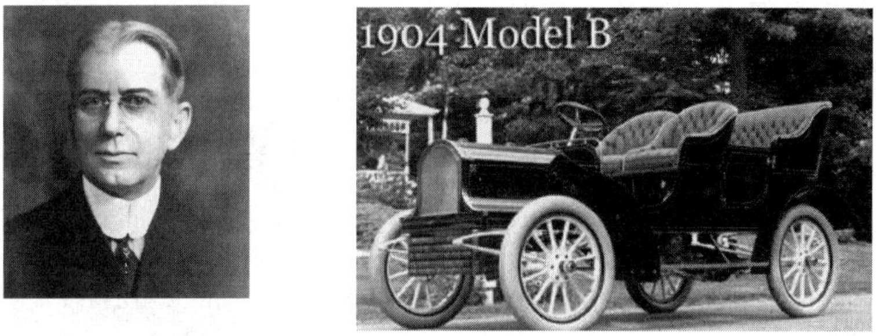

图2-53　大卫·别克和1904年生产的轿车

当通用汽车公司扩大后，别克汽车分部成为通用汽车公司的第二大部门，它培育了许多汽车名人，例如威廉·杜兰特、沃尔特·克莱斯勒、路易斯·雪佛兰等。别克汽车具有大功率、个性化、实用性和成熟的特点。

别克汽车的标志图案（图2-54）是三把不同颜色（从左到右分别是红、白、蓝）并依次排列不同高度位置上的利剑，给人一种积极进取、不断攀登的感觉，表示别克汽车采用顶级技术、刃刃见峰，也表示别克分部培养出的人才个个游刃有余，是无坚不催、勇于攀登的勇士。别克（Buick）取自于公司创建人大卫·别克的姓氏。

别克与中国的渊源深厚，从20世纪20年代起，别克就已进入中国，很快成为中国政界要人、商贾名流的首选座驾之一。1929年，上海开设了第一家别克汽车经销处。1998年，上海通用汽车第一辆中国制造的别克车下线，带来“世界级品质，世界级体验”。

“心静·思远·志行千里”，别克15年中国路，以创变精神，融入每一款新车、每一次技术升级以及服务品牌的建设。别克整合“全球平台，欧美技术”优势，推出了一系列洞察中国市场需求、彰显别克品牌精髓的实力产品，在各细分市场的高端领域树立起了领先地位。现有的11大产品系列50余款车型，满足了消费者的多元化需求。大气现代、动感流畅的设计风格与高效智能的科技配备，以及与时俱进的标准化服务，屡屡开创中国汽车市场新

图 2-54　别克汽车商标和 2012 款别克新君威

纪元，至今已赢得近 400 万车主的信赖。在中国的 15 年，别克不仅仅是在造车，更是将品牌进取向前的精神深深烙刻在人们心中。它不只是一部车，更是一群人，一个时代的印记。

（7）萨博汽车分部

萨博（SAAB）曾译为“绅宝”。它脱胎于飞机制造企业，于 20 世纪 40 年代中期建厂，并于 1947 年推出了首部具有领先科技水平的 SAAB 92 型轿车（图 2-55）。

图 2-55　萨博第一辆定型车 SAAB 92

萨博起初是一家军用飞机制造公司。1968 年瑞典飞机有限公司合并了只生产载货汽车的斯堪尼亚（SCANIA）公司，成为一家生产轿车、货车、飞机、计算机等产品的综合型集团公司。第二次世界大战后，军用飞机订货减少，萨博决定开始生产汽车，并且将其制造飞机的技术和经验运用于汽车生产。因此，萨博在汽车制造业颇与众不同。利用集团的优势，萨博把货车、飞机技术融为一身，生产了具有赛车高性能的萨博轿车。它生产的萨博轿车豪华典雅，富有贵族绅士的风度，在欧洲市场上很有影响力。1990 年，美国通用汽车公司购入了萨博汽车公司 50% 的股份，成为最大的控股公司，在此强大的经济与技术支持下，萨博公司更加如虎添翼，设计出的 SAAB 汽车多次荣获世界大奖。1995 年又分成“SAAB”和“SCANIA”两个独立的汽车公司。

萨博汽车最初的车标图案（图 2-56a）是在两个相互叠交的圆形上方有“SAAB”字样，下方有斯堪尼亚“SCANIA”字样，表示萨博公司由“SAAB”、“SCANIA”两家公司联合而成；正中为一头戴皇冠的“鹰头飞狮”。由于瑞典是一个君主国家，皇冠象征着尊严与权威的至高无上；狮子则是欧洲人崇尚的权力与力量的象征，以此来喻示该车的高贵与显耀。两个圆表示精诚合作的斯堪尼亚公司和瑞典飞机有限公司。

a)　　b)

图 2-56　萨博汽车标志

a）旧车标　b）新车标

“SAAB”是轿车的车名和标志，标在轿车尾部，圆形商标则嵌在每辆汽车的车头上。

2001 年生产的萨博汽车开始采用新标识（图 2-56b）。两个蓝色小圆盘经过重新设计，中间仍然是一头戴皇冠的“鹰头飞狮”，融入萨博传统的狮身鹰首的纹章以及标在下面的“SAAB”的字样。整体风格一致，整齐划一。

（8）欧宝汽车分部

欧宝汽车公司建于 1862 年，是以创建人亚当·欧宝（Adam Opel）（图 2-57）的姓氏 Opel 命名的。从 1893 年开始，欧宝计划制造汽车。1896 年试制了第一辆车；1898 年经过改进，把该车型推向市场，但它在性能上存在缺陷，1902 年转让给达拉克。这时，欧宝已过世，其妻索菲娅与 5 个孩子共同合作，致力于改进试制汽车。

图 2-57 亚当·欧宝（Adam Opel）和 1899 年生产的欧宝专利车系 Lutzmann 汽车

1923—1924 年建成长达 45m 的德国第一条流水生产线，产量猛增。由于生产速度太快而遭遇到严重的经济困难，1929 年美国通用汽车公司乘机收购了欧宝公司 80% 的股份，使其成为它在德国的子公司，但欧宝汽车仍保留了自己的设计风格，生产适应欧洲市场的车型。欧宝汽车公司十分注意空气动力学方面的研究，它生产的轿车具有很低的风阻系数。

欧宝汽车公司的标志（图 2-58）为“闪电”图案，喻示欧宝汽车如风驰电掣，同时也炫耀它在空气动力学方面的研究成就。目前在售车有赛飞利、安德拉、和雅特。

图 2-58 欧宝汽车标志和 2012 款欧宝赛飞利

(9) 悍马汽车分部

美国 AMG 公司以生产悍马（Hummer）而扬名世界，1992 年，第一辆民用悍马面世，立刻赢得了众多青睐。1999 年，通用汽车公司从生产悍马的 AM General 公司得到了悍马的商标使用权和生产权，悍马 H2 SUV（图 2-59）就是在通用旗下诞生的第一辆悍马。H2 继承了军用悍马的传统风格，又赋予了它一些现代韵律。

悍马汽车标志（图 2-60）为其英文名称（HUMMER）。含义即一匹彪悍的马。

图 2-59　悍马 H2 SUV

HUMMER

图 2-60　悍马汽车标志

(10) GMC 汽车分部

GMC 汽车分部是通用集团专门制造载货汽车的部门，主要生产运动型多功能车、皮卡和厢式车，它在 SUV 领域具有很强的实力，很多车型都是与雪佛兰、凯迪拉克基于相同的平台生产的。该车标志即为英文 GMC（图 2-61）。

(11) 吉奥（GEO）汽车分部

吉奥（GEO）是通用汽车公司在 20 世纪 80 年代与日本丰田公司合资建立的一个分部，专门生产日本低油耗的小型轿车。到了 90 年代中期，GEO 品牌开始迅速衰落直至消失，其所有款型汽车转归雪佛兰所有。吉奥车标为其英文名 GEO（图 2-62）。

GMC

图 2-61　GMC 车标

Geo

图 2-62　吉奥车标

(12) 通用 · 霍顿公司（Holden）

澳大利亚霍顿（Holden）公司从 1856 年就开始在澳洲从事运输及冶金用品的制造。1918 年，Holden 公司首次为顾客设计制造车身，此后渐渐涉足汽车制造业。1931 年，通用澳洲汽车公司（GMA）与霍顿汽车车身制造厂（HMBB）合并并成立了“通用-霍顿汽车公司”。1936 年，该公司在墨尔本设立总部及生产、服务、销售等各个部门，开始在澳洲生产汽车。到 2002 年，公司年销售金额达 59.4 亿澳元，共售汽车 175442 辆（部分从美国总部进口），占该年全澳汽车销售总数量的 19.3%，在当地名列前茅。

霍顿汽车的标志是一只狮子滚石头的红色圆形浮雕（图 2-63），其设计灵感来自一则古老传说——埃及狮子滚石头的情景启迪人类发明了车轮。霍顿不但称霸澳洲车坛，还以锻造强劲发动机而闻名于世，那只

图 2-63　霍顿车标

红色雄狮也就更具象征意义。

（13）英国伏克斯豪尔汽车公司

在英国，欧宝（Opel）的各种车型是作为伏克斯豪尔（Vauxhall）来销售的，用的是格里芬（Griffin）标记，这种商标一半是狮子一半是鹰的野兽图像，曾是13世纪早期一个叫Fulkle Breant的骑士的盔饰，骑士的家乡以伏克斯城堡（Fulks Hall）而闻名。该名称后来演变为伏克斯豪尔。欧宝以伏克斯豪尔为名在英国成立了一家汽车公司，1925年伏克斯豪尔成为通用汽车公司的一部分。

图2-64　伏克斯豪尔车标

伏克斯豪尔（Vauxhall）汽车公司总部设在英国卢顿（Luton），公司商标（图2-64）为一飞狮，前爪高擎一旗，旗上标有伏克斯豪尔的英文拼音的第一个字母“V”。

（二）福特汽车公司

1. 概述

1896年6月14日，亨利·福特（Henry Ford）（图2-65）发明了他的第一辆汽车，1903年6月16日创建了福特汽车公司，总部设在美国底特律市。福特汽车公司是以生产汽车为主，业务范围涉及电子、航空、钢铁和军工等领域的综合性跨国垄断工业集团。

1908年，亨利·福特及其伙伴将奥尔兹、利兰以及其他人的设计和制造思想结合成为一种新型汽车——T型车（图2-66）。T型车采用了许多先进的制造技术及材料，用以简化生产过程，降低成本，使汽车适应十分简陋的乡村条件。1914年，他将泰勒的流水生产线技术运用到汽车上，这种技术被后人称为装配线。装配线不仅有助于在装配过程中通过生产设备使零部件连续流动，而且便于对制造技能进行分工，把复杂技术简化、程序化。

图2-65　亨利·福特和他的T型车

世界上第一辆属于普通百姓的T型车，也被称为“世界汽车工业史上具有划时代意义的伟大创举”。1913年，福特汽车公司又开发出了世界上第一条汽车流水线（图2-67）。福特先生为此被尊为“给世界装上轮子”的人。福特汽车公司每年销售各种轿车、货车和商用车700万辆左右。

历经了一个世纪的风雨沧桑，今天的福特汽车公司仍然是全球最大的货车制造商和第二大汽车公司。福特汽车公司拥有的八大汽车品牌是福特（Ford）、林肯（Lincoln）、水星（Mercury）、阿斯顿·马丁（Aston Martin）、美洲豹（Jaguar）、马自达（Mazda）、沃尔沃

(Volvo）和陆虎（Land Rover)。

图 2-66　福特 T 型车

图 2-67　福特的流水生产线

2. 公司主要品牌及车标

(1）福特（Ford）

福特汽车公司的标志（图 2-68）采用创始人亨利·福特的英文 Ford 字样，蓝底白字。由于亨利·福特喜欢小动物，所以标志设计者为了迎合福特的嗜好，就将英文 Ford 设计成形似奔跑的小白兔形象。整个造型犹如在温馨的大自然中，一只活泼可爱的小白兔矫捷潇洒地正在向前飞奔，象征福特汽车飞奔世界各地，令人爱不释手。

图 2-68　2013 款福特嘉年华

(2）林肯·水星（Lincoln·Mercury）分部

林肯是福特汽车公司拥有的第二个品牌。林肯汽车公司由亨利·利兰德（Henry Leland）于1917 年 8 月创立。在此之前，利兰德还成立了著名的凯迪拉克汽车公司，他被誉为美国汽车工业界的“精密生产大师”。

1919 年底林肯汽车公司造出了样车，并以美国第 16 任总统亚伯拉罕·林肯的名字给汽车命名。在战后经济衰退到来时，林肯公司陷入困境，于1922年被福特汽车公司以800万美元收购，成为福特汽车林肯分部，并由此进入豪华车市场。由于林肯车杰出的性能、高雅的造型和无与伦比的舒适，自1939年美国富兰克林·罗斯福总统以来，一直被选为总统专车，享有“美国总统车”的美称。

林肯·大陆加长型总统级轿车（图2-69）配有7.5L的V8发动机，动力强劲，全车采取了严格的防弹、防雷措施。车内宽敞舒适，甚至可以在里面举行小型首脑会议，车上还备有酒吧、冰箱、电视、音响、计算机以及先进的卫星通信设备等。从某种意义上讲，它已经不仅仅是一辆汽车了。

图2-69　林肯·大陆加长型总统级轿车

水星品牌是福特汽车公司自创的第二个品牌。1936年，福特汽车公司成立了水星部，它以罗马神话中主管商业与道路之神“水星”来命名汽车，象征公司的气派——天下道路为水星牌汽车修筑，人间商业惟水星主管。水星部最初生产普通轿车，1945年10月，福特公司将林肯部和水星部合并，成立林肯·水星部，专门生产高级豪华型轿车。

林肯汽车标志（图2-70）是由一颗闪闪发光的辰星和一个近似矩形的外框组成的图案。它表示林肯总统是美国联邦统一和废除奴隶制的启明星，也喻示林肯轿车有光辉灿烂的明天。

水星汽车标志（图2-71）采用太阳系的水星作为图案，在一个圆中有三条行星轨道，使名车寓意更加贴切，表明水星汽车具有太空科技和超时空创造力。

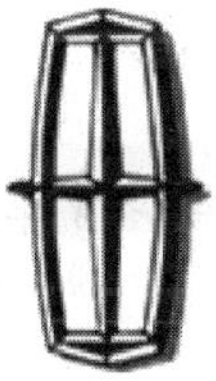

图2-70　林肯车标

图2-71　水星车标

（3）捷豹汽车分部

捷豹（Jaguar）（又译美洲虎或美洲豹）汽车公司原是英国利兰（Leyland）汽车公司的分部，素以生产豪华的捷豹运动车而闻名于世。

1922年威廉姆·莱昂斯（William Lyons）开办了一家公司，生产摩托车和边斗。1936年，他设计制造出了一种运动车，命名为SS100。这种车的性能非常优越，在当时的汽车比赛中连连夺冠，名噪一时。后来生产的运动车以“捷豹”命名。1945 年，公司更名为捷豹汽车公司，它生产的运动车在车坛享有极高的声誉。1953 年，公司在它的赛车上装上了盘式制动器，此后捷豹运动车先后 5 次夺取了在法国勒芒举行的 24 小时汽车赛的胜利。由于盘式制动器的制动效果好、散热快，很快被各汽车公司效仿。现在，盘式制动器已成为各国轿车前轮制动器的首选方案。捷豹车型如图 2-72、图 2-73 所示。

图 2-72　XK140 敞篷车

图 2-73　捷豹 2004 款 S 型

20 世纪 70 年代以后，捷豹公司设备陈旧、技术落后、管理不善、质量下降、销量大减。在几经磨难后，于 1989 年被美国福特汽车公司收购，成为美国福特汽车公司的子公司，专门生产高级运动车，总部设在英国考文垂。福特汽车公司对捷豹汽车公司原有落后、陈旧的生产设备和制造工艺进行了更新改造，使之脱胎换骨，成为一个相当有实力的运动汽车公司，不断推出令人眼花缭乱、款式风流的新车型，在车坛上大放异彩。

捷豹汽车公司标志（图 2-74a）最早出现在捷豹运动车上，它是一只扑跃向前的美洲豹金属雕像，矫健而勇猛，安放在车头上，确实十分神气，象征着速度与力量。以后又出现一种美洲豹的浮雕头像（图 2-74b），怒目咆哮，盛气凌人，成为捷豹运动车的另一种标志，它体现了该车的名贵和公司的雄心勃勃。

（4）阿斯顿 · 马丁汽车分部

阿斯顿 · 马丁（Aston Martin）汽车公司是由奥斯顿、马丁和拉宫达三家公司合并而成的，以生产敞篷旅行车、赛车和限量生产的跑车而闻名世界。该公司生产的赛车在国际赛车坛上名气很大，曾多次获得国际汽车大赛的冠军。

a)　　b)

图 2-74　捷豹车标

a）美洲豹金属雕像　b）美洲豹浮雕

阿斯顿 · 马丁公司最初是英国新港市的一家汽车公司，以生产豪华型跑车为主。创建于 1913 年，创始人是莱昂内尔 · 马丁和罗伯特 · 班福德。

马丁是一个有钱的赛车手，班福德是一名工程师。1913 年两人合作开始制造高档赛车，1914 年他们生产出自己的第一辆汽车。马丁曾驾驶自己制造的赛车在阿斯顿 · 克林顿山举行的山地汽车赛中获胜，为了纪念胜利，1923 年马丁把公司和它的产品都改名为阿斯顿 · 马丁。

胜利带来荣誉却没有带来利润，公司业绩不佳被反复转卖。1947 年公司卖给了拖拉机制造商戴维 · 布朗，他成为阿斯顿 · 马丁公司历史上影响最大的主人。同年他买下了另一家著名超级跑车厂拉贡达公司，公司改名为阿斯顿·马丁·拉贡达公司。1987 年公司终于被美国福特公司相中，收购了 75% 的股份，1994 年 7 月又收购了其余的股份，从此阿斯顿·马丁成为福特汽车的品牌之一。

阿斯顿·马丁跑车多采用前置 V8 发动机，动力强大，空气动力性能优越，质量可靠。因此在英国汽车排行榜上，阿斯顿·马丁历来都紧随劳斯莱斯和宾利之后，即使是最便宜的阿斯顿·马丁 DB7，国际市场价格也不低于 13 万美元。阿斯顿·马丁车型如图 2-75 所示。

阿斯顿·马丁·拉贡达汽车标志（图 2-76）为一只展翅飞翔的大鹏，分别注有 ASTON MARTIN、LAGONDA 英文字样。飞翔的大鹏展翅车标喻示该公司像大鹏一样，具有从天而降的冲刺速度和远大的志向。阿斯顿·马丁车标用于双门跑车，拉贡达车标用于四门轿车，其他阿斯顿·马丁车系的跑车，皆以“V”字母开头，以表示“追求胜利和荣誉”的建厂精神历久弥新。

图 2-75　2006 款阿斯顿·马丁 Vantage

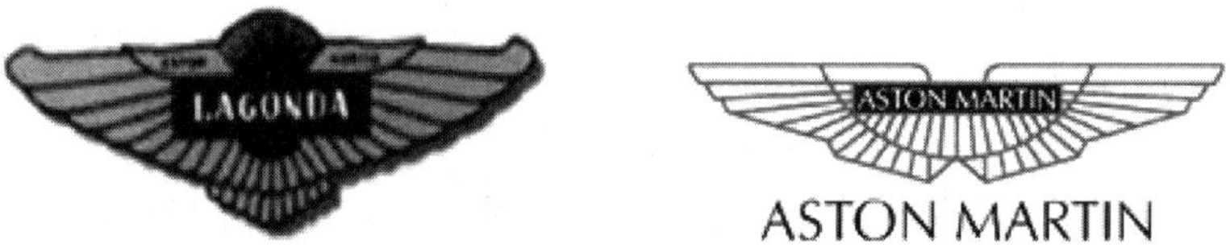

图 2-76　阿斯顿·马丁·拉贡达汽车标志

（5）陆虎分部

陆虎（Rover）（曾译为罗孚）汽车公司的前身是建于 1884 年的自行车制造厂，生产自行车时就使用陆虎作商标名。1904 年生产汽车，仍以“陆虎”为汽车品牌。1966 年陆虎汽车公司并入英国利兰汽车公司，成为利兰公司的捷豹-罗孚-凯旋部，1988 年被英国宇航公司收购，1989 年正式更名为陆虎集团，1990 年又与日本本田汽车公司在技术和资金上进行合作，1994 年被德国宝马公司接管。现该集团生产的汽车产品分为三类：越野车、轿车和 MG 跑车。

2000 年 3 月，福特汽车公司向宝马集团支付 30 亿欧元（27 亿美元），以购买其所有四轮驱动系列产品。

由于陆虎民族是一个勇敢善战的北欧海盗民族，所以陆虎车标（图 2-77）采用了一艘海盗船，张开的红帆象征着公司乘风破浪、所向披靡的大无畏精神。

兰德·陆虎是全球著名的越野汽车，标志就是英文“LAND ROVER”。整个标志（图 2-78）的主色调为绿色与乳白色，椭圆形的外形象征我们生活着的地球。3 个环象征完美，有一种向外延伸的动感，内部有“LAND ROVER”字样，乳白色凸显于绿色之中，带给人一种纯净、素洁的感觉，而绿色的背景，由左上至右下由明到暗的渐变，展现出它独特的立体感，整个车标柔和、自然。

图 2-77　陆虎（罗孚）车标　　　图 2-78　兰德 · 陆虎越野车标

（6）沃尔沃汽车公司（Volvo Group）

沃尔沃汽车公司是北欧最大的汽车企业，也是瑞典最大的工业企业集团，世界 20 大汽车公司之一。创立于 1924 年，创始人是古斯塔夫 · 拉尔松（图 2-79a）和阿萨尔 · 加布里尔松（图 2-79b）。

它生产的轿车素以安全、优质而著称。1959 年在世界上首先将安全带作为轿车的标准配置，现已为各国的汽车公司所接受，许多国家还将此列入法律条款，规定驾驶或乘坐轿车时，必须系上安全带。由于安全带的推广使用，在一定程度上减少了事故发生时乘员受伤害的可能性。

a)　　b)

图 2-79　古斯塔夫 · 拉尔松和阿萨尔 · 加布里尔松

沃尔沃集团非常重视轿车的安全问题，除安全带外，还采取了许多措施，以确保在车辆万一发生不测时，最大限度地保护车上乘员的安全。它推出的 960 型豪华轿车，在前座区内，装备了自动预拉式安全带和安全气囊，当发生撞车时，气囊能在 0.003s 内充满氮气，防止前座乘员因惯性造成的伤害。它的转向盘柱设计得也很特别，不会因车体碰撞变形而顶伤驾驶人，侧面的车门内加有钢梁，对侧面撞击起到了很好的防护作用。前保险杠还装有液压缓冲器，以减轻正面撞击时产生的变形。而装在防护罩内的油箱，可以防止碰撞时起火爆炸。车内甚至还替儿童专门设置了一个安全座椅，平时不用可以折叠成一个扶手。沃尔沃车型如图 2-80 所示。

沃尔沃集团名称“VOLVO”来源于拉丁文，也译为“富豪”。它的车标（图 2-81）由图标和文字商标两部分组成。沃尔沃图形车标是由双圆环组成车轮的形状，并带有指向右上方的箭头。中间的拉丁语文字“VOLVO”，是滚滚向前的意思，寓意着沃尔沃汽车的车轮滚滚向前和公司兴旺发达、前途无量。

图 2-80　1964 年生产的沃尔沃汽车

（7）马自达汽车公司

马自达（Mazda）汽车公司原是日本的汽车公司，创立于 1920 年，当时称为东洋软木工业株式会社。1979 年，福特购买了马自达汽车公司 25% 的股份，1996 年将拥有的股份扩大至 33.4%，控股马自达。

图 2-81　沃尔沃车标和 2012 北京车展上的沃尔沃 V40

马自达汽车公司主要生产经济型轿车、越野车、跑车等各种车型，其中家庭用车（图 2-82）一直占据主导地位。迄今为止，马自达汽车公司仍然是全球各大汽车厂商中惟一将转子发动机汽车投入批量生产的汽车制造商。

图 2-82　马自达家庭用车

（8）福特野马部

福特野马（Mustang）汽车是由福特汽车公司原总裁李·艾克卡（Lee·Iacocca）在 20 世纪 60 年代初亲自主持研发的，属于运动型轿车，个性突出，深受年轻人喜欢。车标（图 2-83）所示的野马是墨西哥和美国加利福尼亚州出产的一种名马，它身强力壮、善于奔跑，喻示着该车的速度极快。

图 2-83　福特野马车标

图 2-84　福特眼镜蛇车标

眼镜蛇跑车由野马跑车改装而成。福特公司有一个"特别车队"（英文缩写 SVL），专门为满足某些顾客的特殊需要而工作，眼镜蛇跑车就是他们在 1996 年的杰作，该车限量生产 7500 部，具有较高的艺术收藏价值。该车上野马车标仍在前部，而眼镜蛇车标（图 2-84）则标在车的两侧，像是眼镜蛇在追击野马，野马不得不疾驰。

（三）克莱斯勒汽车公司

1. 概述

克莱斯勒（Chrysler）汽车公司是美国第三大汽车公司，由沃尔特 · 克莱斯勒（Walter Chrysler）（图 2-85）在麦克斯韦尔（Maxwell）汽车公司的基础上，于 1925 年 6 月 6 日创立的。该公司在全世界许多国家设有子公司，是一个跨国汽车公司。公司总部设在美国密歇根州奥本山市。

1928 年 7 月克莱斯勒汽车公司收购了道奇（Dodge）汽车公司，成立了道奇部。后来将麦克斯韦尔汽车公司改建为克莱斯勒汽车公司的普利茅斯（Plymouth）（又称顺风）部，将余下的克莱斯勒品牌部分成立克莱斯勒部。1929 年克莱斯勒汽车公司已经成为美国三大汽车公司之一。在 20 世纪三四十年代的黄金时期，它曾一度超过福特汽车公司，成为美国第二大汽车公司。但 50 年代初，生产处于滑坡，60 年代中期，公司经过改组稳住阵脚。1974 年以后，克莱斯勒汽车公司的业务又开始走下坡路，1978 年公司出现严重的亏损，1980 年濒临破产。最后，由于政府给予 15 亿美元的联邦贷款保证，才使克莱斯勒汽车公司免于倒闭。1982 年开始扭亏为盈。

图 2-85　沃尔特 · 克莱斯勒

1987 年，克莱斯勒汽车公司并购了美国汽车公司（AMC），成立了飞鹰 · 吉普（Eagle · Jeep）部。1998 年克莱斯勒汽车公司被德国戴姆勒集团以 330 亿美元价格收购，成立了戴姆勒 · 克莱斯勒（Daimler · Chrysler）汽车公司。这次结盟也被称为"大象婚姻"的结合。

克莱斯勒汽车公司主要拥有克莱斯勒（Chrysler）、道奇（Dodge）、普利茅斯（Plymouth）和吉普（Jeep）等汽车品牌。

2. 克莱斯勒汽车公司品牌及其车标

克莱斯勒汽车公司的标志（图 2-86）像一枚五角星勋章，它体现了克莱斯勒家族和公司员工们的远大理想和抱负，以及永远无止境的追求和在竞争中获胜的奋斗精神。五角星的五个部分，分别表示亚、非、欧、美、澳 5 大洲都在使用克莱斯勒汽车公司的汽车，寓意着克莱斯勒汽车公司的汽车遍及世界各地。

CHRYSLER

图 2-86　克莱斯勒汽车公司标志

（1）克莱斯勒部

自 1924 年开始，克莱斯勒车标（图 2-87）改为由装在散热盖上醒目的银色飞翔标志和刻在散热罩上的金色克莱斯勒印章组成，银色飞翔标志由一个圆环和展翅雄鹰组成。雄鹰展翅表现了鹰的风格、气质和勇敢精神等，象征着公司开拓进取、不断腾飞，走向辉煌的形象，标志着汽车工程与汽车设计从此进入了一个崭新的时代。克莱斯勒车型如图 2-88 所示。

图 2-87　克莱斯勒车标

图 2-88　克莱斯勒 300C 豪华级大型轿车

(2) 道奇部

道奇汽车公司是由道奇兄弟（图 2-89）［约翰·道奇（John Junior Dodge）和霍瑞斯·道奇（Horade Dodge）］于 1914 年创立的，道奇兄弟去世后的 1925 年，公司卖给了纽约银行。1928 年加入克莱斯勒汽车公司而成为克莱斯勒的一个分部。道奇部是克莱斯勒中级轿车生产分部，主要生产运动型轿车。

图 2-89　道奇兄弟

道奇部汽车商标（图 2-90）由克莱斯勒汽车公司五角星形主商标和道奇兄弟的姓氏 Dodge 共同组成。

道奇文字标志采用道奇兄弟的姓氏 Dodge，图形标志（图 2-91）是在一个五边形中有一羊头形象。在汽车上使用小公羊、大公羊两个车标，这只神气的羊头象征道奇车强壮彪悍，善于决斗，同时也表示了道奇部的汽车朴实无华、美观大方。注重内在豪华、舒适但外表朴实憨厚的它已经成为各地富商名流的当然选择。

图 2-90　克莱斯勒道奇

图 2-91　道奇车标

蝰蛇（Viper）跑车是克莱斯勒汽车公司道奇部生产的名车。由于蝰蛇是美国最凶猛的蛇种之一，所以用它来作为汽车标志，可表现汽车的勇猛与大气。图形标志（图 2-92）是一个张着血盆大口的蝰蛇，象征其勇猛无比。该标志设计者卡罗尔·谢比尔在设计中突出了蝰蛇那双烁烁发光的眼睛和锐利的牙齿，像是用藐视的目光盯着对手，露出毒牙以击退敌人。

图 2-92　道奇蝰蛇标志

图2-93　普利茅斯（顺风）车标

(3) 普利茅斯（顺风）部

普利茅斯（Plymouth）是当年英国向美国迁移僧侣的港口。车标（图 2-93）采用僧侣乘坐过的帆船“珠夫拉瓦（有一帆风顺的含义）”号的帆船图案，以纪念第一批英国僧侣在1620 年乘坐“五月花”号船自普利茅斯港口登陆。

(4) 鹰·吉普部

鹰·吉普（Eagle·Jeep）部除了生产轿车外，还生产著名的吉普越野车。鹰·吉普部生产的鹰牌轿车采用鹰图案（图 2-94）。鹰在美国被喻为神鸟，也是美国人对著名战斗机驾驶员的俚称，象征着矫健、强悍和自豪。取鹰作为鹰·吉普部的车标，表示该部具有雄鹰的优秀品质，能够迎风斗险，勇攀技术高峰。吉普是英文 Jeep 的音译。人们把 PPeye 连环画中的一种既不是鸟也不是四脚兽，但知道所有答案，也能做更多的事的寓言性动物称为“吉普”。吉普车这个名称是在第二次世界大战期间出现的。

1985 年我国北京吉普汽车公司引进克莱斯勒公司技术生产的切诺基（Cherokee）轻型越野车（图 2-95），就是 Jeep 家族的一员，这种车适于我国多山、道路条件较差的地区。

Jeep

图 2-94　鹰·吉普车标

图 2-95　北京吉普切诺基

第三节　欧洲汽车

一、欧洲汽车发展概况

汽车起源于德国，经历了 20 世纪初在法国的早期发展，最终在美国迎来了自己的鼎盛时代，并在很多方面都走在了时代的前列。

1886 年前后，一群大胆而富有想象力的欧洲人如卡尔·本茨（Karl Benz）、哥特利布·戴姆勒（Gottlieb Daimler）、阿芒·标致（Armand Peuqeot）和安德利·雪铁龙（Andelio Citroen）们，催生了这个 20 世纪工业的天之骄子。时至今日，欧洲汽车和欧洲一样，早已失去气吞五洲的霸气和荣光。1993 年，欧洲（不含独联体）总共销售各种汽车约 1100 万辆，尚不及美国（1350 万）或日本（1150 万）一国的产量。然，皇冠虽已失去，而阿尔卑斯山巅犹有异彩闪耀。欧洲汽车百年精粹，其独特魅力，仍然是全球共仰。

在近百年不断发展以及兴衰成败之后，褪尽铅华的欧洲汽车在世人面前展现出无可比拟的大家风范。欧洲汽车以其精细的做工、典雅而新潮的独特造型、大胆采用最新世界先进技术而著称，虽然在价格上与亚洲车（特别是日本车和韩国车）相比较可能会给人比较贵的感觉，但欧洲车的品牌与口碑，特别是其过硬质量和高科技含量可谓是汽车界的先驱，这是其他车系无法与之抗衡的。

今日的欧洲车坛，可以说是百花齐放，德国车的刚劲沉稳，英国车之尊贵典雅，瑞典双雄的安全厚重，以及法国车超凡的操控性和意大利在高性能方面的出色成就，一直为世人称道。与美、日汽车相比较，欧洲车在车身安全性和机械系统的精良程度上，仍然是技高一筹；欧洲的新车总是毛病不断，细节方面也不如日本车周到妥帖，但在耐用性上却是天下第一。日、美两国生产的汽车舒服方便，欧洲车却讲究性能和开得有趣，普遍有更好的操控性，悬架总是充满韧力，朴实的底盘给你充分的信心。欧洲车比较小巧，内装也较为质朴，外形刚硬而传统，但总有一种独立的典雅品位，值得你慢慢欣赏。欧洲在汽车科技方面，作出了极大的贡献，今天人们熟知的大多数东西，如 DOHC 技术、涡轮增压、空气动力学、ABS 等，都是由欧洲人发明的，可惜他们太拘于传统，总是墙内开花墙外香。

总体来说，欧洲车属于讲究内涵和个性的一类，精华之处需要你慢慢品赏。它不像日本车那样时髦新款，容易讨人好感，但你开上一段时间，会发现它确有过人的魅力。问题是欧洲劳动力成本太高，导致欧洲车的价格太过高昂，而且在当今的消费文化中，追求风格并非人人想要的，所谓“绝非凡品”者，必定是好东西，却往往不会成为热门货。国际分工不可避免，欧洲汽车工业要在廉价的家庭用车上和美、日两强自由竞争，前途未必光明，但在少量生产的高利润精品（包括高级房车和超级跑车）领域，却是欧洲优势之所在。

二、欧洲汽车公司及其品牌车标

（一）德国汽车公司及其品牌车标

1. 德国汽车发展概况

德国是世界上著名的汽车生产大国，也是世界汽车工业的鼻祖。世界上第一辆汽车就是在 1886 年由德国人哥特利布·戴姆勒和卡尔·本茨几乎同时制造出来的，世界上第一台汽油机和柴油机也都首先在德国研制成功。

德国汽车产品一向以工艺精细、质量优良著称，无论是高档豪华车还是大众普及车都能得到人们的信赖。高档车如奔驰 S 系列 600SEL，它是 S 系列的“旗舰”，车身光洁度更高，制造工艺更加精密，装备 V12 DOHC 发动机，排量为 5.987L，压缩比 10，最大功率 300kW (5200r/min)，在广州市场售价近 170 万人民币，真称得上高档豪华。宝马汽车公司生产的巴依尔 850i 是在 750i 基础上开发研制的新型高档轿车，V12 发动机排量为 4.988L，最大功率 220kW，在广州市场售价约 140 万人民币，真有一种宝马赶奔驰的气势。这些车系绝对是地位和权势的象征。而中低档车如大众汽车公司的大众品牌，颇受普通家庭的欢迎，目前在中国大地上飞驰的桑塔纳和捷达等，一直受到中国老百姓的青睐。

德国的著名汽车厂家有戴姆勒-奔驰股份公司、宝马汽车公司、大众汽车股份公司、波尔舍公司和保时捷汽车公司等。

在汽车发动机技术上，德国奥迪汽车可谓创下了节约燃料的纪录，奥迪 100TDI 在亚洲、澳大利亚、美洲、非洲、欧洲的长途越野跋涉中，每百公里的平均油耗不超过 8L。

大众汽车公司正在研制一种“超微汽车”，它的价格低廉、技术安全可靠、外观美观、耗油量低并且乘坐舒适方便。

2. 戴姆勒—奔驰汽车公司

（1）概述

戴姆勒-奔驰（Daimler-Benz）汽车公司创立于1926年，创始人是卡尔·本茨（Karl Benz）和哥特利布·戴姆勒（Gottlieb Daimler）（图2-96）。它的前身是1886年成立的奔驰汽车厂和戴姆勒汽车厂。1926年两厂合并后，称为戴姆勒-奔驰汽车公司，中文简称为奔驰汽车公司。奔驰汽车公司是世界上资格最老的厂家，也是经营风格始终如一的厂家，除以高质量、高性能的豪华汽车闻名外，它还是世界上最著名的大客车和重型载货汽车的生产厂家。早期奔驰车型如图2-97所示。

图2-96　卡尔·本茨（1844—1929）和哥特利布·戴姆勒（1834—1900）

图2-97　奔驰1936年生产的200型轿车

20世纪80年代，奔驰公司和中国北方工业公司合作，向中国转让奔驰重型汽车的生产技术，现已投入批量生产。奔驰汽车公司总部设在德国斯图加特，年产汽车约100万辆，产量居德国第二，销售额为德国第一。

奔驰汽车品种系列包括A级：微型轿车（图2-98）；C级：小型轿车（图2-99）；E级：中型轿车（图2-100）；S级：大型豪华轿车（图2-101）；跑车系列：SLK、CLK、SL（图2-102）、CL（图2-103）；多用途厢体车系列：M级和V级车。

图2-98　奔驰A级车

图2-99　奔驰C级车

1998年5月，美国克莱斯勒汽车公司与德国戴姆勒-奔驰公司为实现战略性互补，并迅速拓展各自在欧洲越野车和北美小型轿车的市场份额，两公司实行世界汽车工业前所未有的最大规模的一次强强合并，合并后改名为戴姆勒-克莱斯勒汽车公司，其中克莱斯勒汽车公司占股42%。

图2-100　奔驰E级车

图2-101　奔驰S600高级轿车

图2-102　1956年生产的奔驰300SL轿车

图2-103　奔驰CL600

(2) 公司主要品牌及其车标

戴姆勒-奔驰汽车公司主要拥有梅赛德斯-奔驰（Mercedes-Benz）、迈巴赫（Maybach）、精灵（Smart）三个汽车品牌。

① 梅赛德斯-奔驰。戴姆勒先生发明了四轮内燃机汽车，并创立自己的汽车公司，但戴姆勒汽车公司生产的汽车品牌却叫梅赛德斯（Mercedes）。这里有一段非常有趣的故事。

戴姆勒公司创始人哥特利布·戴姆勒在1873年曾在给妻子的一封信中画了一颗三叉星，并说："总有一天，这颗星会照耀我的毕生工作。"1890年，戴姆勒公司开始把三叉星作为其商标，三叉星的外观设计成圆形。这也是最初的车标。

图2-104　梅赛德斯

后来到1899年，一位奥地利驻法国使馆领事，戴姆勒的经销商埃米尔·杰里克（Emil Jellinek）驾驶戴姆勒制造的凤凰牌汽车参加在法国尼斯举行的汽车大赛，并以他女儿的名字"梅赛德斯"（Mercedes）（图2-104）作为赛车名，结果获得第一名。"梅赛德斯"源于西班牙圣徒的名字，杰里克认为是女儿的名字美好吉祥而使他在比赛中获胜，于是将其经销的戴姆勒汽车全部取名为"梅赛德斯"，果然销路不错。从1901年开始，戴姆勒汽车公司生产的汽车正式以"梅赛德斯"命名，"Mercedes"的字样便出现在汽车的散热器罩上。

戴姆勒-奔驰汽车公司的车标经历了一个漫长的演变过程（图2-105）。1909年6月戴姆勒汽车公司将三叉星标志注册为正式商标，1916年在它的四周加上了一个圆圈，在圆的上方镶嵌了4个小星，下面有"Mercedes"字样，取代了原来的文字商标。这种三叉星被标在散热器罩的上部，开始只有一颗，后来成了并列的两颗。1916年，公司又将三叉星和

“Mercedes”合成一个新的商标，4 颗小三叉星环绕在大三叉星的上方，下面标有 MERCEDES 字样。卡尔·奔驰公司的商标最初是月桂枝包围的“奔驰（Benz）”字样。1926 年奔驰和戴姆勒的汽车公司合并为戴姆勒-奔驰汽车公司，自然也将商标合二为一，中间是三叉星，上面是“MERCEDES”，下面是“BENZ”，两家之间用月桂枝连接。

现在戴姆勒-奔驰汽车公司的标志是简化了的形似汽车转向盘的一个环形圈围绕着一颗闪闪发光的三叉星。三叉星表示在陆海空领域全方位的机动性，环形圈显示其营销全球的发展势头。

图 2-105　戴姆勒-奔驰汽车公司标志的演变过程

梅赛德斯-奔驰车标有金银之别，在德国本部生产的高级车，三叉星标志都为银色，而金色标志车都是国外组装的。

② 迈巴赫。迈巴赫品牌首创于 20 世纪 20 年代。被誉为“设计之王”的威廉姆·迈巴赫（Willhelm Maybach）（图 2-106）不但是戴姆勒-奔驰公司的三位主要创始人之一，更是世界首辆梅赛德斯-奔驰汽车的发明者之一。他早先与戴姆勒合作制造出了第一辆汽油发动机四轮车，他是戴姆勒的好朋友和亲密合作伙伴，是戴姆勒汽车公司的总工程师。戴姆勒去世后迈巴赫于 1909 年离开了戴姆勒汽车公司，难舍汽车梦想的威廉姆·迈巴赫与其子卡尔·迈巴赫两人开始创办自己的飞机发动机制造有限公司，1918 年更名为迈巴赫发动机股份有限公司，1919 年公司重返汽车业，进行汽车和发动机设计，从而缔造了“迈巴赫”这一传奇品牌——象征着完美和昂贵的轿车。

图 2-106　威廉姆·迈巴赫

迈巴赫品牌汽车是德国汽车制造商中的经典，每一辆车都是按照用户定制规格进行独立的制作，发动机和底盘全为手工打造，因此，迈巴赫没有两辆车是完全相同的。目前，迈巴赫品牌定位在极少数的超豪华汽车市场。

迈巴赫的英文名是 Maybach，它在德国人心目中是顶级豪华汽车（图 2-107）。迈巴赫的名称源于威廉姆·迈巴赫的姓氏，车标（图 2-108）为两个重叠的 M 字母，外框用三角形围起来，再加一个三角形底座。

图 2-107　迈巴赫 Exelero 超级跑车

图 2-108　迈巴赫车标

无论是外形的经典与优雅，奢华的车厢内部，出众的动力，经典创新的悬架系统，还是采用世界上最先进的电子控制设备，迈巴赫都突出了豪华性、舒适性、娱乐性及人性化，都先进到了极致，丝毫不愧于1000万左右的价格。

③ 精灵。精灵（Smart）又称为斯马特，它由精灵汽车有限公司生产。精灵汽车有限公司作为戴姆勒-奔驰的全资子公司成立于1994年，管理中心设在德国斯图加特市，生产工厂则在相距不远的法国海姆巴赫市。它是戴姆勒-奔驰公司和瑞士钟表集团斯沃奇（Swatch）合作的产物，它似乎从一开始就与众不同。这也充分体现在它的名字上，车标（图2-109）“Smart”中的“S”代表了斯沃奇（Swatch），“m”代表了戴姆勒-奔驰（Mercedes-Benz），而“art”则在英文中是艺术的意思，合起来可以理解为“斯沃奇和戴姆勒-奔驰合作的艺术”，而Smart车名本身在英文中也有聪明伶俐的意思，这也契合了精灵（斯马特）公司的设计理念。

最初设计的是Smart第一代产品Smart Fortwo（图2-110）。要在仅2.5m长的空间中设计一辆现代化的汽车，实在不是件容易的事：你要有一定的功率以便上高速公路；要有一定的加速性能以便在大街小巷中穿梭自如；要有更高的安全性能以避免由于体积小而带来的安全性能差的弱点等。

图2-109 Smart车标

图2-110 Smart Fortwo

Smart是为城市用车而设计的，它驾驶灵活，泊车方便，可作为家庭主妇进城购物、接送孩子上学用车，也可作为上下班的代步工具。由于Smart的创新与技术含量较高，所以价格也不便宜，销售对象一般是那些收入稳定的中产家庭，作为家庭用的第二辆车，甚至第三辆车。

3. 大众汽车公司

（1）概述

大众（Volkswagen）汽车公司是世界十大汽车公司之一，创建于德国的沃尔夫斯堡，创始人是世界著名的汽车设计大师费迪南德·波尔舍（图2-111），现已成为一个在全世界许多国家都有生产厂的跨国汽车集团。大众汽车公司总部曾迁往柏林，现在仍在沃尔夫斯堡（Wolfsburg）。

图2-111 费迪南德·波尔舍

20世纪30年代，由于纳粹疯狂扩军，使德国经济出现萧条。时任德国总理的希特勒（图2-112）提出让每个德国家庭都拥有汽车，想以此来刺激公众消费，以利德国经济的复苏。为了实施这项国民轿车计划，费迪南德·波尔舍在戴姆勒-奔驰公司的协助下设计出了一种结构轻巧，适合家庭使用的轿车。并于1938年10月创办了大众汽车公司，准备大规模生产这种家用轿车（图 2-113），后因第二次世界大战爆发，只生产了 530 辆便被迫停产，转向生产军用汽车。在此期间，波尔舍和他的同事们设计研制出四轮驱动轻型越野车和水陆两用汽车，并大量生产，成为当时德军的重要军用车辆。

图 2-112　希特勒和波尔舍

图 2-113　1938 年投产的甲壳虫轿车

第二次世界大战后，大众汽车公司划归联邦德国政府，又重新开始生产家用轿车。由于这种车的外形很像一只甲壳虫，所以后来被人们称作“甲壳虫”（Beetle）轿车。由于甲壳虫车价格低廉，很适宜一般家庭使用，所以很快风靡德国和欧洲其他国家。从 1943 年开始生产到 1981 年最后的一辆甲壳虫轿车开下流水线（图 2-114），累计生产 2000 万辆，打破福特 T 型车的世界纪录。

图 2-114　最后一辆甲壳虫下线

目前，大众汽车公司有 13 家生产性子公司，海外有 7 个销售公司，23 个其他公司。

继甲壳虫后，大众汽车公司在 1980 年实现四轮连续驱动小客车大批量生产，推出 20 世纪 80 年代世界最畅销的高尔夫汽车（图 2-115），从而成为欧洲最大的汽车商。

图 2-115　大众高尔夫轿车

大众汽车公司拥有大众（Volkswagen）、奥迪（Audi）、宾利（Bentley）、斯柯达（Skoda）、西亚特（Seat）、兰博基尼（Lamborghini）和布加迪（Bugatti）等汽车品牌。

（2）公司主要品牌及其车标

① 大众。大众汽车顾名思义是为大众生产的汽车。大众汽车的车标（图 2-116）由两

个德文单词“Volks”、“Wagen”（意为大众使用的汽车）的首字母“V”和“W”组合而成，图案简捷、大方、明了。整个图案又可以理解成三个用中指和食指构成的“V”组成，意即“Victory”的首字母，象征着大众汽车公司及其产品必胜—必胜—必胜。

② 奥迪。奥迪（Audi）汽车公司现为大众汽车公司的子公司，总部设在德国的英戈尔施塔特（Igolstadt），创始人是阿古斯特·霍尔茨（图2-117）。1932年6月29日，霍尔茨汽车公司、奥迪汽车公司、蒸汽动力车辆厂（DKW）和漫游者（Wanderer）汽车公司4家汽车公司合并组成汽车联合公司。汽车联合公司在第二次世界大战中被毁，1949年重新成立后更名为奥迪汽车联合公司（Audi Auto Union AG），以后就只生产奥迪牌轿车。

图2-116　大众车标

图2-117　阿古斯特·霍尔茨

奥迪汽车公司主要产品有A3、A4L、A5、A6L、A7、A8、Q5、Q7（图2-118）、TT系列和敞篷车及运动车系列等，以其优美造型和最低风阻系数赢得了美誉。

奥迪车标（图2-119）采用四个连环，分别代表四家公司，象征兄弟四人紧握手。半径相等的四个紧扣连环象征公司成员平等、互相协作的亲密关系和奋发向上的敬业精神。

图2-118　2012款奥迪Q7

图2-119　奥迪车标

③ 兰博基尼。兰博基尼（Lamborghini）汽车公司原是意大利超级跑车制造商，创建于1962年，创始人是弗鲁西欧·兰博基尼（Ferruccio Lamborghini）（图2-120）。总部设在跑车之都莫德拉附近的圣·亚哥大（Sant Agata）。1998年，被奥迪公司收购，成为大众集团的一个子公司。

兰博基尼汽车公司最初只是一家小农机厂，后来因生产V12轿车发动机而开始出名。20世纪70年代，公司推出一种楔形超级运动车（图2-121），震撼了车坛。这种由博通车身股份有限公司设计的造型独特的运动车，车身仅有 1m 高，有两扇向上开启的鸥翼式车门，发动机舱盖与前风窗玻璃形成一个整体平滑的大斜面，给人以强烈的动态感。驾驶这种车能使人产生一种超然的感觉，V12 发动机可以提供 362kW 的强劲动力，足以让你疯狂。

兰博基尼汽车公司的标志（图 2-122）是一头蛮劲十足的斗牛，正准备向对手发动猛烈的攻击。据说公司创始人兰博基尼就是这种不甘示弱的牛脾气，这也体现了兰博基尼汽车公司产品的特点，因为公司生产的汽车都是大功率、高速的运动型轿车。

图 2-120　弗鲁西欧 · 兰博基尼和他 1964 年生产的第一辆跑车

图 2-121　兰博基尼超级运动车

图 2-122　兰博基尼车标

④ 斯柯达。斯柯达（Skoda）公司的历史可以追溯到 1894 年，是世界五个最早的轿车生产厂之一。斯柯达汽车公司总部位于捷克首都布拉格北部的一个美丽的小镇布拉斯拉夫（意为年轻的城市），现在是捷克名副其实的汽车城。

斯柯达汽车公司生产的汽车主要品牌有速派、欧雅和法比亚（图 2-123），其中三分之一销售给国内用户，其余的产品销售到全球的 63 个国家。国外市场主要包括英国、斯洛伐克、波兰、俄国等国和亚洲、中东、非洲、南美等地区。

斯柯达汽车公司最初的标志（图 2-124a）是在银色底色上，有一支绿色带翅膀的箭，四周环绕着黑色缎带，缎带底部装饰着象征优胜和荣誉的月桂树叶。新标志（图 2-124b）保留了原商标中带翅膀的飞箭，外围的圆环加宽了，上部保留了“SKODA”，下面增加了“AUTO”。巨大的圆环象征着斯柯达为全世界生产无可挑剔的产品；鸟翼象征着技术进步的产品行销全世界；向右飞行着的箭头，则象征着先进的工艺和该公司无限的创造性；外环中朱黑的颜色象征着斯柯达公司百余年的传统；中央铺着的绿色，则表达了斯柯达人对资源再生和环境保护的重视，也象征着企业的无限生命力，喻示这家百年老厂将焕发青春。

图 2-123　2013 款斯柯达速派旅行版

⑤ 西亚特。西亚特（Seat）是西班牙最大的汽车公司，1950 年成立于巴塞罗那，现为德国大众汽车公司子公司。

西亚特汽车公司成立之初，以生产意大利菲亚特汽车公司的车型为主，在西班牙汽车市场占有率曾达到 60%，到 20 世纪 70 年代，其市场占有率下降到 33%，亏损严重。1983 年德国大众汽车公司买下了西亚特的大部分股份，与西班牙政府共同经营西亚特汽车公司。

a)　　b)

图 2-124　斯柯达车标
a）旧车标　b）新车标

西亚特归属大众后，得到大众资金与技术的支持，它采用大众的零部件，有些车型的底盘、转向及悬架系统由大众设计，经营状态日趋好转。到 20 世纪 90 年代初，西亚特汽车年产量已达 36 万辆以上，成为西班牙效益最好的汽车公司。

目前西亚特多是以中、小型轿车为主，比较知名的品牌轿车有科多巴（Cordoba）、伊比萨（Ibiza）（图 2-125）等。其中 Cordoba 轿车对中国人并不陌生，一汽大众“都市高尔夫”（City Golf）车型就是引进 Cordoba 生产的。Ibiza 是西亚特成功的车型，它的重要特征就是后立柱（C 柱）比较细小，但车身高大，车厢宽敞。

图 2-125　西亚特 Ibiza

西亚特车标（图 2-126）为“S”形状，与公司“Seat”的首字母相同。

⑥ 布加迪。布加迪（Bugatti）汽车属顶级豪华跑车，创立于 1909 年，原属意大利品牌，1998 年被大众收购。布加迪汽车经典设计产生于 20 世纪二三十年代。布加迪汽车的最大特点是艺术美，它把艺术与汽车设计完美结合的程度无人能比。布加迪品牌是世界汽车设

计史上一座重要的里程碑。

图 2-126　西亚特车标

1881 年 9 月 15 日，埃托尔·布加迪（图 2-127）出生于意大利米兰的一个艺术家世家。第二年，布加迪家族移居法国巴黎。在法国，布加迪学会了法语，受到法国文化的陶冶，使他深深地爱上了艺术事业。后来他返回意大利，进了米兰艺术学院。在学习过程中，他被汽车这个新生事物深深吸引，于是，他毅然离开艺术学院，决心在汽车上实现自己的创作欲望，把汽车变成轮子上的艺术品。代表布加迪造型美学最高水平的 Type 57，出自琼·布加迪之手，它在赛场上也立下了汗马功劳。

从 1909 年至 1956 年的 47 年间，共生产了 7950 辆布加迪汽车。每辆车中蕴含的无以比拟的工艺、梦幻般的车身设计，无不彰显美学的魅力，使它真正成为收藏中的极品。布加迪一直为后人所敬仰，大部分布加迪车成为法国米卢兹博物馆的珍藏品，至今仍可见到布加迪车行驶在德国公路上。

图 2-127　埃托尔·布加迪

1998 年，德国大众公司买下了布加迪的品牌所有权。大众的这一举动，并非仅仅向布加迪注入新的生命，而是要让布加迪式的完美重返汽车工业。

1998 年，在巴黎国际车展上推出的 EB118，标志着大众汽车集团迈出再造布加迪神话的第一步。

布加迪车标（图 2-128）中是意大利语布加迪（Bugatti）的拼音，上部为 EB，周围一圈小圆点象征球轴承，底色为红色。

⑦ 宾利。宾利（也译为本特利）汽车公司（Bentley Motors Ltd）原是英国一家独立的汽车公司，创建于 1909 年，创始人是沃尔特·欧文·宾利（Walter Owen Bently）（图 2-129），业内同事都称他为“WO 先生”。1933 年，公司被劳斯莱斯公司收购，成为劳斯莱斯公司下属的宾利跑车部。1999 年成为大众集团的一个品牌。

图 2-128　布加迪车标

图 2-129　沃尔特·欧文·宾利

宾利从 1920 年开始设计制造他多年来梦寐以求的运动车。宾利运动车在 1923—1929 年期间的勒芒 24 小时汽车赛中大获成功。宾利轿车主要是为了满足富有的年轻人追求高速驾驶、寻求刺激的需要。宾利车型如图 2-130 所示。

宾利汽车公司标志（图 2-131）是插图师葛登·克鲁斯比为宾利汽车设计的，中间以公司名的第一个字母“B”为主体，生出一对翅膀，似凌空翱翔的雄鹰，喻示着宾利汽车公司在全球范围内的无限发展能力。

图 2-130　宾利轿跑车欧陆 2012 款

图 2-131　宾利车标

4. 宝马汽车公司

(1) 概述

宝马（BMW）汽车公司是以生产豪华汽车、摩托车和高性能发动机而闻名于世的汽车企业，也被认为是高档汽车生产厂家的先导。它和奔驰汽车公司一样，不追求汽车产量的扩大，只追求生产高品质、高性能和高级别的汽车。“坐奔驰，开宝马”的说法，表明了奔驰的稳重和宝马的豪放。只有开宝马车，才能享受到它那痛快淋漓的神奇风采。

BMW 是巴依尔汽车工业有限公司的前身巴依尔发动机厂（Bayerische Motoren Werke）的缩写，它成立于 1916 年，总部设在德国慕尼黑。BMW 开始是生产飞机发动机的，现在看到的 BMW 轿车上那个蓝白相间的圆形商标就是源于那个时代，当时这种标志装在发动机上，表示蓝天白云中旋转着的螺旋桨。BMW 的发动机设计不仅在过去，在今天也仍然处在世界前列，被广泛应用在各个领域。

由于飞机发动机的销量有限，为了生存，公司于 1923 年开始生产摩托车，同时开始筹划生产汽车。1928 年 BMW 收购了当时在德国很有名的迪克森汽车公司。1929 年 BMW 的标志开始挂在迪克森汽车上。真正的 BMW 汽车则是从 1931 年开始出现的，它的车头设计了两个卵形散热器罩，到 20 世纪 60 年代又演变成两个矩形，这种设计成为 BMW 轿车独特的传统造型。

在第二次世界大战中，BMW 公司转向为纳粹生产军工产品，它的发动机被用在飞机和坦克上，生产的车也变成了军用车。1951 年，公司才又重新开始生产轿车（图 2-132）。

图 2-132　1931 年和 1951 年生产的宝马 BMW 汽车

宝马作为国际汽车市场上的重要成员相当活跃，其业务遍及全世界 120 个国家。1997 年生产各种车辆 120 万辆。宝马汽车主要有 3、5、6、7、8 五个系列汽车及双座敞篷跑车等。3 系列（图 2-133）和 5 系列（图 2-134）是标准型也是主要车系，6 系列为双门运动车，7 系列是豪华型高级轿车（图 2-135），而 8 系列则同时揉进了赛车的高性能和豪华轿车的舒适安全，是 BMW 的旗舰车。1994 年宝马集团收购了英国陆虎（罗孚）汽车公司（Rover Group）；2003 年，宝马集团又购得了劳斯莱斯汽车品牌。

图 2-133　宝马 3 系硬顶敞篷跑车

图 2-134　宝马 530Li（5 系）

（2）公司主要品牌及车标

宝马汽车公司旗下拥有宝马（BMW）、迷你（Mini）、劳斯莱斯（Rolls-Royce）等汽车品牌。

图 2-135　宝马 7 系 2012 款豪华型高级轿车

① 宝马。宝马汽车标志（图 2-136）中间的蓝白相间图案，代表蓝天，白云和旋转不停的螺旋桨，喻示宝马公司源远流长的历史，象征该公司过去在航空发动机技术方面的领先地位，又象征公司一贯的宗旨和目标：在广阔的时空中，以先进的精湛技术、最新的观念，满足顾客的最大愿望，反映了公司蓬勃向上的气势和日新月异的新面貌。

② 劳斯莱斯。劳斯莱斯汽车公司又叫罗尔斯·罗易斯（Rolls-Royce）汽车公司，以“贵族化”而享誉全球。劳斯莱斯汽车制作精细，材质优良，年产量只有几千辆，连世界大汽车公司产量的零头都不够。但从另一角度看，却物以稀为贵。劳斯莱斯轿车之所以成为显示地位和身份的象征，是因为该公司要审查轿车的购买者的身份及背景条件。曾经有过这样的规定：只有贵族身份才能成为其车主。

图 2-136　宝马车标

劳斯莱斯汽车公司是在 1904 年，由弗里德瑞克·罗易斯（Frederick Royce）和查尔斯·罗尔斯（Charles Rolls）合作（图 2-137、图 2-138）创建的。虽然两人的出身、爱好、性格完全不同，但对汽车事业的执着和向往，使他们成为一对出色的搭档。两位创始人的“创造世界上最好的汽车”的追求一直是劳斯莱斯最高的经营宗旨。

大众曾于1998年购买了英国的劳斯莱斯轿车有限公司。从2003年起，劳斯莱斯品牌归宝马公司所有。

图2-137　查尔斯·罗尔斯和弗里德瑞克·罗易斯

图2-138　1904年生产的劳斯莱斯

劳斯莱斯汽车的标志（图2-139a）图案以两个重叠“RR”为中心，上方写有罗尔斯（Rolls）的名字，下方是罗易斯（Royce）的名字，该车标象征着你中有我，我中有你，体现了罗易斯、罗尔斯两人融洽及和谐的关系。

劳斯莱斯汽车的标志除了双R之外，还有著名的飞翔女神标志（图2-139b）。这个标志的创意取自巴黎卢浮宫艺术品走廊的一尊有两千年历史的胜利女神雕像，她庄重高贵的身姿是艺术家们产生激情的源泉。当汽车艺术品大师查尔斯·塞克斯应邀为劳斯莱斯汽车公司设计标志时，深深印在他脑海中的女神像立刻使他产生创作灵感。于是一个两臂后伸，身带披纱的女神像飘然而至。

a)　b)

图2-139　劳斯莱斯车标

a）双R标志　b）飞翔女神标志

劳斯莱斯是汽车王国雍容高贵的唯一标志。劳斯莱斯坚持着它手工制造车身的传统，其经典特点包括长发动机舱盖、短前悬和长后悬。长轴距造就了宽敞的内部空间，垂直式的车前罩和高灯相呼应，为它增添了卓越不凡的气质。

“世界汽车中可称为贵族的，唯有劳斯莱斯”，劳斯莱斯成为英国王室专用车已有数十年历史，爱德华八世、女王伊丽莎白二世、玛格丽特公主、肯特公爵等众多英王室成员的座驾都是劳斯莱斯。沙特国王、日本王子也对劳斯莱斯情有独钟（图2-140）。

③ 迷你。阿历克·伊斯戈尼斯具有希腊和德意志双重血统，在土耳其长大，同时拥有英裔、爱尔兰裔、希腊裔家庭教师，在英国上大学并参加工作，先后供职于英国4家汽车公司。1957年3月，伊斯戈尼斯开始设计人人买得起，能容纳4人的莫利斯·米诺微型版经济汽车。不难看出，迷你（Mini）便由此（Miniature）得名。为了充分利用空间，伊斯戈尼斯将变速器放到发动机的油底壳中。这对大量生产的汽车来说，简直绝无仅有。

图2-140　劳斯莱斯王室名车

1957年10月，第一辆迷你样车诞生（图2-141）；1959年5月9日正式投产，1959年8月26日正式面世；1960年，第一辆迷你在美国销售，全球共销售 6.3 万辆。

2001 年 1 月，新款迷你在北美国际车展亮相。7 月，新一代迷你（图 2-142）首先在英国销售。

图 2-141　1959 年第一代迷你车

图 2-142　新一代迷你车

新一代迷你的推出，定义了一个全新的细分市场：高档小型车市场。新迷你共有四种车型：Mini One、Mini Cooper、Mini Cooper S 和 Mini 敞篷车。迷你的几款车型在外观上存在细微差别。Mini One 的车身和车顶颜色一致，Mini Cooper 的车顶和外后视镜的颜色可以选择白色或黑色，当车顶和车身同色时，外后视镜框一定是黑色。几款车都大量使用了铬合金，Mini Cooper 使用得更多，包括散热器格栅、行李舱手柄以及排气管和门把手等。目前在中国推出的是最为畅销的 Mini Cooper（图 2-143）。

图 2-143　新款 Mini Cooper

迷你刚推出时，并不被业界看好，但后劲十足，先后推出厢式款、皮卡款、旅行轿车款和越野款等，持续生产 40 余年，累计产量达 500 多万辆。这是由于迷你在不同的国家具有广泛的亲和力，顺应了人们对生活方式的追求。它低调而富有魅力，充满个性又毫不张扬，既适应了社会名流的亲民心态，又适应了普通百姓对时尚的追求。

迷你轿车引发了汽车技术的一场革命，它突破了英国流行大型轿车的传统，使得经济型小轿车成为一种潮流。迷你的出现创造了微型车的地位，在世界车坛赢得了崇高的荣誉，被人们称为汽车技术发展史上六大里程碑之一。直到今天，这款车仍然流行，几乎所有公司都模仿了“迷你车”的设计，使之成为最家庭化的轿车。

图 2-144　迷你车标

迷你汽车使用的标志（图 2-144）为两侧是一个插上翅膀的车轮，图标中间采用的是 Mini 这个悦耳而又响亮的名字的拼音字母。

5. 保时捷汽车公司

（1）概述

保时捷（Porsche）汽车公司于 1931 年成立，又被人称作波尔舍。创始人是闻名世界的汽车设计大师费迪南德·波尔舍博士，他把自己的毕生精力都献给了汽车事业。公司总部位于德国的斯图加特。

费迪南德·波尔舍以及他的儿子费里·波尔舍（Ferry Porsche）（图 2-145）、孙子亚历山大·波尔舍（Alexander Porsche）（图 2-146）都是举世闻名的汽车设计大师，他们三代人推出的跑车产品风靡全球。保时捷 356、804、904、911 都是名噪一时的运动车。

图 2-145　费里·波尔舍和他设计的保时捷 356

图 2-146　亚历山大·波尔舍和他设计的保时捷 911

1936 年，由波尔舍设计、汽车联盟制造的联盟 1 号赛车开始驰骋赛场，打破了多项世界纪录，连年夺得各种赛事的冠军。由于这辆车是银灰色，所以人们称它为“银箭”。图 2-147 所示为多次取得赛车冠军的 911 型跑车。

图 2-147　保时捷 911 2012 款 Carrera 3. 4L

波尔舍是位多才多艺的设计大师，除汽车外，他还研究设计航空飞行器、农业机械等。由于他在第二次世界大战中，参与德国纳粹的飞机、坦克、军用车辆的研究设计工作，战后被逮捕，出狱后重返公司。1948 年，他设计的第一辆标有保时捷品牌的运动赛车诞生了，型号为 356（图 2-145）。1952 年，费迪南德·波尔舍病逝，但在人们心中他永远是位天才的设计大师。

由于受到波尔舍的影响，他的后代继承了先人的事业，将其发扬光大。现在保时捷汽车公司不但设计生产保时捷运动车和赛车，也为其他公司设计汽车和工业产品，美国宇航局阿波罗号飞船登月用的月球探测车便是他们的作品之一。公司每年出卖专利的收入和帮其他公司研究课题的收入相当可观。

公司生产的保时捷运动车是世界上最优秀的运动车，它的造型独特，有两个传统的圆形前照灯，很容易辨认。夜间行驶时，一打开车灯，它就会自动弹起照明，不用时便收回到车头内，使车身保持良好的流线形，减少风阻。“保时捷”这个迷人的名字给人以速度、运动和舒适的美感，令人神往。

（2）公司主要品牌及其车标

保时捷汽车公司的标志（图 2-148）采用斯图加特市的盾形市徽。中间的黑马表明这里早在 16 世纪就以盛产名马闻名，上面有 STUTTGART（斯图加特）字样。背景上的鹿角告诉了人们这里曾是狩猎场，金黄的底色则表示丰收在望的麦子，黑红相间的条纹分别代表肥沃的土地和人们的智慧，公司名称在上方最显眼的地方，勾画了一幅美好的田园景色，象征着公司辉煌的过去和美好的未来。

图 2-148 保时捷车标

（二）法国汽车公司及其品牌

1. 标致雪铁龙集团

（1）概述

标致雪铁龙集团是欧洲第二大汽车制造厂商。1976 年，标致汽车公司吞并了历史悠久的雪铁龙公司，从而成为一家以生产汽车为主，兼营机械加工、运输、金融和服务业的跨国工业集团，成为法国最大的汽车企业集团。

PSA（Peugeot Societe Anonyme）集团除拥有标致汽车公司和雪铁龙汽车公司外，还拥有标致雪铁龙集团融资银行、佛西亚公司（Faurecia）、捷富凯公司（Gefco）、标致摩托车公司及贝赛公司（PCI）。

目前标致雪铁龙集团拥有标致和雪铁龙两大品牌。标致汽车公司和雪铁龙汽车公司各自拥有很大的经营独立性，它们有不同的销售网络，不同的商务运作，也有不同的产品。

（2）标致汽车公司

标致（Peugeot）汽车公司是法国最大的汽车公司，创始人是阿尔芒·标致（图 2-149）。1889 年，标致兄弟把一台蒸汽机放置在一辆双人座的三轮车上（图 2-150），向世人宣示其进军汽车制造的野心。1890 年，标致兄弟成功开发出一辆搭载戴姆勒汽油机的四轮汽车，也是法国的第一部汽油车（图 2-151）。1896 年正式成立标致汽车公司（Societe des Automobiles Peugeot）。公司总部设在法国巴黎，

图 2-149 阿尔芒·标致（1849—1915）

雇员总数为 11 万人左右，年产汽车 220 万辆。

图 2-150　1889 年的标致三轮蒸汽车

图 2-151　1890 年生产的法国第一部汽油车

标致汽车公司创始之初以生产自行车和三轮车为主，1891 年开始涉足汽车领域并取得成功。由于不断采用新技术，公司的产量与日俱增。第一次世界大战前，产量已超过法国所有的汽车生产厂家总和，达到 12000 辆。标致公司的第二次大发展时期是 20 世纪的五六十年代，汽车产量在 20 年间猛增十几倍，一跃成为法国第二大汽车公司。

1976 年，标致汽车公司以自己的经济实力收购了经营不善的雪铁龙公司 60% 的股份，从而扩充了自己的实力。汽车总产量超过雷诺汽车公司而居法国第一。

20 世纪 80 年代，标致汽车公司和中国合作在广州建立合资企业，将标致 504、505 型汽车输入到中国。2003 年在神龙富康生产线上生产标致 307（图 2-152），2005 年又推出标致 206。

目前标致汽车公司标志（图 2-153）是一只站着的雄狮。雄狮是标致家族的徽章，也是蒙贝利亚尔省的省徽。徽章既突出力量，又强调节奏，富有时代感，喻示着标志汽车像雄狮一样威武、敏捷，永远保持旺盛的生命力。

图 2-152　标致 307

图 2-153　标致车标

狮子的历史起始于 1847 年一个美丽的清晨，儒勒和阿尔芒·标致两兄弟一起，委托蒙特博利地方最好的铸铁匠为自己制造的工具设计一个标志，使之成为以钢锯为首的工具产品的品牌。他们要设计一个狮形，因为在他们的理念中，这代表了标致刀片的质量：锯齿的坚固像狮子牙齿，刀片的灵活像狮子的脊柱，刀片的速度像狮子腾跃。在众多设计方案中，两兄弟选择了行于箭上的狮子侧影。1850 年，狮形首次出现于标致牌锯条产品上。

1882 年，狮子标志出现在自行车上，1901 年进一步用于摩托车。然而在 1890 至 1905 年生产的第一批汽车上却没有使用，这是因为标致汽车公司的创始人阿尔芒·标致偏爱以

“标致汽车”的字样作为标志。这之后的 1905 至 1915 年间，箭上的狮子侧影出现在标致汽车上。

标致汽车标志经历了一个漫长的演变过程，如图 2-154 所示。

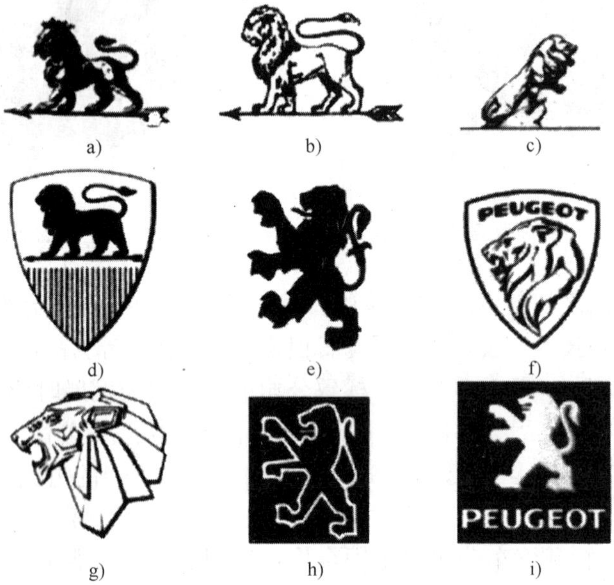

图 2-154　标致车标的演变过程

a）1850 年　b）1882 年　c）1927 年　d）1936 年

e）1950 年　f）1960 年　g）1971 年　h）1980 年　i）1998 年

（3）雪铁龙汽车公司

雪铁龙（Citroën）汽车公司是法国第三大汽车公司，它创立于 1915 年，创始人是安德烈 · 雪铁龙（图 2-155）。公司主要产品是小客车和轻型载货车，总部设在法国巴黎。雇员总数为 5 万人左右，年产汽车 90 万辆。

雪铁龙公司创立之初，正是第一次世界大战正酣之时，因而其产品主要是炮弹和军事设备。直到第一次世界大战结束，公司才开始从事汽车制造。1919 年 5 月，雪铁龙汽车公司的 A 型车（图 2-156）开始投产，从而拉开了雪铁龙汽车的生产序幕。1934 年生产出法国第一辆前轮驱动汽车。雪铁龙汽车公司是法国最早采用流水线生产的公司，因而在它成立仅仅 6 年时，年产量即突破 100 万辆。

图 2-155　安德烈 · 雪铁龙

1976 年雪铁龙汽车公司加入标致集团，成为法国标致雪铁龙集团（PSA）成员之一，但它仍然有很大的独立性，其经营活动仍然由自己把握。雪铁龙公司有 13 个生产厂家和一个研究中心。

雪铁龙的车名以其创始人安德烈 · 雪铁龙的姓氏命名。由于雪铁龙汽车公司前身为雪铁龙齿轮公司，所以商标（图2-157）用齿轮为背景，由人字形轮齿构成。它象征着人们密切合作，同心协力，步步高升。

图2-156　1919年雪铁龙A型车　　图2-157　雪铁龙车标

2. 雷诺汽车公司

（1）概述

雷诺汽车公司是法国第二大汽车公司，创立于1898年，创始人是被誉为“法国汽车工业之父”的路易斯·雷诺（Louis Renault，图2-158）。现今的雷诺汽车公司已被收为国有，是法国最大的国营企业，也是世界上以生产各种汽车为主，涉足发动机、农业机械、自动化设备、机床、电子业、塑料橡胶业的垄断工业集团。公司总部设在法国比杨古（Billancourt），全年可生产汽车205万辆。

图2-158　路易斯·雷诺和他生产的汽车

由于雷诺汽车公司本身有机床、自动化、电子分公司，因而雷诺的汽车生产设备非常先进，自动化程度很高。电子技术成果能较快地应用到汽车上，也使雷诺公司在汽车高技术上占有优势。

雷诺汽车公司汽车产品十分齐全，除小客车和载货车外，各种改装车、特种车应有尽有，在十大汽车公司也是独此一家。雷诺汽车公司下设小客车、商用车、自动化设备以及工业产品四个分部，统管国内外所有的子公司。

1999年，雷诺公司以54亿美元的投资取得日产汽车公司36.8%的股份，组建雷诺日产汽车联盟。1999年9月，雷诺汽车公司接手罗马尼亚的达西亚（Dacia）汽车公司，投资2.2亿美元振兴和开发这一东欧品牌。

雷诺汽车公司旗下拥有雷诺（Renault）、达西亚（Dacia）等汽车品牌，主要车系有风景

(Scene，图 2-159)、阿尔平（Alpine)、埃斯帕斯（Espace)、梅甘娜（Megane，图 2-160）等。

图 2-159　雷诺风景

图 2-160　雷诺梅甘娜

(2）公司主要品牌及车标

雷诺汽车公司和汽车的商标（图 2-161）采用四重菱形图案，它象征雷诺三兄弟和汽车工业融为一体，表示雷诺能在无限（四维）的空间里竞争、生存和发展；又表示雷诺汽车刚劲有力，加工尺寸精确，且与众不同。

图 2-161　雷诺车标

(三）英国汽车公司及其品牌

1. 英国汽车发展概况

在汽车发明的 100 多年里，英国车一直被认为是代表着汽车工艺的极致以及品位、价值、豪华、典雅这诸多词语在汽车上最完美的体现。英国的克鲁郡（Crewe）至今秉承着传统的造车艺术，经验丰富的工匠始终以手工进行装嵌。绝大部分的工匠都有超过 30 年的丰富经验，造车技术代代相传，工艺千锤百炼，品质完美无瑕，处处流露出英国传统造车艺术的精髓：优雅、灵动、恒久、精炼。同样，在长桥（Long Bridge)，英国汽车工业的百年教父 MG-Rover 仍然在延续他们不变的英国气质。

“买日本车，买的是工具；选择德国车，选的是机器；而拥有英国车，拥有的是艺术。”这句话从一个侧面反映出英国汽车品牌以一种超物质的精神存在于机械中。然而在这个最知道如何恪守传统，如何在“凝止的文化中找出韵味”的贵族国家里，守旧一方面造就了英国车无人能及的王者地位，另一方面也终于成为英国汽车工业衰落的最直接原因。

由于其一直固守着传统的手工制作、造型设计以及挑剔的选材等，在汽车制造日益商业化、流水线化、电子化的今天，无论在生产成本、产量方面，还是在计划的革新上，英国车再难以跟上主流市场的步伐，走向了必然的衰落。

2. 莲花汽车公司

(1）概述

莲花汽车公司是世界上著名的运动跑车生产厂家，成立于 1951 年，创始人是被誉为“莲花汽车之父”的英国绅士柯林 · 查普曼（Anthtony Chapman，图 2-162)。公司总部设在英国诺里奇市，雇员总数为 500 人，年产汽车 600 辆左右。

柯林·查普曼——汽车界的个人英雄主义

他一手创造了莲花，在他生前，这个品牌所有车型都是由他亲自负责设计制造的。他不仅是个伟大的汽车工程师，而且还是一个出色的车手，率领莲花车队自1958年以来先后7次在F1车赛中夺冠。汽车界的个人英雄主义，非他莫属。

图2-162　柯林·查普曼

莲花汽车公司的汽车重心很低，造型具有良好的流线形，风阻系数在0.3左右。发动机功率很大，最低为118kW，车速高达300km/h。莲花汽车是世界汽车赛场上一个十分有力的竞争者，多次荣获世界冠军。1963—1978年莲花汽车曾经7次蝉联世界最佳小客车优胜奖。1991年，莲花伊兰汽车获世界汽车最佳设计奖。

莲花汽车公司是率先在汽车上使用高强化塑料车身的厂家之一。它们采用的制模工艺、真空助力树脂喷射工艺能将车身模制成上下两个整体，最后再合二为一，不仅生产效率高，而且车身强度大大增强，在世界上独树一帜。

1982年2月，莲花汽车公司被美国通用汽车公司收购，成为通用公司设计、研究、生产高级运动汽车的一家海外子公司，致力于开发欧宝（Opel）、沃克斯豪尔（Vauxhall）汽车的欧洲市场。现被意大利菲亚特汽车公司合并。

莲花汽车公司主要产品有精灵（Esprit）、伊兰（Elan）、伊利斯（Elise）（图2-163）、卓越（Excel）、Europe、Seven等运动跑车。

（2）公司主要品牌及车标

图2-163　英国莲花Elise跑车

莲花汽车公司的标志（图2-164）是在莲花的花蕊上除了“LOTUS”的英文字母外，还有四个英文字母“CABC”重叠在一起而组成的图案，这是莲花公司创始人安索尼·柯林·布鲁斯·查普曼（Colin Anthony Bruce Chapman）姓名全称的四个英文首字母。莲花象征着纯洁和永恒。

圣洁的莲花，在中国人心目中是“出淤泥而不染”的高雅象征，喻示着一种超凡脱俗的孤傲品性。这被中国人赞誉为“凌波仙子”的奇葩，被一位英国车坛怪杰幻化为性情跑车的知名品牌，至今仍在环球车坛光彩夺目，成为追赶时尚脚步人们的心底最爱。

图2-164　莲花车标

3. MG-Rover汽车公司

威廉·莫里斯（Willian Morris）是英国汽车工业之父，1910年成为莫里斯汽车（Morris Garages，简称MG，中文译为名爵）公司的老板。任何一个懂车的人都会告诉你，一旦跨入一辆MG跑车，你将进入纯正的英国跑车世界。MG公司以生产著名的MG系列敞篷跑车、小型跑车载誉世界车坛。1975年，公司并入英国利兰汽车公司。2000年，MG公司与英国陆虎（Rover）汽车公司合并为MG-Rover公司，成为一家独立的英国汽车公司。

公司仍然分为两个品牌：MG和Rover。MG主要走运动路线，比如敞篷跑车MG TF

（图 2-165）；Rover 走豪华路线，比如豪华轿车 Rover 75。

MG 车标（图 2-166）中间是英文字母 MG，代表公司名，外框为八角形，象征着热情和忠诚。

图 2-165　MG（名爵）TF 敞篷跑车

图 2-166　MG 车标

4. 摩根汽车公司

（1）概述

1999 年，英国摩根汽车公司庆祝 90 岁华诞。摩根无疑是汽车制造企业中闻名遐迩的老牌子，就像一位年事已高但青春永驻的贵夫人。1909 年创建于英国的梅尔文（Malvern）市，创始人是亨利·弗雷德里克·史坦利·摩根（Henry Frederick Stanley Morgan）。

最早的摩根 4/4 车型（图 2-167），两个“4”分别代表四轮和四气缸发动机。该车型自 1936 年问世以来，样子始终如一。随后推出的摩根 Plus4 车型外形也大体相同，只是配备了更强大的发动机而已。

摩根汽车中最具跑车色彩的是摩根 Plus8（图 2-168）。该车的外形并无变化，但是因拥有一台 135kW 的强大发动机，行驶起来如电闪雷鸣。摩根 Plus8 车身稍大，可以让驾车人不至把胳膊伸到车厢外。该车问世于 1968 年，当年便参加了爱丁堡的 MMC 车赛，其初衷仅仅是为了考核一下“是否有地方会掉下来，以及哪些部位需要改进”，不料比赛结果却引起轰动。当年这辆速度极快的摩根跑车至今已有 40 多岁的高龄了。

图 2-167　摩根 4/4

图 2-168　摩根 Plus8

摩根跑车的悬架系统硬得像石头，乘车者的屁股及后背被颠得疼痛难耐，经常叫苦连天，但它具有优良的抓地性。

摩根跑车的生产方式可以称得上“亘古不变”了。该车的所有部件从悬架装置到制动轮毂，全都在本厂的车间内制造，而且使用的始终是同样的老机器。查尔斯·摩根说这样的运作方式绝对胜得过现代化的汽车生产线。

“我们不打算从事大批量的制造，与其像当今许多汽车制造厂那样如同压模子一般千篇一律地大批量生产，我们宁肯用双手一个一个地来拧紧螺钉。”在钣金车间里，工人都是用双手直接剪裁钢板或铝板。一些焊接部位也是靠手工打磨。车身的涂装有时竟要经过 9 道工序才能完成。

当今许多汽车制造公司通常是每分钟生产一辆或两辆汽车，而摩根工厂的 150 名职工平均每个星期最多生产 10 辆汽车。全年总产量大约 500 辆。摩根工厂的装配车间里，技工们也是用手将发动机、变速器、前后桥等组合成一辆汽车。

购买摩根跑车的英国人通常要等候 5 年。外国客户有优惠，也得等一年至一年半。查尔斯·摩根的父亲皮特·摩根认为，“摩根跑车的车主都多少有些疯狂，但个个都脾气好，有耐性。为了得到一辆摩根跑车，这些人什么都能忍受，目的就是为了有朝一日，能载着第一次世界大战时的头盔，驾驶着摩根车招摇过市。”

图 2-169 摩根车标

（2）公司主要品牌及车标

摩根车标（图 2-169）为“MORGAN”字样，代表公司；在其两侧带有展开的羽翼，喻示着快速飞翔。

5. 特威尔汽车公司

（1）概述

特威尔（TVR）汽车公司是英国老字号的跑车生产厂家，每年只生产 1000 辆新车。整个生产过程都在英国本土进行，被称为“纯种的英国跑车”。特威尔（TVR）的名字对于中国车迷来说，也许还相当陌生，但在世界跑车界，它已是欧洲劲旅之一，现在已成为最大的纯英国的汽车制造商。

图 2-170 特威尔格里菲斯 500

1993 年，格里菲斯 500（图 2-170）面世，引起了巨大的轰动，在它第一次公开展览时平均每 8min 就接到一张订单。今天，格里菲斯 500 已成为特威尔的代表性车型。

目前特威尔的车型主要包括驰马拉（Chimaera）敞篷跑车（图 2-171）、格里菲斯（Griffith）500、瑟伯拉（Cerbera）双门轿跑车、图斯堪（Tuscan）和塔莫拉（Tamora）跑车等。

（2）公司主要品牌及车标

汽车标志 TVR（图 2-172）取自创始人特威尔（Trevor）名字中的三个字母。

图 2-171 特威尔 Chimaera 敞篷跑车

图 2-172 特威尔车标

英国汽车公司还有劳斯莱斯、捷豹、罗孚和宾利等，已在前面介绍。

（四）意大利汽车公司及其品牌

菲亚特汽车公司

（1）概述

1899 年 7 月 11 日，9 名意大利的企业家和皮埃蒙特贵族共同创建了“意大利都灵汽车制造厂”（Fabbrica Itaiana di Automobileli Torino），简称 FIAT（菲亚特）汽车制造厂，50 多名工人用手工生产发动机功率为 2.2 ~ 4.4kW 的小型轿车。该厂是世界上最早生产小型轿车的汽车厂，至今仍以生产小型轿车为主。

厂址设在意大利都灵市，主要创始人是乔瓦尼·阿涅利（Giovanni Agnelli）（图 2-173），1923 年建成了当时欧洲最大的汽车装配厂。1936 年，菲亚特公司生产了菲亚特 500 型小轿车，它小巧玲珑而又经济实惠。

图 2-173　乔瓦尼·阿涅利和 FIAT500 型小轿车

1967—1969 年期间，菲亚特汽车公司先后收购了奥姆、阿巴斯、奥托比安希、蓝旗亚、法拉利 5 家汽车公司。1987 年收购了阿尔法·罗密欧汽车公司，1989 年又收购了玛莎拉蒂、英诺森蒂两家公司的股份。

目前菲亚特集团轿车品牌主要包括菲亚特（Fiat）、法拉利（Ferrari）、阿尔法·罗密欧（Alfa Romeo）、蓝旗亚（Lancia）、玛莎拉蒂（Maserati）等。

以菲亚特为主的国际跨国公司依维柯（IVECO）成立于 1975 年，主要生产载货汽车和大客车（图 2-174）。

图 2-174　依维柯车标

（2）公司主要品牌及车标

① 菲亚特。菲亚特汽车公司的标志和车标几经变迁。最初是盾形的标志，自 1899 年创立意大利都灵汽车公司时开始使用。1901 年开始采用公司全称 4 个单词的第一个大写字母“FIAT”为商标，1906 年，乔瓦尼·阿涅利将厂名中的 4 个单词的首位字母组成商标“F·I·A·T”。1918 年公司决定，取消标点，并用大、小写两种字体作商标，即“Fiat”和“FIAT”，它的读音为“菲亚特”。1921 年出现圆形 FIAT 车标。

1968 年菲亚特汽车采用斜体“FIAT”4 个字母分开的标志（图 2-175），它像飞机在天空中飞行留下的轨道，越飞越高，象征该公司生产的汽车遍布世界五大洲。1980 年开始使用五根短柱斜置平行排列的新商标，给人以整齐、规范、有力的感觉。为了庆祝公司的 100 年诞辰，1999 年菲亚特车标（图 2-176）又统一被更新为圆形图案，月桂枝树叶环绕“FIAT”，表示菲亚特汽车公司的成功、荣誉和辉煌。

图 2-175　1968 年斜体 FIAT 车标　　　图 2-176　菲亚特车标

菲亚特汽车公司车型主要包括熊猫（Panda，图 2-177）、乌诺（Uno）、克罗马（Croma）、西耶那（Siena）和派力奥（Palio，图 2-178）等。

图 2-177　菲亚特 Panda

图 2-178　菲亚特 Palio

② 蓝旗亚。蓝旗亚（Lancia）汽车公司由文森佐·蓝旗亚（Vincenzo Lancia，图 2-179）创立于意大利都灵市，1969 年加入菲亚特集团。

蓝旗亚汽车性能卓越，有品位，从不过分华丽。1907 年，蓝旗亚首次推出的高性能 Alpha 车型（图 2-180），在当时就已经是令人惊叹。蓝旗亚的设计师们不仅在汽车工程技术方面很有造诣，对于车型的外观设计也是追求至上。蓝旗亚汽车注重车身整体外形，关注主要部件和材料的挑选。

图 2-179　文森佐·蓝旗亚

图 2-180　1907 年蓝旗亚 Alpha

几十年来，蓝旗亚公司不仅生产小汽车，同时也制造货车。蓝旗亚汽车在众多爱车族的眼中意味着健康、向上的生活品质，是一种颇具贵族气质的轿车。

蓝旗亚从不尾随潮流，而常常是推出与众不同的新型技术方案：一开始看似无人接受，最后却总是被争相抢购。一直以来，蓝旗亚一直坚持自己在汽车业的追求：提供最精良的机械设计。

蓝旗亚汽车的标志（图 2-181）一是取自公司创始人之一文森佐·蓝旗亚的姓氏；二是

“蓝旗亚”在意大利语中是长矛之意。最早的商标是在旗子的周围加上车轮形状的圆圈，20 世纪 50 年代才把图案置于盾形框架之中。标志以长矛画面为主题，代表了企业不畏艰难，勇于奋斗的精神，加上旗帜上的公司英文“LANCIA”，简洁地体现出了“蓝旗亚”的全部意义，表现出蓝旗亚汽车公司争强好胜、勇于拼搏和创业的精神。

图 2-181　蓝旗亚车标

③ 法拉利。法拉利（Ferrari）汽车公司是世界上最闻名的赛车和运动跑车的生产厂家，创建于 1929 年，最早是赛车俱乐部，即法拉利车队的前身。创始人是世界赛车冠军、划时代的汽车设计大师恩佐·法拉利（Enzo Ferrari，图 2-182）。菲亚特公司拥有该公司 50% 股权，但该公司却能独立于菲亚特公司运营。法拉利汽车大部分采用手工制造，因而产量很低，年产量只有 4000 辆左右。公司总部在意大利的摩德纳（Modena）。

图 2-182　恩佐·法拉利

法拉利汽车公司的创始人恩佐·法拉利说，他最中意的赛车是他还没有造出来的赛车，他最大的成功是他还没有达到的成功。这位被誉为“赛车之父”的意大利人，嗜车如命的血液从小就在他的身上沸腾。当他 13 岁时，终于说服了父亲，开始了自己单独驾车的历史。赛车场上发动机的轰鸣声，比赛的惊险和刺激，使他越战越勇。他当时驾驶着阿尔法·罗密欧驰骋赛场，屡获胜利，被队友们誉为赛车队的“骑士”。他由参加赛车到组建赛车俱乐部，最后终于创建了自己的汽车公司。法拉利赛车如图 2-183、图 2-184 所示。

图 2-183　法拉利 F40 赛车

图 2-184　法拉利恩佐（Enzo）赛车

法拉利汽车的标志（图 2-185）是一匹跃起的马。在第一次世界大战中，意大利有一位表现非常出色的战斗机飞行员弗朗西斯科·巴拉克（Fransesco Baracca），他的飞机上有一匹能给他带来好运气的立马。在 1923 年的一次比赛前夕，飞行员的父母亲建议将其儿子飞机上的立马标志作为法拉利驾驶的赛车的标志。法拉利在后来的各种比赛中连连获胜，这匹“立马”给他带来了好运。后来这位飞行员战死了，马就变成了黑颜色，而底色选用公司所在地摩德纳的金丝雀颜色，藉以对故人的怀念。

法拉利车的商标上部的绿白红三色是意大利的国旗色，下部是法拉利的意文名。那匹腾空跃起的黑马，彪悍而有几分野性，它伴随着法拉利赛车驰骋赛场向世界挑战。

图 2-185　法拉利车标

④ 阿尔法·罗密欧汽车公司。阿尔法·罗密欧（Alfa Romeo）汽

车公司是意大利高级轿车、跑车和赛车的制造商，建于1910年，从1946年起使用阿尔法·罗密欧的名称，公司总部设在意大利北部工业城市米兰。该公司从一开始就专门生产运动车和赛车，这些车均由意大利著名设计师设计，有浓烈的意大利风采、优雅的造型和超群的性能，在世界车坛上一直享有很高的声誉。现属于菲亚特的子公司，但仍保留它的商标。阿尔法·罗密欧车型如图2-186、图2-187所示。

图2-186 1910年生产的Torpedo

图2-187 1949年生产的Villa D'Este

1984年并入菲亚特集团，生产车型主要有145/146、147、155、156、斯派德（Spider）和流云（Novolari）等。

阿尔法·罗密欧汽车的标志（图2-188）于20世纪30年代初就开始使用，采用了将“ALFA ROMEO”置于米兰市的市徽外圈上半部的商标，主要是为了纪念中世纪米兰的领主维斯康泰公爵及其家族。标志中的十字部分来源于十字军从米兰向外远征的故事，右边部分是米兰大公的徽章，关于蛇正在吞食撒拉迅人的图案有种种传说，其中之一是象征着维斯康泰的祖先曾经击退了使人民遭受苦难的“龙”。总之，这枚古老的徽章已名扬四海，成为当今的知名商标之一。

图2-188 阿尔法·罗密欧车标

⑤ 玛莎拉蒂汽车公司。意大利是跑车王国。亚平宁人特有的奔放性格，使得他们所钟爱的跑车同样激情四溢。大多数中国人对于意大利跑车的认识都是从法拉利开始的，而对玛莎拉蒂跑车却不甚了解。其实，玛莎拉蒂的历史比法拉利还要早，更是比法拉利在赛场上先行取得过辉煌。

玛莎拉蒂（Maserati）汽车公司最早由玛莎拉蒂家族四兄弟，在意大利的科隆纳创建于1914年，专门生产运动车，在欧洲具有很高的知名度。玛莎拉蒂运动车在设计上，将自己的传统风格与流行款式相结合，其外观造型、力学性能、舒适安全性等各方面，在运动车中都是一流的。

1939年公司总部迁至意大利中北部靠近博洛尼亚的小城摩德纳（Modena）。这里也是法拉利迁往马拉内罗之前的总部所在地。1975年玛莎拉蒂汽车公司曾与德国托马索轿车公司联合，但仍保持各自的独立性。1989年几经周折，最终成为菲亚特汽车公司的子公司，品牌仍然保留。1999年11月，法拉利从其母公司菲亚特那里获得了玛莎拉蒂的控股权，在把它关闭了6个月之后以新产品重新打入市场。玛莎拉蒂车型如图2-189、图2-190所示。

图 2-189　玛莎拉蒂 Spyder

图 2-190　玛莎拉蒂双门 Coupe

玛莎拉蒂汽车公司的标志（图 2-191）为树叶形的底座置于一个椭圆中，其上放置一件三叉戟。相传这个兵器是罗马神话中的海神纳丘（Neptune，在希腊神话中则称为波赛顿）手中的武器。它显示出海神巨大无比的威力。这个商标也是公司所在地意大利玻罗尼亚市的市徽。该商标表示玛莎拉蒂牌汽车就像浩渺无限的大海咆哮澎湃，隐喻了玛莎拉蒂汽车的快速奔驰的潜力。

图 2-191　玛莎拉蒂车标

兰博基尼汽车公司在前面已经介绍。其他部分欧洲著名车标如图 2-192 所示。

图 2-192　部分欧洲著名车标

第四节　中国汽车

一、中国汽车发展概况

经过近年来的快速发展，我国汽车产品的品种与质量迅速提高，基本车型品种发展到六大类103种，改装车品种发展到六大类800多种。其中，斯太尔、东风和奔驰重型车，依维柯、五十铃和一汽轻型车，大发、铃木微型车，桑塔纳、奥迪、切诺基、夏利轿车，康明斯发动机等产品，都已达到国际20世纪70年代末和80年代初的水平。解放、东风、黄河、跃进等老产品经过消化、吸收和引进技术自行设计改造，产品全面更新换代，产品质量有了显著提高，基本上满足了市场多层次的需要。

在重点引进的重型、轻型和微型车技术中，铃木、大发微型车已形成批量生产能力，轻型车基地建设已全面铺开；斯太尔和东风重型车项目已建成投产；轿车及其零部件工业也有了实质性进展，形成了一汽、东风、重汽、南汽、上海、北京、天津、沈阳八个主要的汽车工业生产基地。

二、中国汽车公司及其品牌

中国汽车公司大多数是与国外汽车公司合资生产国外品牌的汽车，其品牌和车标已在前面分别进行了介绍，这里主要介绍国内几家拥有自主品牌的汽车公司及其车标。

我国目前已经形成了一汽集团、东风集团、上汽集团、南汽集团、北汽集团、长安汽车集团六大汽车集团和奇瑞、华晨、吉利、哈飞等自主品牌汽车公司。

（一）第一汽车集团及其车标

1. 概述

第一汽车集团（简称“一汽”）是中国汽车工业的摇篮，前身是第一汽车制造厂，总部位于吉林省长春市，于1953年7月15日破土动工，毛泽东主席亲笔题名奠基。1956年7月15日从一汽总装线驶出了由中国人民自己制造的第一辆解放牌载货汽车（图2-193），结束了中国人不能自己制造汽车的历史。

50多年来，一汽肩负中国汽车工业发展重任，经历了建厂创业、产品换型和工厂改造、上轻型车和轿车三次大规模的发展阶段。1991年，与德国大众汽车公司合资建立15万辆轿车基地；2002年，与天津汽车工业（集团）有限公司联合重组，与日本丰田汽车公司实现合作。

图2-193　第一辆解放牌载货汽车

经过多年的发展，一汽产品结构由简单中型载货汽车发展成为轻、中、重、轿、客、微多品牌、宽系列、全方位的产品格局；生产能力由当初年产3万辆发展到现在年产100多万辆；企业结构由工厂体制转变为集团公司，由单一国家所有制变为多元化的资本结构，由面向单一的国内市场转变为面向国内和国外两个市场。

作为中国最大的汽车企业集团，中国一汽拥有中国最大的中重型载货汽车生产基地、

6 万辆轻型车生产基地、3 万辆红旗轿车生产基地和中德合资的 15 万辆轿车生产基地。四大基地构成了中国一汽生产力的核心。一汽拥有直属专业厂 10 家，分公司 3 家，全资子公司 30 家，控股子公司 17 家，参股公司 29 家。其中包括一汽解放汽车有限公司、富奥汽车零部件有限公司等全资子公司，一汽轿车股份有限公司、天津一汽夏利股份有限公司、一汽四环股份有限公司等上市公司，一汽大众汽车有限公司、天津一汽丰田汽车有限公司等中外合资企业。一汽集团旗下拥有解放、红旗、夏利等自主（民族）汽车品牌。

中国一汽在亚洲、非洲、欧洲、美洲建立了五大地区性公司，设立了 11 个分公司和办事机构，已与 80 多个国家和地区建立了业务关系。进出口总额从 3000 万美元起步已累计达到 41.1 亿美元，其中出口各种商用车、乘用车 4.3 万辆。

2. 公司体系

（1）一汽大众汽车有限公司

一汽大众公司位于吉林长春，成立于 1991 年，是中国第一汽车集团公司和德国大众汽车股份公司及奥迪汽车股份公司合资经营的大型轿车生产企业，是我国第一个按经济规模起步的现代轿车工业基地。

1995 年，奥迪公司从大众汽车公司手中购买了一汽大众汽车有限公司的 10% 股份，因此，一汽占 60% 的股份、大众占 30% 的股份、奥迪占 10% 的股份。

1991 年 12 月 5 日，第一辆捷达轿车（图 2-194）在一汽轿车厂下线。1996 年一汽大众公司全面建成投产；1997 年通过国家 15 万辆工程的验收；1998 年 4 月通过 ISO9001 质量体系认证。2004 年 12 月 7 日，一汽大众公司轿车二厂正式建成投产。

（2）天津一汽丰田汽车有限公司

天津一汽丰田汽车有限公司的前身是成立于 2000 年 6 月的天津丰田汽车有限公司。2002 年 8 月，一汽集团与丰田汽车公司签署了合作协议。

2002 年 10 月天津一汽丰田的第一款产品——威驰（图 2-195）顺利下线。2005 年 3 月 21 日，作为丰田品牌旗舰产品的皇冠轿车在第二工厂下线。

图 2-194　第一辆捷达轿车

图 2-195　一汽丰田威驰

（3）一汽轿车股份有限公司

一汽轿车股份有限公司是中国第一汽车集团的控股子公司，是中国轿车制造业首家股份制上市公司，由一汽集团公司主要从事红旗轿车整车及其配件生产的优质资产重组而成。主要业务为开发、制造和销售轿车及其配件。公司主导产品为红旗系列轿车及其补充型新产品。红旗系列轿车包括红旗旗舰、世纪星、明仕、红旗等系列。

(4) 一汽海马汽车有限公司

2004年2月，一汽集团、海马汽车集团与海南省政府达成框架协议，共同组建一汽海马汽车有限公司。

海马汽车从1991年推出首款HX6380两厢车以来，截止到2005年，共推出15个系列共27个品种。2001年5月18日，国内首款SMPV普力马（图2-196）推向市场。

(5) 一汽解放汽车有限公司

一汽解放汽车有限公司（简称“一汽解放公司”）成立于2003年1月18日，是中国第一汽车集团公司以原第一汽车制造厂主体专业厂为基础，按照“1、2、3、3”的核心竞争力标准（即一个开发中心，采购和销售两个网络，焊装、涂装和总装三大工艺，发动机、底盘、变速器三大总成），以一汽技术中心为技术依托重新组建的中重型载货汽车制造企业，是一汽集团公司的全资子公司。

图2-196　海马普力马

一汽解放公司的主导产品是解放品牌的中重型系列载货汽车。该系列产品现在具有从5t到30t级的普通载货汽车、自卸车、牵引车、半挂车、搅拌车、邮政车等500多个品种。解放品牌是一汽乃至中国汽车工业完全拥有知识产权和产品开发能力的民族第一品牌。

(6) 一汽客车有限公司

一汽客车有限公司根据市场经济原则，在原一汽集团公司客车底盘厂、无锡汽车厂和大连客车厂基础上进行资源整合，于2002年9月30日正式成立。

一汽客车有限公司秉承“第一客车、第一伙伴”的企业价值观以及“用户第一”的经营理念，每年都有数十种新产品投放市场，产品覆盖公交、长途客运、旅游、团体和专用客车，有五大系列、六大平台的百余个品种。公司所属的品牌有太湖、远征和解放。

3. 公司品牌与标志

(1) 一汽车标

第一汽车集团公司及生产的汽车商标（图2-197a）是由阿拉伯数字“1”和汉字“汽”两个字艺术化的组合，构成一只展翅翱翔在蔚蓝天空中的雄鹰。它同时也是第一汽车集团公司打印在零部件上的一个产品商标。该标志既代表不断进取、展翅高飞的中国一汽精神，又表达了中国汽车工业冲出国门、走向世界的决心。近年增加采用的“1”字车标（图2-197b）以椭圆形为基本型，代表全球和天穹，以“1”字为视觉中心，代表“第1”的特征。

出口的一汽载货汽车在其前面标有“FAW”字样，即英文“First Automobile Workshop”的第一个字母的缩写，意为第一汽车制造厂。

(2) 红旗品牌及车标

“红旗”是中国轿车品牌的第一金。1956年9月，全新的红旗CA770型轿车送到北京后，时任北京市长的彭真看到车上三面红旗的车标时说：“还是用象征毛泽东思想的一面红旗好。”后来请示上级，就把三面红旗的车标改为一面红旗（图2-198），象征着伟大的毛泽东思想。

a)　　b)

图 2-197　一汽车标

a）雄鹰车标　b）“1”字车标

图 2-198　红旗车标

进入 20 世纪 80 年代，红旗因为耗油量大、成本高、产量低而停产。在 20 多年里总共生产了 1540 辆。90 年代，一汽通过与国外公司合作，逐步开发了拥有全部知识产权的新型“小红旗”和豪华风格的“大红旗”等多个品种的系列产品，小红旗是自原有的红旗轿车停产以来的第一批红旗车。小红旗采用了奥迪 100 的底盘，外形也和奥迪 100 如出一辙，发动机采用了克莱斯勒的技术。

1998 年 10 月 18 日，红旗 98 新星轿车（后来叫红旗明仕）（图 2-199）投放市场，配置了改进的 4GE 发动机。此时的红旗车采用了毛主席手书的红旗标志，进气格栅中部使用了象征一汽集团的美术字“1”的金属标志，但已经看不到车翼和发动机舱盖上的红旗标志。

1998 年 11 月 10 日，一汽与美国福特公司联合开发的大红旗 CA7460 高级轿车（图 2-200）下线，之后发展为红旗的旗舰系列。旗舰系列使用了排量 4.6L 的 V 形 8 缸 462 型发动机，最大功率 198kW，是红旗品牌的最高级别车型。

图 2-199　红旗明仕

图 2-200　大红旗 CA7460 高级轿车

红旗车是接待外宾的礼仪用车，许多外国首脑访华时都乘坐红旗轿车。红旗品牌的价值在于她不仅是民族的，更是世界的。

（3）解放品牌及车标

“解放”是毛泽东主席亲自命名的我国第一个汽车品牌。新中国的汽车历史是从载货汽车开始的，第一辆解放牌载货汽车在 1956 年 7 月 15 日下线。解放车标（图 2-201）为毛主席为《解放日报》题词的“解放”二字。

（4）夏利品牌及车标

天津一汽夏利股份有限公司于 1986 年引进日本大发工业株式会社的技术开始生产夏利轿车。夏利车标最早是在散热器格栅中央镶嵌“夏利”两字。1997 年开始采用形似高速公路的新商标（图 2-202），表示夏利车既是受大众欢迎的节油车，又是能在高速公路上与其他汽车竞争的优质车，喻示了夏利汽车前程远大。

图 2-201 解放车标　　　　图 2-202 夏利车标

（二）东风汽车集团及其车标

1. 概述

东风汽车公司创立于 1969 年，是中国政府明确重点支持的汽车行业三大集团之一。东风汽车取名于毛泽东的“不是西风压倒东风，就是东风压倒西风”。

东风汽车公司的前身是第二汽车制造厂。当时出于战备的考虑，厂址选定在十堰市，工厂布局也皆因战略需要而定。经过多年艰苦不懈的奋斗，在国家直接投资 16.7 亿元的基础上，相继建成了十堰（主要以中、重型商用车、零部件、汽车装备为主）、襄樊（以轻型商用车、乘用车为主）和武汉（以乘用车为主）三大基地，联合发展了云、柳、杭等企业，制造基地分布上海浦东和广州、惠州、深圳等地。1992 年改名为东风汽车集团，公司产品覆盖重、中、轻、轿等宽系列。

进入 21 世纪以来，东风公司积极推进与跨国公司的战略合作，先后扩大和提升与法国标致-雪铁龙集团的合作；与日产公司进行全面合资重组；与本田公司拓展合作领域；整合重组了江苏悦达-起亚公司等。东风汽车公司拥有“东风”自主汽车品牌。

2. 公司体系

第一层次：国有独资公司东风汽车公司。

第二层次：一部分是由国有独资的东风汽车公司与国家金融资产管理公司按一定比例组建成立的东风汽车工业投资有限公司，它作为母公司代表国有资产出资人，行使战略决策、资本运营、跨国合作和多元化经营等重大职能；一部分是由东风汽车公司、江苏悦达集团和韩国现代起亚以一定比例共同组建的东风悦达-起亚汽车有限公司，是一个经营性实体。

第三层次：东风汽车工业投资有限公司下属的各经营子公司和辅业资产。其中，经营子公司主要包括东风与日产合资组建的东风汽车有限公司、东风与雪铁龙合资组建的神龙汽车有限公司、东风本田发动机/零部件公司和东风朝阳柴油机公司、东风电动车公司、东风越野汽车公司、东风农用车公司、东风云南汽车公司等其他子公司。辅业资产包括十堰管理部和襄樊管理部。

第四层次：东风、日产合资组建的东风汽车有限公司旗下的乘用车部、商用车部、零部件事业部和装备事业部等。

（1）东风汽车有限公司

2003 年 6 月 9 日，由东风汽车公司与日产汽车公司合资组建的东风汽车有限公司正式成立，并于 2003 年 7 月 1 日正式运营。

东风汽车有限公司是国内首家拥有全系列乘用车、商用车产品的中外合资汽车企业。它的乘用车采用“日产”品牌，而商用车则主要采用“东风”品牌。

（2）东风汽车有限公司商用车公司

东风汽车有限公司商用车公司，作为东风汽车公司和日产汽车公司的合资企业——东风汽车有限公司的分支机构，是由东风汽车公司载货汽车公司的主要部分和东风柳州汽车公司、东风新疆汽车公司、东风杭州汽车公司、东风日产汽车公司、东风创普专用汽车厂、东风惠州汽车公司、深圳东风汽车公司、湖北神力锻造有限公司、湖南东风汽车销售服务联合公司等重组而成的。产品覆盖载货汽车、客车、底盘、专用车、越野汽车、发动机、驾驶室及关键零部件，是我国规模最大的载货汽车工业基地之一。

东风品牌系列产品包括东风越野汽车、东风中重型载货汽车、东风轻型载货汽车、东风重型载货汽车及东风客车。

（3）东风汽车有限公司乘用车公司

2003 年 6 月 16 日，在原风神项目基础上，东风汽车有限公司成立了东风日产乘用车公司，总部位于广州花都，成为东风乘用车公司的主要生产基地、研发中心和管理总部。东风日产乘用车公司拥有花都和襄樊两个工厂，年生产能力为 25 万辆。

东风日产乘用车公司车型系列包括蓝鸟（Bluebird）、轩逸（Bluebird Sylphy，图 2-203）、奇骏（X-Trail，图 2-204）、阳光（Sunny）、天籁（Teana）、逍客（Qashqai）、骐达（Tiida）、骊威（Livina）、骏逸（Geniss）等。

图 2-203　东风日产轩逸

图 2-204　东风日产奇骏

（4）神龙汽车有限公司

神龙汽车有限公司是中国东风汽车公司与法国标致雪铁龙集团等股东合资兴建的轿车生产经营企业，总部位于湖北武汉，成立于 1992 年 5 月。设计建设规模为年产 30 万辆轿车、40 万台发动机。

神龙公司下设一个工业事业部（包括技术中心）、两个商务部（东风标致商务部、东风雪铁龙商务部），分别在武汉、襄樊两地建有工厂。

进入 21 世纪，东风汽车公司与法国标致雪铁龙集团提升合作层次，扩大合作范围，成立技术中心，引进两个全新的生产共用平台，全面导入东风标致、东风雪铁龙两个品牌的系列产品，使神龙公司从确立打造“中国家轿第一品牌”顺利过渡到实施“双品牌”的经营战略。

（5）东风汽车股份有限公司

东风汽车股份有限公司是由东风汽车公司独家发起，采用公开募集方式设立的股份有限公司，现拥有轻型车厂、柴油发动机厂、铸造厂和东风康明斯发动机有限公司 50% 的股权，主要从事东风系列轻型汽车、东风康明斯系列柴油发动机的开发、设计、制造和销售业务。

（6）东风悦达-起亚汽车有限公司

东风悦达-起亚（图 2-205）汽车有限公司系由东风汽车公司、江苏悦达投资股份有限公司、韩国起亚自动车株式会社按 25%、25%、50% 的股权结构共同组建的中外合资轿车制造企业，注册资本 7000 万美元。现已建成冲压、焊装、涂装、总装、检测等先进工艺生产线，具备年产 5 万辆经济型车的生产能力。

（7）东风本田汽车有限公司

2003 年 7 月 16 日，与日本本田技研工业株式会社通过改组、改造原武汉万通汽车有限公司组建东风本田（图 2-206）汽车有限公司。合作项目主要有两项：

图 2-205　东风悦达-起亚车标　　图 2-206　东风本田车标

① 20 世纪 90 年代建立的东风本田发动机合资公司，为广汽本田汽车公司配套。

② 东风与广汽集团、本田三方合资建设轿车出口基地。

（8）东风康明斯发动机有限公司

2003 年 2 月，东风汽车股份有限公司与美国康明斯公司签订扩大合作合同，把东风汽车下属的柴油发动机分公司与康明斯独资拥有的发动机加工公司和康明斯 C 系列柴油机合资生产厂（东风康明斯发动机有限公司）重组合并，成立新的东风康明斯发动机有限公司，注册资本 1 亿美元，双方各占 50% 股份。该公司是目前中国规模最大、技术最先进的大型柴油机生产基地。

（9）东风电动车辆有限公司

东风公司从 1992 年即着手电动汽车的研发。1996 年 5 月完成第一轮样车设计、试制和调试工作。1996 年又试制出第二辆电动中巴车。1998 年完成第三轮两辆电动中巴车试制。1999 年初完成 3000km 试验磨合和道路试验，整车主要性能达到了设计任务书和有关法规要求，电驱动系统性能稳定，可靠性良好。1999 年底通过东风公司验收鉴定。

电动中巴车的研制成功，促进了电动轿车（概念车）的研制。1998 年初，东风与意大利 IDEA 公司合作，1999 年由意大利 IDEA 公司按合同完成造型设计，于 2000 年装配第一辆电动轿车概念车在北京市通县试车场进行性能测试。2000 年 12 月，一次性通过国家验收。2002 年，成立东风电动车辆有限公司，开始电动和混合动力汽车生产。

3. 公司品牌及车标

东风汽车公司的车标（图 2-207），是以艺术变形的手法，取燕子凌空飞翔时的剪形尾翼作为图案基础，含义是双燕舞东风。东风汽车公司原名为第二汽车制造厂，二汽的“二”字寓意于双燕之中。外圆代表车轮，象征着东风牌汽车车轮不停地旋转。东风品牌承载着我国载货汽车的发展历史。

图 2-207　东风车标

（三）上海汽车工业（集团）总公司

1. 概述

上海汽车工业集团总公司简称上汽集团，是中国汽车工业具有代表性的大型企业集团之一。2004 年 7 月 12 日，上汽集团以上一年度合并销售收入 117 亿美元的业绩，首次跻身《财富》杂志世界 500 强企业行列。它主要生产轿车、摩托车、载货汽车、拖拉机、大型客车等整车及其零配件。

2. 公司体系

2004 年 11 月，上海汽车工业集团总公司将其与汽车产业链相关的资产和业务剥离，发起成立上海汽车集团股份有限公司，简称上汽集团股份，其下属企业包括：

① 整车企业：上海大众汽车有限公司、上海通用汽车有限公司、上海通用五菱汽车股份有限公司、上海申沃客车有限公司、上海汇众汽车制造有限公司、上海幸福摩托车总厂、上海纽和兰农用机械有限公司、上海彭浦机器厂有限公司。

② 上市企业：上海汽车股份有限公司（上汽股份仪征汽车分公司、上汽股份汽齿总厂、中国弹簧厂、上海粉末冶金厂、上海贝洱热系统有限公司）、韩国双龙汽车（上海）有限公司。

③ 零部件企业：上海拖拉机内燃机公司、上海干通汽车附件有限公司、上海莱埃孚转向机有限公司、申雅密封件有限公司、上海汽车制动系统有限公司、延峰伟世通汽车饰件系统有限公司、上海皮尔伯格有色零部件有限公司、上海圣德曼铸造有限公司、上海法雷奥汽车电器系统有限公司、华东泰克西汽车铸造有限公司、上海实业交通电器有限公司、上海萨克斯动力总成部件系统有限公司、上海科尔本施密特活塞有限公司、联合汽车电子有限公司、上海上汽汽车模具技术应用有限公司、上海蒂原模具有限公司、上海汽车锻造总厂、上海小糸车灯有限公司、大众汽车变速器（上海）有限公司。

④ 服务贸易：上海汽车集团股份公司海外公司、上海汽车集团财务有限责任公司、上海汽车信息产业投资有限公司、上海汽车进出口公司、上海汽车工业销售总公司。

⑤ 研发：泛亚汽车技术中心有限公司、上海内燃机研究所、上海燃料电池汽车动力系统有限公司、上海汽车工业培训中心、上汽汽车工程研究所。

3. 上汽集团产品系列

（1）上海大众汽车有限公司

上海大众（图 2-208）汽车有限公司（简称“上海大众”）是中德合资的轿车生产企业，成立于 1985 年 3 月。

上海大众位于上海西北郊安亭国际汽车城，是中国目前生产规模最大、市场保有量最多的现代化轿车生产基地，年产量超过 45 万辆，产品已由最初的桑塔纳（Santana）系列发展到了今天包括桑塔纳 3000、帕萨特（Passat）、波罗（Polo）、高尔（Gol）在内的四大平台几十个品种。

图 2-208　上海大众车标

桑塔纳不是一个自主品牌，但是却代表了我国轿车工业发展一个时代的缩影。从最初成立时年产 1700 辆到年产 30 万辆，从最初 3 万辆生产纲领到现在 40 万辆的生产规模，从最初的单一品种到现在四大平台（桑塔纳、帕萨特、波罗、高尔）几十个系列、上百个车型，从最初国产化率不到 3% 到现在国产化率 90% 以上，上海大众已成为目前国内规模最大、车型品种最多、服务网络最全、效益最好的轿车生产基地。迄今为止桑塔纳成了中国轿车第一大品牌，保有量超过200万辆，服务维修网络遍布天涯海角。

（2）上海通用汽车公司

上海通用汽车有限公司成立于1997年6月12日，由上海汽车工业集团总公司、通用汽车公司各出资50%组建而成。

上海通用汽车公司的产品系列包括别克、赛欧、君威、凯越等几十个车型，既有家用型轿车又有中高档商务用车。目前拥有金桥、上海通用东岳动力总成（烟台）、上海通用北盛汽车（沈阳）三大生产基地。

上海通用汽车公司标志（图2-209）是“上海”拼音的第一个字母大S从椭圆形中穿过，在S的中部为通用汽车公司的标志，表示上海通用汽车公司是由上海汽车工业总公司与美国通用汽车公司双方合作而成的。

（3）上汽通用五菱汽车有限公司

2002年11月18日正式挂牌成立的上汽通用五菱汽车股份有限公司，是由上海汽车集团股份有限公司、通用汽车（中国）公司、柳州五菱汽车有限责任公司三方共同组建的大型中外合资汽车公司，其中上汽集团占有股份50.1%，通用中国占有34%，柳州五菱汽车有限公司占有15.9%。公司位于广西柳州市西郊。

图2-209　上海通用车标

上汽通用五菱汽车股份有限公司的前身为柳州五菱汽车股份有限公司，历史可以追溯到1958年成立的柳州动力机械厂。公司自1981年开始生产微型轿车，目前产品包括微型商务用车、微型厢式客车、微型双排货车、微型单排货车、微型乘用车等五大系列共210个品种车型。2003年12月，上汽通用五菱开始生产雪佛兰SPARK微型轿车，这也是首次在国内生产雪佛兰品牌的轿车。上汽通用五菱自主设计开发的微型商用车“五菱之光”（图2-210），是中国微车历史上市场成长最快的车型。

柳州五菱汽车有限公司的标志（图2-211）由五个鲜红的菱形组成，形似鲲鹏展翅、雄鹰翱翔，有上升、腾举之势，象征着五菱的事业不断发展。

图2-210　五菱之光

图2-211　五菱车标

（四）中国其他汽车公司

中国汽车工业经过几年的兼并重组，已形成一批实力较强的大型企业集团。除一汽、二汽、上汽以外，位居前10位的企业还包括南汽、北京吉普、广汽本田、长安汽车、吉利集团、奇瑞集团、北京现代。另外，比亚迪汽车公司因其在电动汽车自主研发方面的优势也有一定的影响力。

（1）南京汽车集团有限公司

南京汽车集团有限公司（简称“南汽”）曾为中国第四大汽车集团，不过现在的地位迅速下滑，并且多次徘徊在亏损线上，正面临着日渐边缘化的危险。

南京汽车集团有限公司资产总额为 120 亿元，拥有 4 家全资子公司，25 家控股子公司（其中 7 家中外合资），13 家参股公司（其中 2 家中外合资），400 余家关联企业。公司目前拥有四大整车生产基地，生产跃进、南京依维柯、南京菲亚特、南京新雅途四大品牌系列 400 多个品种的汽车，年综合生产能力 20 万辆，至 2005 年底已累计生产汽车 150 万辆。除整车厂外，还拥有铸、锻、装备和汽车零部件企业，7 个专业研究所以及技术中心、国家级汽车质量监督检验鉴定试验所。公司在三大系列汽车平台的基础上，拓展了农用车、专用车、改装车、特种车、越野车等品种，形成多品种、宽系列的产品格局。

1958 年 3 月 10 日南汽成功地制造出我国第一辆轻型载货汽车，国家命名为“跃进牌”汽车（图 2-212）。跃进汽车的标志（图 2-213）中的椭圆代表地球，斜线表示跃进汽车“四通八达”，也意味着跃进汽车“更快、更高、更强、更新”。

图 2-212　跃进汽车

图 2-213　跃进车标

南京汽车集团有限公司无锡新雅途分公司是南京汽车集团有限公司继跃进轻型汽车有限公司、南京依维柯汽车有限公司、南京菲亚特汽车有限公司之后组建的第四个整车生产基地，也是第二个轿车生产基地。新雅途公司现拥有新雅途（图 2-214、图 2-215）轿车和优尼柯系列专用车两大汽车品牌。这两款汽车技术完整源自西班牙西亚特旗下最具代表性的伊比萨（Ibiza）车型。为了保证纯正的欧洲血统和一流品质，南汽集团花巨资引进了该款车型的整套生产线、全套模具及整车产品技术，通过技术人员的科技攻关，各项指标均超越了欧洲级的技术水平。

图 2-214　新雅途车标

图 2-215　南汽新雅途

（2）北京吉普汽车有限公司

北京吉普汽车有限公司是中国汽车行业开业最早的中外合资企业，主要生产轻型越野汽车，也有轿车产品，年产量不超过35万辆。

课外史话：美国人对吉普公司的态度是既要扶持又要控制。切诺基对中国来说是一个高档车型，市场有限。中国人提出发展出口，美国人不理睬；中国人要求开放右置方向盘切诺基市场，美国人没有答应；中国人多次要求改进产品设计，以适应中国市场的特点，也被美国人拒绝了；在开发二代产品的问题上，克莱斯勒也态度消极。这一切，最终导致北京吉普从辉煌走向衰落。

2003年9月8日，北京汽车工业控股有限责任公司与戴姆勒-克莱斯勒股份公司开始了战略合作，合作项目包括对北京吉普公司进行重组，生产奔驰E级与C级轿车，实现了从一个专业生产越野汽车和SUV的汽车企业向同时生产越野汽车、SUV和高档轿车的跨越。

北京吉普的车标（图2-216）由图形和文字两部分组成。图形部分突出“北”字，表示“北京”。文字部分“BJC”表示公司名北京吉普汽车有限公司。图案又像一条向前延伸的路，还像高山峻岭，意为北京吉普汽车适合任何道路行驶，路在车下，勇往直前。

图2-216 北京吉普车标

北京吉普是我国唯一拥有自主知识产权的越野汽车品牌。在新中国汽车工业史上，红旗、上海轿车和北京吉普车都有过浓墨淡彩的一笔。红旗和上海轿车分别是高档和中档轿车，而北京吉普既是低档轿车的代替产品，同时也是多功能越野汽车，除公务车的角色之外，还承担军事、警务和科考用车的使命。

四轮驱动的北京吉普BJ212是中国第一代越野车，完全由中国人设计、制造，也是国产汽车中生产历史最长的车款之一。它正式投产于1966年，从新中国第一代领导人毛泽东主席乘敞篷“212”检阅红卫兵至今，土生土长的“212”已谱写了30多年畅销不衰的神话。

我国第一代BJ212采用软顶可拆式车身和高底盘设计，它借鉴了苏联伏尔加车桥技术，并受美国吉普外观的启示，由北京汽车制造厂自行开发设计制造。该车坚固耐用，价格低廉，维修简便，越野性能良好。在20世纪60年代至80年代的十几年间，BJ212那一身“绿军装”遍布全国。

北京吉普作为中国第一越野汽车品牌是当之无愧的，长达30年的垄断性生产，无论从品牌的树立还是服务体系的建立，都使后来者望尘莫及，然而面对今天SUV的市场竞争，它却代表落后。

（3）广州本田汽车有限公司

广州本田汽车有限公司由广州汽车集团公司和本田技研株式会社按50:50的股比合资建设和经营，于1998年7月1日正式挂牌成立，合作年限为30年。广州本田于2004年11月在增城市建立第二工厂，占地面积100万m^2。通过建立第二工厂，更快更好地满足了市场及广大顾客的需求。

广州本田成立以来，产销量实现一年上一个新台阶。2004年，在激烈的市场竞争中，广州本田顺利实现20.2万辆的产销目标。2005年，广州本田累计产销轿车23万台，比2004年增长13.9%，在国产乘用车市场占有率为7.4%。

目前广州本田拥有研究开发中心、排放试验室等强大技术研发力量和冲压、焊接、注射、涂装、总装、整车检测等先进工艺生产车间，以及物流配送中心、综合培训中心等辅助设施。

广州本田凭借强大而先进的国际生产工艺和技术设备，诠释对汽车制造的独到见解，为产品的卓越品质提供了强有力的技术保障。在引进世界最新科技的同时，技术研究开发中心还根据中国的道路状况以及用户的驾乘习惯和审美品位，进行技术调整和再创新。

广州本田产品有雅阁轿车、新一代奥德赛多功能轿车、锋范三厢轿车和飞度两厢轿车。

（4）长安汽车（集团）有限责任公司

长安汽车（集团）有限责任公司创建于1995年，由原长安机器制造厂和江陵机器厂合并而成，总部位于重庆长江和嘉陵江两江汇合处，下辖重庆长安汽车股份有限公司、长安铃木汽车有限公司、长安福特马自达汽车有限公司、长安福特马自达南京公司、长安福特马自达发动机公司、南京长安汽车有限公司、河北长安汽车有限公司、河北保定客车有限公司、重庆长安跨越车辆有限公司、江西江铃控股有限公司、长安金陵零部件有限公司、长安地产有限公司等十余家公司。产业涉及整车、发动机、零部件、房地产等领域，地跨西南（重庆）、华中（江西）、华东（江苏）、华北（河北）四地，汽车年生产能力达100万辆，年发动机生产能力100万台。

长安汽车集团的前身是于1862年由清朝大臣李鸿章创办的上海洋炮局，先后经上海、苏州、南京再迁移至重庆，距今已有140年的历史，是中国近代史上第一家工业企业，也是中国最早的兵工厂，现在仍然为国家常规兵器重点科研、试制、生产基地。公司于1984年引进日本铃木微型汽车技术，开发生产微型汽车及微车发动机，是全国最大的微型汽车及发动机生产厂家。经过多年的发展，创立了一代名车“长安”牌微型汽车和名机“江陵”牌发动机。

长安汽车的标志（图2-217）以天体椭圆运行轨迹为基础，捕捉“长安”汉语拼音“CHANG AN”中“C”、“A”两个关键发音字母作为其造型设计的基本元素，经过抽象、组合、变形而成一个永恒运行的天体、一个攀升的箭头、一个精致的转向盘，又如一辆轻巧的汽车奔驰于阡陌纵横的公路之上。英文“CHANA”是长安汉字拼音的高度凝练，该字体是在黑体字基础上经过修饰、设计和手工绘制而成的，其造型稳重、遒劲、优美，与图形标志一脉相承，最能和谐地表达出长安企业的品牌特征。

图2-217　长安车标

长安铃木汽车有限公司是长安汽车股份有限公司与日本铃木株式会社、日商岩井株式会社共同投资，于1993年5月在重庆市注册成立的中外合资公司，公司主要制造和销售长安奥拓牌微型轿车。

（5）吉利控股集团有限公司

吉利控股集团有限公司总部设在浙江省杭州市，是一家以汽车及汽车零部件生产经营为主要产业的大型民营企业集团，始建于1986年，其前身是位于浙江省台州市路桥区的黄岩县制冷元件厂。吉利最初生产摩托车，1997年进入汽车制造领域，凭借灵活的经营机制和不断的观念创新，快速成长为中国经济型轿车的主力品牌，2003年企业经营规模列全国500强第331位，跻身中国国内汽车制造企业“3＋6”主流格局。集团现拥有临海、宁波、台州、上海四大整车制造基地，下设浙江吉利国润、豪情，上海华普国润三个汽车整车制造公司；发动机制造公司；变速器制造公司；吉利汽车研究院；吉利、华普、美人豹、上海吉利美嘉峰国际贸易股份有限公司四个销售公司；吉利汽车全天候服务公司。

吉利汽车公司旗下拥有美人豹、豪情、华普、自由舰等自主汽车品牌。

豪情是吉利集团推出的第一款车型，它以低价为优势占领市场。2004 年经济型豪情亮星售价跌破 3 万元，创下了中国经济型轿车低价位的标杆。美人豹是我国拥有自主知识产权的第一款跑车。

1999 年 8 月宁波整车制造基地开始筹建，2000 年 5 月 17 日正式投产，主要生产车型有美日系列、优利欧，同时也生产发动机 MR479Q 系列。2002 年 8 月吉利并购了上海杰士达汽车集团公司，形成上海华普整车制造基地，主要生产车型为华普系列。

2002 年 8 月 28 日台州整车制造基地开始筹建，主要生产车型为德国瑞克公司设计的新一代轿车美人豹。2003 年 11 月 28 日美人豹正式上市，这是中国第一辆具有完全自主知识产权的都市跑车，获得“中国工业设计创新特别奖”，并被中国国家博物馆永久收藏与展示。

在 2003 年第四届西湖国际博览会国际车展上，吉利又推出了中国第一辆初级方程式——吉利纵横方程式赛车（F1400）。这是第一台中国人自行研制的方程式赛车，它的诞生是中国赛车制造史上零的突破，翻开了中国汽车工业史的新篇章。

图 2-218　李书福

2002 年集团董事长李书福（图 2-218）登上了“中国汽车界风云人物”榜首。2003 年，董事长李书福被评为“中国汽车工业 50 年 50 位最有影响的人物”之一、“十大民营企业家”，并当选为全国第十届政协委员。

图 2-219　吉利车标

吉利汽车集团标志（图 2-219）为椭圆形。椭圆象征地球，表示面向世界、走向国际化；椭圆在动态中是最稳定的，喻示吉利的事业稳如磐石。“六个六”有多重含义：象征太阳的光芒。“六六大顺”祝愿如意、吉祥；吉利一步一个台阶，不断超越，发展无止境；发展民族工业，走向世界，是吉利不舍不弃的追求；内圈蔚蓝象征广阔的天空，超越无止境，发展无止境；外圈深蓝象征无垠的宇宙，超越无限，空间无限。

课外史话：当年吉利提出要造汽车时，几乎没有人相信，认为李书福和吉利肯定是疯了。现在，吉利不仅造出了车，拿到了轿车生产许可证，而且至 2006 年底已经卖出了 16 万多辆。吉利不仅能造车，还能造好车。吉利看到了“百姓用车”巨大的市场潜力。可以不夸张地说，正是因为有吉利等企业向传统禁区的不断挑战，才使中国老百姓提前几年进入了汽车消费时代，感受自我驾乘的乐趣，为汽车这个高档消费品走进大众作出了不可磨灭的贡献。

（6）奇瑞汽车有限公司

奇瑞汽车有限公司成立于 1997 年，前身是安徽汽车零部件公司，已具备年产 30 万台发动机和 10 万辆整车的生产能力。

奇瑞汽车公司主要产品有风云、旗云、QQ、东方之子、瑞虎等 5 种车型。2006 年年初，风云和旗云整合为新旗云。

2003 年奇瑞推出“东方之子”，作为进军公商务用车市场的利器。同年 8 月，奇瑞又推出了奇瑞旗云系列轿车，同时产销首次突破一万辆。奇瑞 QQ 更是创造了单一品牌微型轿车 6 个月 2.8 万台的销售记录，QQ 开始成为微型轿车的主力车型。2006 年 3 月，奇瑞 50 万辆轿车驶下总装生产线。

奇瑞的英文名称是 Chery，来源于英语单词 Cheery。“奇”在中文里有“特别”之意，“瑞”有“吉祥如意”之意，合起来是“特别吉祥如意”的意思。

图 2-220　奇瑞车标

奇瑞汽车标志（图 2-220）的整体是英文字母 CAC 的一种艺术化变形；CAC 即英文 CHERY AUTOMOBILE CORPORATION LIMITED 的缩写，中文意为奇瑞汽车有限公司；标志中间 A 为一变体的“人”字，预示着公司以人为本的经营理念；徽标两边的 C 字向上环绕，如同人的两个臂膀，象征着一种团结和力量，环绕成地球形的椭圆状；中间的 A 在椭圆上方的断开处向上延伸，寓意奇瑞公司发展无穷；整个标志又是 W 和 H 两个字母的交叉变形设计，为“芜湖”一词的汉语拼音的声母，表示公司的生产制造地在芜湖市。整个图形类似一只牛头，表示对内团结一致，生产出好产品，为用户提供好的服务，对外勇于开拓新市场。

图 2-221　尹同耀

奇瑞公司的老总尹同耀（图 2-221）被评为 2005 CCTV 中国经济年度人物。

（7）北京现代汽车有限公司

北京现代汽车有限公司是由北京汽车投资有限公司和韩国现代自动车株式会社于 2002 年 10 月投资创办的，中外合资双方各占 50% 的股份。2004 年 9 月第 4 万辆索纳塔（图 2-222）轿车下线。

北京现代车标（图 2-223）同韩国现代车标一样，是在椭圆中采用斜体字“H”。

图 2-222　北京现代索纳塔

图 2-223　北京现代车标

（8）比亚迪汽车有限公司

比亚迪汽车有限公司是比亚迪股份有限公司的子公司。比亚迪股份有限公司创立于 1995 年，开始把目光投向技术含量最高、利润也最丰厚的电芯生产，到 2003 年成为全球第二大充电电池制造商，同年收购原秦川汽车有限责任公司，组建比亚迪汽车有限公司，成为国内第一家独立收购轿车整车厂的民营企业。

比亚迪车标（图 2-224）来源于比亚迪电子公司名称。比亚迪以不断满足客户的需求为导向，依托企业强大的技术和资金实力，

图 2-224　比亚迪车标

充分发挥中国制造业要素资源优势，同时以不断的科技创新为手段，大量吸收国际先进技术，实现企业整体的迅速发展。

“福莱尔”微型轿车是西安秦川汽车有限责任公司的自主品牌，2003 年被比亚迪收购。其英文原名为“Flyer”，意为飞天。

图 2-225　比亚迪铁电池 ET-Power

“ET-Power”（图 2-225）是以比亚迪在电池领域里的最新发明“铁电池”为核心技术支持的新汽车动力体系。ET-Power 也即“铁动力”。E 表示环保和电力（Environment 和 Electric 的首字母），T 则表示技术（Technology），Power 则表示动力和能量的意思。铁电池的制作成本远远低于锂电池，而且其安全性能和充电速度有了大幅度保障和提高。这也是出身于电池制造业的比亚迪公司的突破性成果。世界上第一款铁动力电池 ET-Power 的环保轿车是 F3。

（9）华晨中国汽车控股有限公司

华晨中国汽车控股有限公司（简称“华晨汽车公司”）是中国第一家海外上市公司。1992 年 10 月，华晨汽车公司在美国纽约股票交易所挂牌上市。

华晨汽车公司旗下拥有两个整车品牌、三大整车产品。两个整车品牌即华晨金杯汽车有限公司生产的“中华”和“金杯”系列。中华车标（图 2-226）是中字外加圆环，象征中华牌轿车跻身世界级轿车之列；金杯车标（图 2-227）是一块镶嵌奖杯的盾牌，象征着实力和成就。

图 2-226　中华车标

图 2-227　金杯车标

（10）哈飞汽车股份有限公司

哈飞汽车股份有限公司（简称“哈飞”）是哈尔滨航空工业（集团）有限公司控股的子公司，是中国汽车大型骨干生产企业和研发基地，是经国家批准成立的中外合资股份制企业，主要从事哈飞系列汽车的开发、生产、销售及各类零配件的经营。

目前哈飞的主要产品有轿车、微型客车、厢式货车、单排座及双排座微型货车共计五大系列 130 多个品种。

哈飞旗下拥有哈飞路宝（图 2-228）、赛马（图 2-229）、赛豹等自主轿车品牌，以及民意、中意、锐意等自主微型面包车和货车品牌。

哈飞车标（图 2-230）是在倒钻石形中蜿蜒涌动的松花江，寓意公司的事业如松花江水滚滚向前，永远长流。

图 2-228　哈飞路宝

图 2-229　哈飞赛马

图 2-230　哈飞车标

第五节　韩国汽车

（一）现代汽车公司

1. 概述

现代（Hyundai）汽车公司是韩国第一大汽车公司，成立于1967年12月，创始人郑周永，公司总部设在韩国首尔。

1976年，现代生产的小马（Pony）牌小轿车（图2-231）下线，意味着现代不断走向成熟。20世纪80年代后，现代汽车公司垄断了韩国市场。1998年，韩国现代汽车公司并购了韩国起亚（KIA）汽车公司。

现代汽车公司拥有小马（Pony）、伊兰特（Elantra）、索纳塔（Sonata）、雅绅特（Accent）、特杰（Trajet）、君爵（Grandeur）、酷派（Coupe，图2-232）等汽车品牌。

图2-231　1976年生产的Pony牌轿车

图2-232　韩国现代酷派跑车

2. 公司及汽车车标

现代车标（图2-233）为现代汽车公司英文拼音HYUNDAI的第一个字母H，其在椭圆中采用斜体H，以便与日本本田商标区别开来。车标体现了腾飞的现代汽车公司这一概念，还象征了现代汽车公司在和谐与稳定中发展。车标中的椭圆既代表了汽车的转向盘，又可以看做是地球，与其间的“H”结合在一起恰好象征现代汽车遍布全球。

图2-233　现代车标

（二）大宇汽车公司

1. 概述

大宇（Daewoo）汽车公司是韩国第二大汽车生产企业。1967年，金宇中（图2-234）创建了新韩公司，后改为新进公司，1983年改名为大宇汽车公司。总部设在首尔，主要产品为轿车和货车。

图2-234　金宇中

大宇汽车公司拥有蓝龙（Lanos）、典雅（Leganza，图2-235）、雷佐（Rezzo）、马蒂兹（Matiz）和美男爵（Magnus）等汽车品牌。

2. 公司及汽车车标

大宇汽车公司及其生产的汽车使用形似地球和正在开放的花朵作为标志（图2-236）。它像高速公路大“动脉”向未来无限延伸，表示大宇的未来和发展意志；椭圆形代表世界；向上展开的花朵，体现了大宇家族的创造力和挑战精神。

图 2-235 大宇典雅

图 2-236 大宇车标

（三）起亚汽车公司

1. 概述

起亚（KIA）汽车公司成立于1944年12月，是韩国最早的汽车制造商，主要生产自行车及其零部件，从1960年开始生产摩托车和三轮货车，1971年开始生产四轮汽车，1973年率先在韩国生产汽油发动机。

起亚集团有两个汽车公司，其中起亚汽车（Kia Motors）公司具有100万辆年生产能力，生产各种轿车和小型货车；亚细亚汽车（Asia Motors）公司具有20万辆的年生产能力，主要生产各种大中型客车、货车及各种特种车辆。

目前起亚汽车公司拥有佳乐（Carens）、嘉华（Carnival）、欧菲莱斯（Opirus）、锐欧（Rio）、赛菲亚（Sephia）、秀马（Shuma）和普莱特（Pride）等汽车品牌。

2. 公司及汽车车标

起亚车标（图2-237）是英文“KIA”，形似一只飞鹰，象征公司如腾空飞翔的雄鹰。

图 2-237 起亚车标

【知识链接】

世界汽车城

1. 美国底特律：通用、福特和克莱斯勒三大汽车公司总部所在地，美国第五大城市。美国四分之一的汽车产于这里。全城440万人口中约有90%的人靠汽车工业为生。

2. 日本丰田市：此城原名爱知县，因丰田公司建于此而闻名于世，绰号“东洋底特律”。全城从业人员均服务于丰田汽车公司，年满20岁的职工即可分到一辆丰田汽车。丰田市的出口港是名古屋，建有世界第一的、最高容量为5万辆的丰田汽车专用码头。

3. 德国斯图加特：著名的戴姆勒-奔驰汽车公司所在地。全城人口60万，每年要接待14万来自世界各地的汽车用户和汽车商。

4. 意大利都灵：意大利最大汽车集团菲亚特公司总部所在地。全城人口120万，其中30多万人从事汽车工业，每年生产的汽车占意大利总产量的75%。

5. 德国沃尔夫斯堡：大众汽车公司所在地。

6. 日本东京：日产、三菱和五十铃汽车公司所在地。

7. 法国巴黎：标致和雪铁龙汽车公司所在地。

8. 美国伯明翰：利兰汽车公司所在地。

9. 德国吕塞尔海姆：欧宝汽车公司所在地。

10. 法国比杨古：雷诺汽车公司所在地。

本章小结

本章详细介绍了日本车系、美国车系、欧洲车系、中国车系及韩国车系的发展概况，以及世界著名汽车公司的汽车品牌及其车标的丰富内涵。

【思考与习题】

1. 日本最大的汽车公司是哪家？由谁创建？日本“汽车之父”是指谁？
2. 美国最早的汽车公司是哪家？何时、何人创建？
3. 通用汽车公司拥有哪些品牌？各车标代表什么含义？
4. 福特车标有什么特点和含义？
5. 戴姆勒汽车公司生产的轿车为什么称为“梅赛德斯”轿车？
6. 宝马车标为什么采用蓝天白云螺旋桨？
7. 大众汽车公司生产的第一辆车叫什么名字？由谁设计而成？
8. 保时捷汽车公司主要生产哪些类型的汽车？其车标有何含义？
9. 法国标致雪铁龙汽车集团有哪些品牌？各产品的车标代表什么含义？
10. 莲花汽车公司的创始人是谁？其车标有何含义？
11. 法拉利汽车公司主要生产什么类型的汽车？为什么选择“跃马”作为车标？
12. 沃尔沃轿车以什么而著称？其车标含义是什么？
13. 中国汽车自主品牌有哪些？各车标具体代表什么含义？
14. 华晨汽车公司有几种汽车品牌？其车标有何含义？
15. 韩国主要有哪些汽车品牌？各车标代表什么含义？

第三章　汽车结构原理

【学习目标】

1. 掌握汽车的总体结构和组成。
2. 了解发动机的类型。
3. 认识发动机两大机构五大系统的基本结构与原理。
4. 掌握汽车底盘传动系统、行驶系统、转向系统、制动系统的功用。
5. 认识传动系统、行驶系统、转向系统、制动系统的基本结构与原理。

第一节　汽车的总体构造

现代汽车一般都是由发动机、底盘、车身、电气设备等四部分组成的。图 3-1 所示为典型轿车的总体构造。

发动机是汽车的动力装置。其作用是使燃料燃烧产生动力，然后通过底盘的传动系统驱动车轮使汽车行驶。发动机分为往复式活塞发动机和回转式活塞发动机两种，现代汽车广泛采用往复式活塞内燃机。它一般由机体、曲柄连杆机构、配气机构、供给系统、冷却系统、润滑系统、点火系统（汽油发动机采用）、起动系统等部分组成。

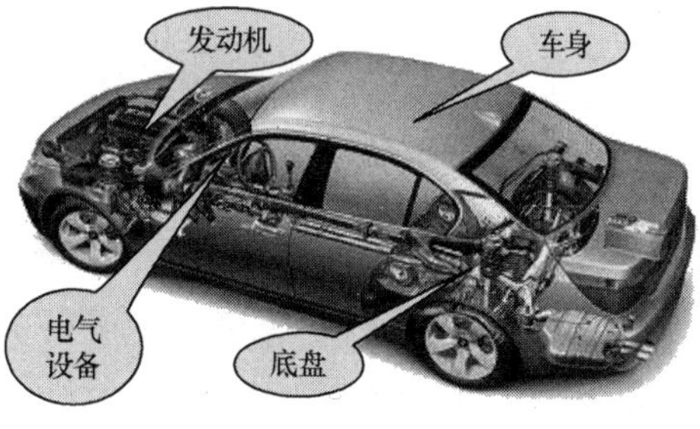

图 3-1　典型轿车的总体构造

汽车底盘的作用是支承、安装汽车发动机及各部件、总成，形成汽车的整体造型，并接受发动机的动力，使汽车产生运动，保证正常行驶。底盘由传动系统、行驶系统、转向系统和制动系统四部分组成。

车身是驾驶人工作及容纳乘客的空间装置，也是存放货物的场所，要求它既要为驾驶人提供方便的操作条件，又要为乘客提供舒适的环境；既要保护全体乘员的安全，又要保证货物完好无损。也就是说，车身既是保安部件又是承载部件。在现代汽车中，车身又是技术与艺术有机结合的艺术品。轿车车身由本体、内外装饰和车身附件等组成。

电气设备是汽车的重要组成部分，它由电源、发动机点火系统（汽油机）和起动系统、照明和信号装置、仪表和报警系统、空调及辅助电器和电子控制系统等组成。对于高级轿车，更多地采用微处理机中央计算机系统及各种人工智能装置等，从而显著提高了汽车的性能。

第二节　发动机的构造

发动机是汽车的动力源。迄今为止除为数不多的电动汽车外，汽车发动机都是热能动力装置，或简称热机。在热机中借助工质的状态变化将燃料燃烧产生的热能转变为机械能。热机有内燃机和外燃机两种。直接以燃料燃烧所生成的燃烧产物为工质的热机为内燃机，反之则为外燃机。内燃机包括活塞式内燃机和燃气轮机。外燃机则包括蒸汽机、汽轮机和热气机等。内燃机与外燃机相比，具有结构紧凑、体积小、质量轻和容易起动等许多优点。因此，内燃机尤其是活塞式内燃机被广泛地用做汽车动力。

一、汽车发动机的类型

按活塞运动方式的不同，活塞式内燃机可分为往复活塞式和旋转活塞式两种（图3-2）。

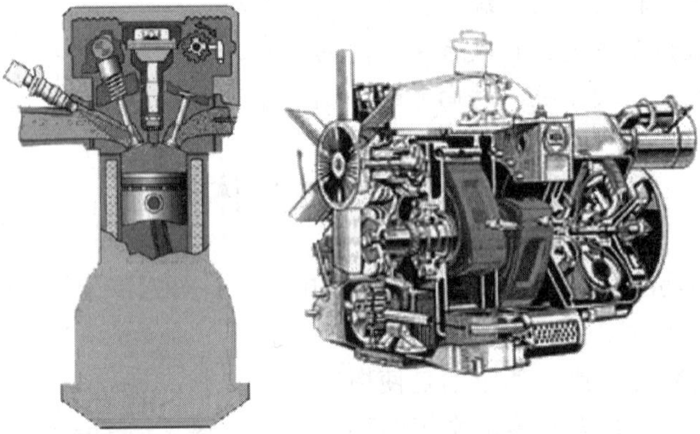

a)　　b)

图3-2　发动机类型

a）往复活塞式　b）旋转活塞式

根据所用燃料种类，活塞式内燃机主要分为汽油机、柴油机和气体燃料发动机三类。以汽油和柴油为燃料的活塞式内燃机分别称作汽油机和柴油机（图3-3）。

使用天然气、液化石油气和其他气体燃料的活塞式内燃机称作气体燃料发动机。汽油发动机主要使用在汽车、航空器上。柴油发动机主要使用在汽车、船、发电机上。气体燃料发动机主要使用在汽车上。

a)　　b)

图3-3　发动机类型

a）汽油机　b）柴油机

汽油机与柴油机的主要区别是，汽油机由火花塞点火燃烧做功，柴油机由喷油器将燃油喷入气缸后自行发火燃烧。

按冷却方式的不同，活塞式内燃机分为水冷式和风冷式两种。以水或冷却液为冷却介质的称作水冷式发动机，而以空气为冷却介质的则称作风冷式发动机（图 3-4）。

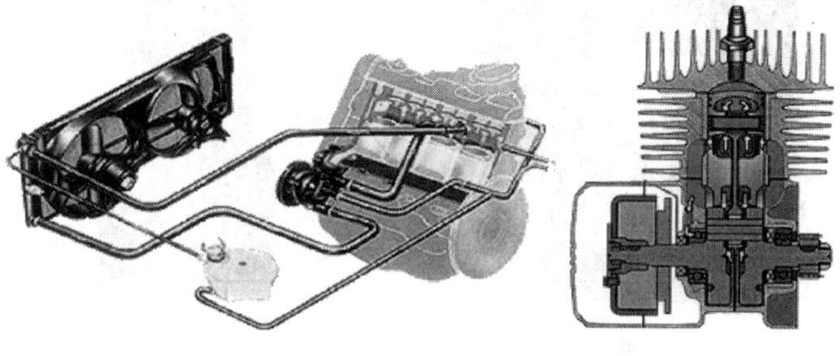

a)　　b)

图 3-4　发动机类型

a）水冷发动机　b）风冷发动机

往复活塞式内燃机还按其在一个工作循环期间活塞往复运动的行程数进行分类。活塞式内燃机每完成一个工作循环，便对外做功一次，不断地完成工作循环，才能使热能连续地转变为机械能。在一个工作循环中活塞往复四个行程的内燃机称作四冲程往复活塞式内燃机，而活塞往复两个行程便完成一个工作循环的则称作二冲程往复活塞式内燃机。图 3-5 所示为四冲程往复活塞式内燃机和二冲程往复活塞式内燃机。

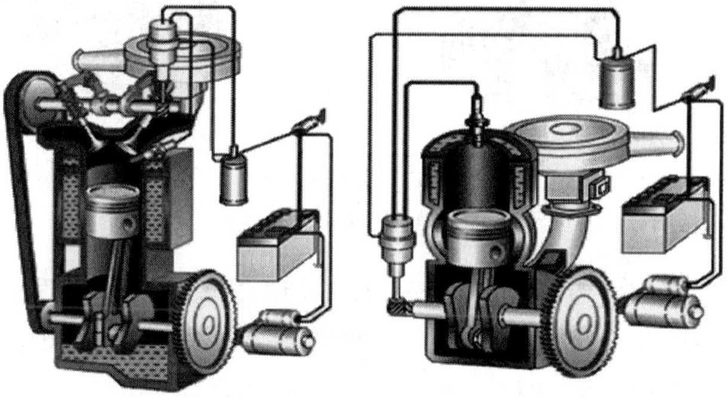

a)　　b)

图 3-5　发动机类型

a）四冲程内燃机　b）二冲程内燃机

按照气缸数目分类可以分为单缸发动机和多缸发动机。仅有一个气缸的发动机称为单缸发动机；有两个以上气缸的发动机称为多缸发动机，如双缸、三缸、四缸、五缸、六缸、八缸、十二缸等都是多缸发动机。现代车用发动机多采用四缸、六缸、八缸发动机（图 3-6）。

内燃机按照气缸排列方式不同可以分为单列式和双列式（图 3-7）。单列式发动机的各个气缸排成一列，一般是垂直布置的，但为了降低高度，有时也把气缸布置成倾斜的甚至水平的；双列式发动机把气缸排成两列，两列之间的夹角小于 180°（一般为 90°）称为 V 形发动机，若两列之间的夹角等于 180°称为对置式发动机。

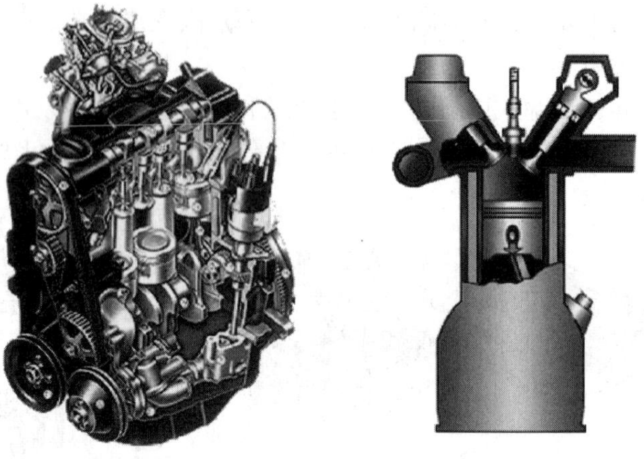

a)　　b)

图 3-6　发动机类型

a）多缸发动机　b）单缸发动机

a)　　b)

图 3-7　发动机类型

a）双列式　b）单列式

按进气状态不同，活塞式发动机还可分为增压和非增压两类（图 3-8）。若进气是在接近大气状态下进行的，则为非增压发动机或自然吸气式发动机；若利用增压器将进气压力增高，进气密度增大，则为增压发动机。增压可以提高内燃机功率。

a)　　b)

图 3-8　发动机类型

a）自然吸气（非增压）式发动机　b）强制进气（增压式）发动机

目前，应用最广、数量最多的汽车发动机为水冷、四冲程往复活塞式内燃机，其中汽油机用于轿车和轻型客、货车上，而大客车和中、重型货车发动机多为柴油机。少数轿车和轻型客、货车发动机也有用柴油机的。以风冷或二冲程活塞式内燃机为动力的汽车为数不多。特别是从20世纪80年代起，在世界范围内，就不再有以二冲程活塞式内燃机为动力的轿车了。

二、发动机的工作原理

往复活塞式内燃机的工作腔称作气缸，气缸内表面为圆柱形。在气缸内作往复运动的活塞通过活塞销与连杆的一端铰接，连杆的另一端则与曲轴相连，构成曲柄连杆机构，如图3-9所示。因此，当活塞在气缸内作往复运动时，连杆便推动曲轴旋转，或者相反。同时，工作腔的容积也在不断地由最小变到最大，再由最大变到最小，如此循环不已。气缸的顶端用气缸盖封闭。在气缸盖上装有进气门和排气门，进、排气门是头朝下尾朝上倒挂在气缸顶端的。通过进、排气门的开闭实现向气缸内充气和向气缸外排气。进、排气门的开闭由凸轮轴控制。凸轮轴由曲轴通过同步带或齿轮或链条驱动。进、排气门和凸轮轴以及其他一些零件共同组成配气机构。通常称这种结构形式的配气机构为顶置气门配气机构。现代汽车内燃机大多都采用顶置气门配气机构。构成气缸的零件称作气缸体，支承曲轴的零件称作曲轴箱，气缸体与曲轴箱的连铸体称作机体。

（一）发动机基本术语

如图3-9所示，活塞在气缸里作往复直线运动时，当活塞向上运动到最高位置，即活塞顶部距离曲轴旋转中心最远的极限位置，称为上止点，当活塞向下运动到最低位置，即活塞顶部距离曲轴旋转中心最近的极限位置，称为下止点，上、下止点之间的距离称为活塞行程，一般用S表示。对应一个活塞行程，曲轴旋转180°。

活塞从一个止点运动到另一个止点所扫过的容积，称为气缸工作容积。

多缸发动机各气缸工作容积的总和，称为发动机排量。

活塞位于上止点时，其顶部与气缸盖之间的容积称为燃烧室容积。

压缩比是发动机中一个非常重要的概念，压缩比表示了气体的压缩程度，它是气体压缩前的容积与气体压缩后的容积之比值，即气缸总容积与燃烧室容积之比，一般用ε表示。

（二）发动机的工作过程

四冲程汽油发动机工作过程的基本原理是由德国工程师尼古拉斯·奥托奠定的，可描述如下：

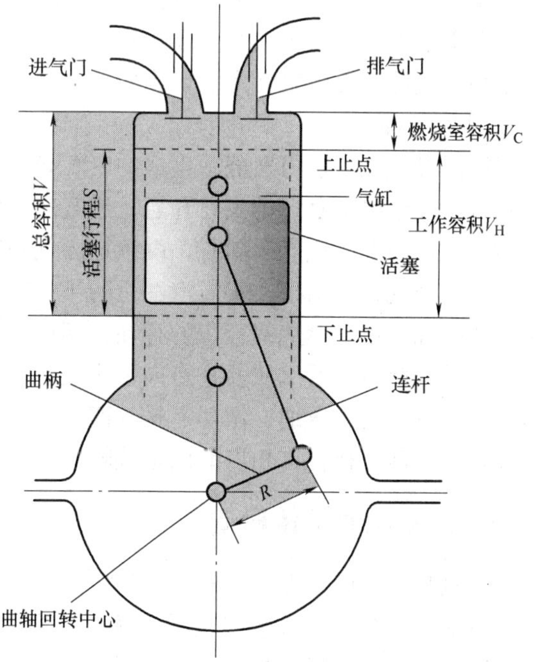

图3-9　发动机工作示意图

四冲程汽油机的运转是按进气行程、

压缩行程、做功行程和排气行程的顺序不断循环反复的。

1. 进气行程

由于曲轴的旋转，活塞从上止点向下止点运动，这时排气门关闭，进气门打开。进气过程开始时，活塞位于上止点，气缸内残存有上一循环未排净的废气，因此，气缸内的压力稍高于大气压力。随着活塞下移，气缸内容积增大，压力减小，当压力低于大气压时，在气缸内产生真空吸力，空气经空气滤清器并与供给系统供给的汽油混合成可燃混合气，通过进气门被吸入气缸，直至活塞向下运动到下止点。

实际汽油机的进气门在活塞到达上止点之前打开，并且延迟到下止点之后关闭，以便吸入更多的可燃混合气。

2. 压缩行程

曲轴继续旋转，活塞从下止点向上止点运动，这时进气门和排气门都关闭，气缸内成为封闭容积，可燃混合气受到压缩，压力和温度不断升高，当活塞到达上止点时压缩行程结束。压缩比越大，压缩终了时气缸内的压力和温度越高，则燃烧速度越快，发动机功率也越大。

但压缩比太高，容易引起爆燃。所谓爆燃就是由于气体压力和温度过高，可燃混合气在没有点燃的情况下自行燃烧，且火焰以高于正常燃烧数倍的速度向外传播，造成尖锐的敲缸声。爆燃会使发动机过热，功率下降，汽油消耗量增加以及机件损坏。轻微爆燃是允许的，但强烈爆燃对发动机是很有害的。汽油机的压缩比一般为 6 ~ 10。

3. 做功行程

做功行程包括燃烧过程和膨胀过程，在这一行程中，进气门和排气门仍然保持关闭。当活塞位于压缩行程接近上止点（即点火提前角）位置时，火花塞产生电火花点燃可燃混合气，燃烧的气体膨胀，推动活塞从上止点向下止点运动，通过连杆使曲轴旋转并输出机械能，除了用于维持发动机本身继续运转外，其余用于对外做功。随着活塞向下运动，气缸内容积增加，气体压力和温度降低，当活塞运动到下止点时，做功行程结束。

4. 排气行程

可燃混合气在气缸内燃烧后生成的废气必须从气缸中排出去以便进行下一个进气行程。当做功行程接近终了时，排气门开启，进气门仍然关闭，靠废气的压力先进行自由排气，活塞到达下止点再向上止点运动时，继续把废气强制排出到大气中去。活塞越过上止点后，排气门关闭，排气行程结束。实际汽油机的排气行程也是排气门提前打开，延迟关闭，以便排出更多的废气。由于燃烧室容积的存在，不可能将废气全部排出气缸。

曲轴继续旋转，活塞从上止点向下止点运动，又开始了下一个新的循环过程。可见四冲程汽油机经过进气、压缩、做功、排气四个行程完成一个工作循环，这期间活塞在上、下止点往复运动了四个行程，相应的曲轴旋转了两圈。

三、发动机的总体构造

发动机是一种由许多机构和系统组成的复杂机器。无论是汽油机，还是柴油机；无论是四冲程发动机，还是二冲程发动机；无论是单缸发动机，还是多缸发动机，要完成能量转换，实现工作循环，保证长时间连续正常工作，都必须具备以下一些机构和系统。

汽油机由两大机构和五大系统组成，即由曲柄连杆机构、配气机构、燃料供给系统、润滑系统、冷却系统、点火系统和起动系统组成；柴油机由两大机构和四大系统组成，即由曲柄连杆机构、配气机构、燃料供给系统、润滑系统、冷却系统和起动系统组成，柴油机是压燃的，不需要点火系统。

（一）曲柄连杆机构

如图 3-10 所示，曲柄连杆机构是发动机实现工作循环，完成能量转换的主要运动部件。它由机体组、活塞连杆组和曲轴飞轮组等组成。

1. 机体组

机体是构成发动机的骨架，是发动机各机构和各系统的安装基础，其内、外安装着发动机的所有主要零件和附件，承受各种载荷。因此，机体必须要有足够的强度和刚度。机体组主要由气缸体、曲轴箱、气缸盖和气缸垫等零件组成。

（1）气缸体

气缸体如图 3-11 所示。

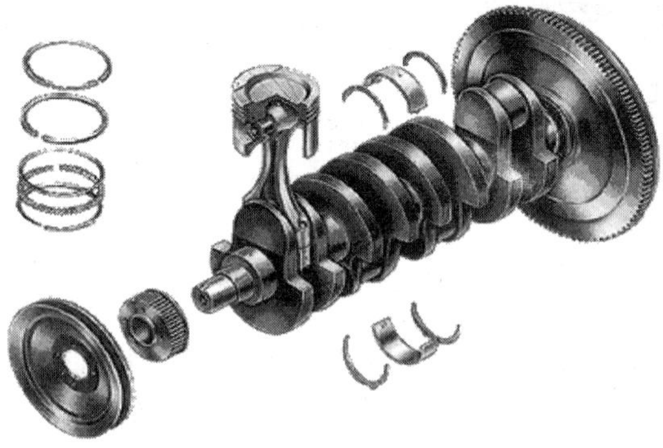

图 3-10　曲柄连杆机构组成

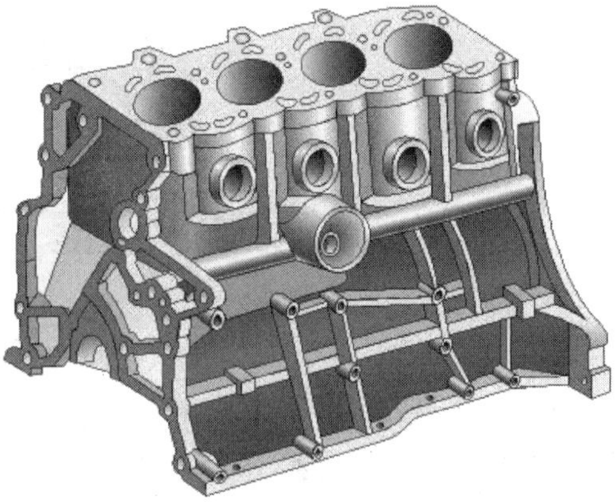

图 3-11　气缸体

（2）曲轴箱

气缸体下部用来安装曲轴的部位称为曲轴箱，曲轴箱分上曲轴箱和下曲轴箱。上曲轴箱与气缸体铸成一体，下曲轴箱用来储存润滑油，并封闭上曲轴箱，故又称为油底壳（图 3-12）。油底壳受力很小，一般采用薄钢板冲压而成，其形状取决于发动机的总体布置和机油的容量。油底壳内装有稳油挡板，以防止汽车颠簸时油面波动过大。油底壳底部还装有放油螺塞，通常放油螺塞上装有永久磁铁，以吸附润滑油中的金属屑，减少发动机的磨损。在上下曲轴箱接合面之间装有衬垫，防止润滑油泄漏。

（3）气缸盖

如图 3-13 所示，气缸盖安装在气缸体的上面，从上部密封气缸并构成燃烧室。它经常与高温、高压燃气相接触，因此承受很大的热负荷和机械负荷。水冷发动机的气缸盖内部制有冷却水套，缸盖下端面的冷却水孔与缸体的冷却水孔相通。利用循环水来冷却燃烧室等高温部分。

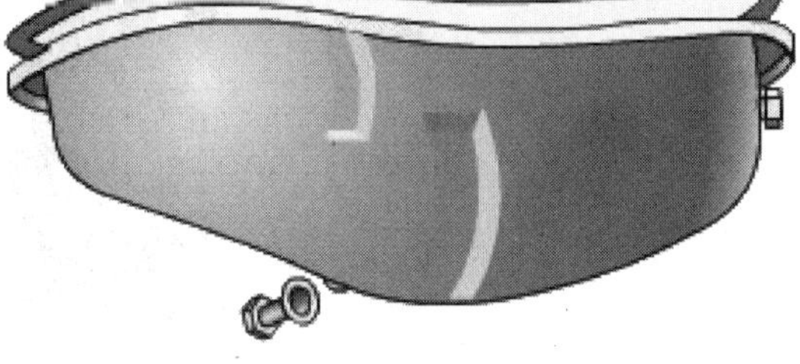

图 3-12　油底壳

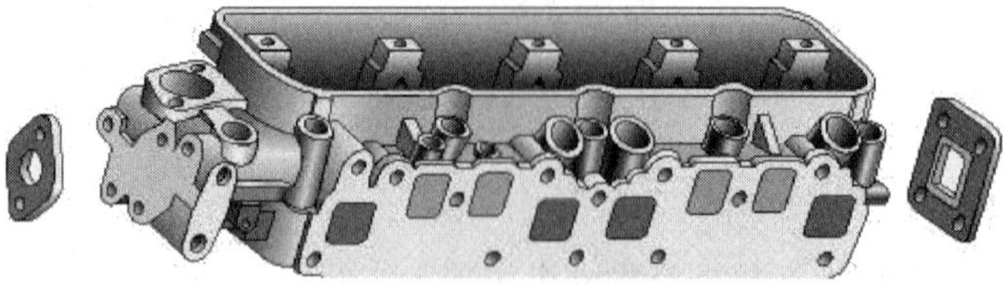

图 3-13　气缸盖

缸盖上还装有进、排气门座和气门导管孔，用于安装进、排气门，还有进气通道和排气通道等。汽油机的气缸盖上加工有安装火花塞的孔，而柴油机的气缸盖上加工有安装喷油器的孔。顶置凸轮轴式发动机的气缸盖上还加工有凸轮轴轴承孔，用以安装凸轮轴。

（4）气缸垫

如图 3-14 所示，气缸垫装在气缸盖和气缸体之间，其功用是保证气缸盖与气缸体接触面的密封，防止漏气、漏水和漏油。

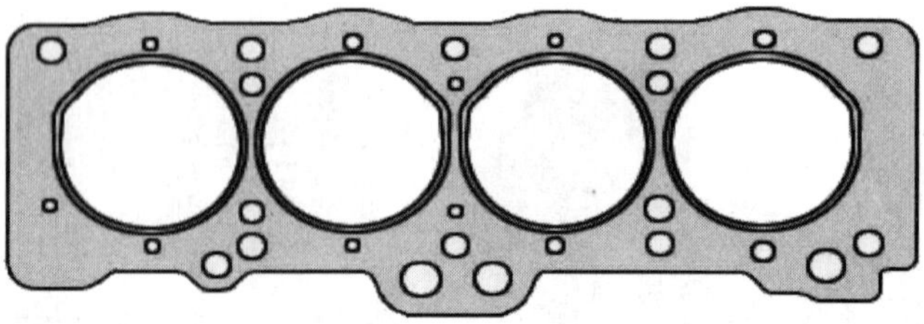

图 3-14　气缸垫

气缸垫的材料要有一定的弹性，能补偿接合面的不平度，以确保密封，同时要有好的耐热性和耐压性，在高温高压下不烧损、不变形。目前应用较多的是铜皮-石棉结构的气缸垫，由于铜皮-石棉气缸垫翻边处有三层铜皮，压紧时较之石棉不易变形。安装气缸垫时，首先要检查气缸垫的质量和完好程度，所有气缸垫上的孔要和气缸体上的孔对齐。

2. 活塞连杆组

活塞连杆组包括活塞、活塞环、活塞销、连杆组等，如图 3-15 所示。

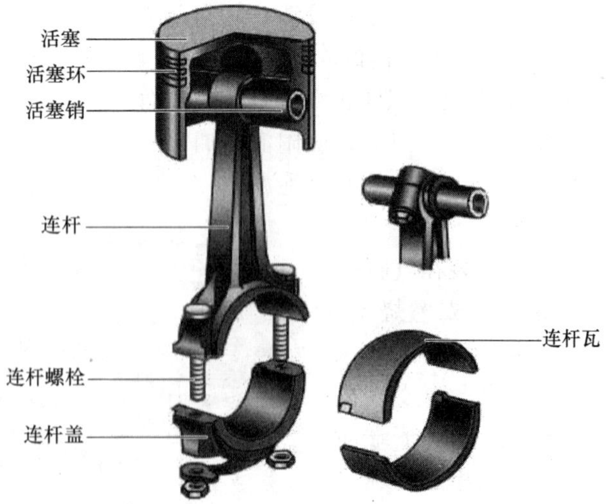

图 3-15　活塞连杆组

活塞的主要功用是承受燃烧气体压力，并将此力通过活塞销传给连杆以推动曲轴旋转。此外活塞顶部与气缸盖、气缸壁共同组成燃烧室。

连杆组包括连杆体、连杆盖、连杆螺栓和连杆轴承等零件。习惯上常常把连杆体、连杆盖和连杆螺栓合起来称作连杆，有时也称连杆体为连杆。

连杆组的功用是将活塞承受的力传给曲轴，并将活塞的往复运动转变为曲轴的旋转运动。连杆小头与活塞销连接，同活塞一起作往复运动；连杆大头与曲柄销连接，同曲轴一起作旋转运动，因此在发动机工作时连杆作复杂的平面运动。连杆组主要受压缩、拉伸和弯曲等交变负荷。

3. 曲轴飞轮组

如图 3-16 所示，曲轴的功用是把活塞、连杆传来的气体力转变为转矩，用以驱动汽车的传动系统和发动机的配气机构以及其他辅助装置。曲轴在周期性变化的气体力、惯性力及其力矩的共同作用下工作，承受弯曲和扭转交变载荷。因此，曲轴应有足够的抗弯曲、抗扭转的强度和刚度；轴颈应有足够大的承压表面和耐磨性；曲轴的质量应尽量小；对各轴颈的润滑应该充分。

图 3-16 曲轴飞轮组

对于四冲程发动机来说，每四个行程活塞做功一次，即只有做功行程做功，而排气、进气和压缩三个行程都要消耗功。因此，曲轴对外输出的转矩呈周期性变化，曲轴转速也不稳定。为了改善这种状况，在曲轴后端装置飞轮。飞轮是转动惯量很大的盘形零件，其作用如同一个能量存储器。在做功行程中发动机传输给曲轴的能量，除对外输出外，还有部分能量被飞轮吸收，从而使曲轴的转速不会升高很多。在排气、进气和压缩三个行程中，飞轮将其储存的能量释放出来补偿这三个行程所消耗的功，从而使曲轴转速不致降低太甚。除此之外，飞轮还有下列功用：飞轮是摩擦式离合器的主动件；在飞轮轮缘上镶嵌有供起动发动机用的飞轮齿圈；在飞轮上还刻有上止点记号，用来校准点火正时或喷油正时以及调整气门间隙。

（二）配气机构

目前，四冲程汽车发动机都采用气门式配气机构。其功用是按照发动机的工作顺序和工作循环的要求，定时开启和关闭各缸的进、排气门，使新气进入气缸，废气从气缸排出。

进入气缸内的新气数量或称进气量对发动机性能的影响很大。进气量越多，发动机的有效功率和转矩越大。因此，配气机构首先要保证进气充分，进气量尽可能多；同时，废气要排除干净，因为气缸内残留的废气越多，进气量将会越少。

气门式配气机构由气门组和气门传动组两部分组成，每组的零件组成则与气门的位置、凸轮轴的位置和气门驱动形式等有关。现代汽车发动机均采用顶置气门，即进、排气门置于气缸盖内，倒挂在气缸顶上，如图 3-17 所示。

如图 3-18 所示，凸轮轴的位置有下置式、中置式和上置式 3 种。如图 3-19 所示，其中气门组零件包括气门、气门座、气门导管、气门弹簧、气门弹簧座和气门锁夹等；气门传动组零件则包括凸轮轴、挺柱、推杆、摇臂、摇臂轴、摇臂轴座和气门间隙调整螺钉等。

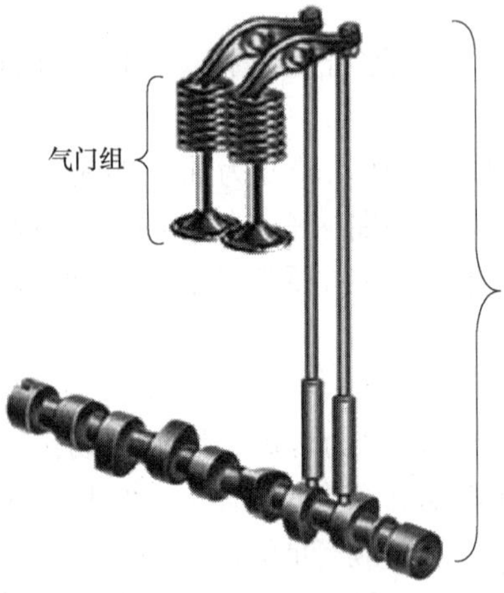

图 3-17　配气机构组成

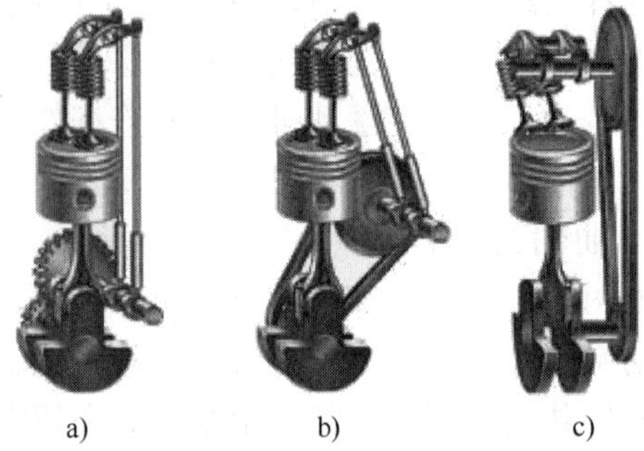

图 3-18　凸轮轴位置

a）凸轮轴下置式　b）凸轮轴中置式　c）凸轮轴上置式

四冲程发动机每完成一个工作循环，每个气缸进、排气一次。这时曲轴转两周，而凸轮轴只旋转一周，所以曲轴与凸轮轴的转速比或传动比为 2∶1。

（三）燃油供给系统

汽油机所用的燃料是汽油，在进入气缸之前，汽油和空气已形成可燃混合气。可燃混合气进入气缸内被压缩，在接近压缩终了时点火燃烧而膨胀做功。可见汽油机进入气缸的是可燃混合气，压缩的也是可燃混合气，燃烧做功后将废气排出。因此汽油供给系统的任务是根据发动机不同工况的要求，配制出一定数量和浓度的可燃混合气，供入气缸，最后还要把燃烧后的废气排出气缸。

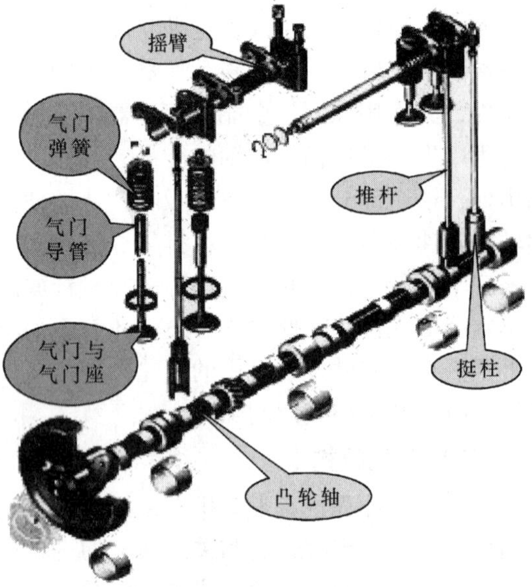

图 3-19　气门组零件

1. 化油器式燃油供给系统

燃油供给系统的功用是根据发动机运转工况的需要，向发动机供给一定数量的、清洁的、雾化良好的汽油，以便与一定数量的空气混合形成可燃混合气。同时，燃油系统还需要储存相当数量的汽油，以保证汽车有相当远的续驶里程。如图 3-20 所示，化油器式发动机燃油系统中最重要的部件是化油器，它是实现燃油系统功用、完成可燃混合气配制的主要装置。汽油自燃油箱流经燃油滤清器，滤去所含杂质后，被吸入燃油泵，燃油泵将燃油泵入化油器中，空气则经空气滤清器滤去灰尘后，流入化油器，汽油在化油器中雾化和蒸发，并与空气混合形成可燃混合气，经过进气管分配到各个气缸，混合气燃烧生成的废气经排气管与排气消声器被排到大气中。

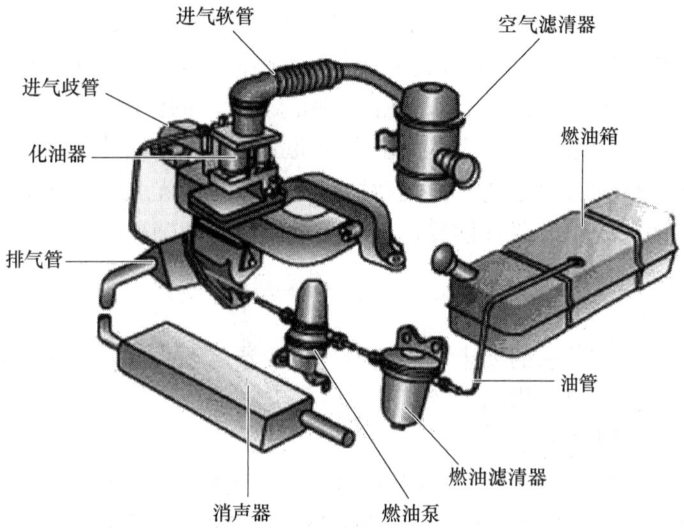

图 3-20　燃油供给系统的组成

汽车发动机的可燃混合气形成时间很短，从进气过程开始算起到压缩过程结束为止，总共也只有 0.01 ~0.02s 的时间。要在这样短的时间内形成均匀的可燃混合气，关键在于汽油的雾化和蒸发。所谓雾化就是将汽油分散成细小的油滴或油雾。良好的雾化可以大大增加汽油的蒸发表面积，从而提高汽油的蒸发速度。另外，混合气中汽油与空气的比例应符合发动机运转工况的需要。因此，混合气形成过程就是汽油雾化、蒸发以及与空气配比和混合的过程。化油器式燃油系统可燃混合气的形成过程如图 3-21 所示。

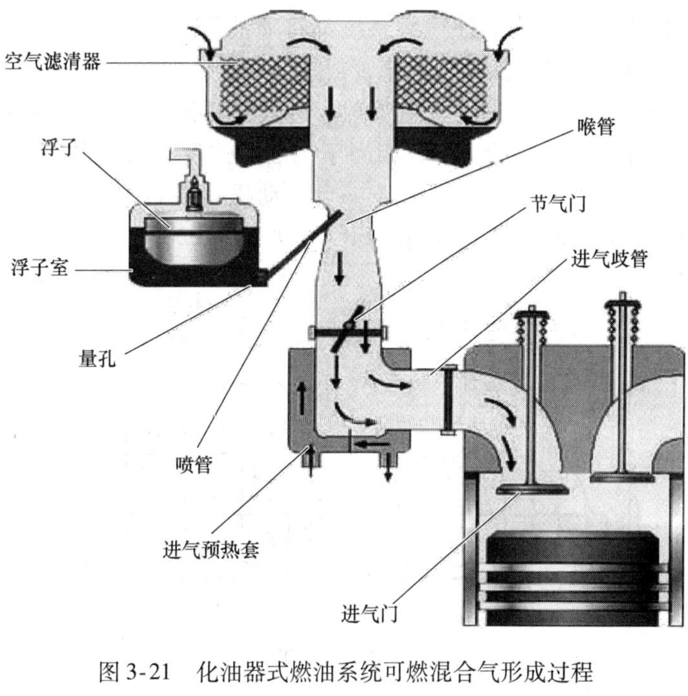

图 3-21　化油器式燃油系统可燃混合气形成过程

空气从上方流入，在喉管的燃料喷管处产生负压。由于这个负压与浮子室液面的压力差，燃料被吸出。所吸出油的流量一方面取决于负压的大小，另一方面取决于燃料调整量孔（主量孔）的大小。浮子室的压力近于大气压，在浮子和浮子针阀的作用下保持一定的油面高度。

只有主量孔的主供油系统的功用是保证发动机工作时，化油器所供给的混合气随着节气门开度的增大而逐渐变稀，但不能保证发动机在宽广的负荷范围内得到所需浓度的混合气。为此，除了在主供油系统中设置补偿装置外，还添加了各种辅助系统，有怠速系统、加浓系统、加速系统、起动系统等。

2. 电控汽油喷射式燃油供给系统

近年来，由于排放和节能的要求越来越严，化油器已无法满足要求，越来越多的汽油机采用电子控制汽油喷射式燃油供给系统。

（1）电控汽油喷射系统的优点

汽油喷射系统是在恒定的压力下，利用喷油器将一定数量的汽油直接喷入气缸或进气管道内的汽油机燃油供给装置。与化油器相比，汽油喷射系统具有下列优点：能根据发动机工况的变化供给最佳空燃比的混合气；供入各气缸内的混合气，其空燃比相同，数量相等；由于进气管道中没有狭窄的喉管，进气阻力小，充气性能好。因此，汽油喷射式发动机具有较高的动力性和经济性，良好的排放性。此外，发动机的振动有所减轻，汽车的加速性也有显著改善。

（2）汽油喷射系统类型

按汽油喷射系统的控制方法分为机械控制式、电子控制式及机电混合控制式 3 种。近十年来电子控制汽油喷射系统（以下简称电控汽油喷射系统）得到了迅速而又充分的发展，成本大幅度下降，使用可靠性和可维修性都达到了相当高的水平。

按喷射部位的不同可分为缸内喷射和缸外喷射两种。缸内喷射是通过安装在气缸盖上的喷油器，将汽油直接喷入气缸内。这种喷射系统需要较高的喷射压力，约 3 ~ 5MPa。因而喷油器的结构和布置都比较复杂。缸外喷射系统是将喷油器安装在进气管或进气歧管上，以 0. 20 ~ 0. 35MPa 的喷射压力将汽油喷入进气管或进气道内。

缸外喷射系统分进气管喷射和进气道喷射。进气管喷射系统的喷油器安装在节气门体上，而节气门体安装在进气歧管的上部，相当于化油器式发动机安装化油器的位置。因此，进气管喷射又称节气门体喷射（TBI）。由于一台发动机只装有 1 个或 2 个喷油器在节气门体上，所以又称这种喷射方式为单点喷射（SPI），如图 3-22a 所示。

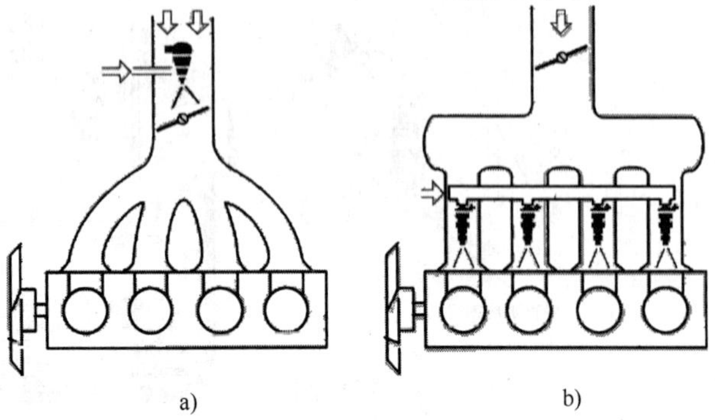

图 3-22　喷射类型

a）单点喷射　b）多点喷射

如图3-23所示，电控汽油喷射系统（EFI）是以电子控制单元（ECU）为控制中心，并利用安装在发动机上的各种传感器测出发动机的各种运行参数，再按照ECU中预存的控制程序精确地控制喷油器的喷油量，使发动机在各种工况下都能获得最佳空燃比的可燃混合气。目前，各类汽车上所采用的电控汽油喷射系统在结构上往往有较大的差别，在控制原理及工作过程方面也各具特点。

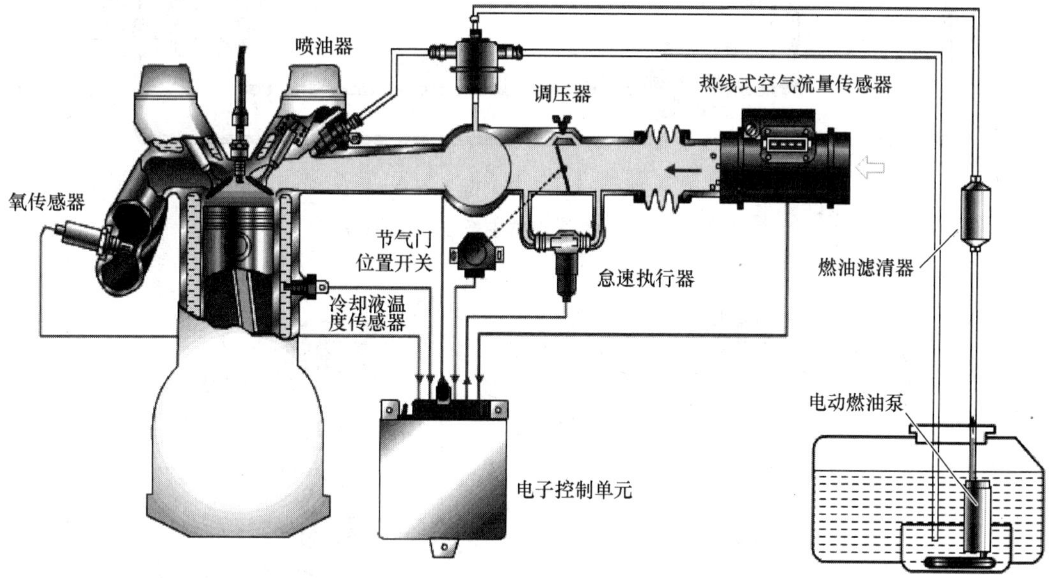

图3-23 电控汽油喷射系统

（3）电控汽油喷射系统的组成和工作原理

德国博世公司设计生产的几种电子控制汽油喷射系统已被广泛地用于各国生产的汽车上。此外还有一些国家也研制开发了多种汽油喷射系统。尽管电子控制汽油喷射系统多种多样，但就其组成和工作原理而言却大同小异。主要的区别是电控单元的控制方式、控制范围和控制程序不尽相同，所用传感器和执行元件的构造也有所差别。各类电子控制汽油喷射系统均可视为由燃油供给系统、进气系统和控制系统三个子系统组成。

① 如图3-24所示，电控汽油喷射系统的燃油供给系统由燃油箱、电动燃油泵、燃油滤清器、燃油分配管（油轨）、油压调节器、喷油器、冷起动喷嘴和输油管等组成，有的还设有油压脉动缓冲器。

燃油箱内的燃油被电动燃油泵吸出并加压至0.35MPa左右，经燃油滤清器滤除杂质后被送至燃油分配管。燃油分配管与安装在各缸进气歧管上的喷油器相通。在燃油分配管的末端装有油压调节器，用来调节油压使其保持稳定，多余的燃油经回油管返回燃油箱。

② 各类电控汽油喷射系统的空气供给系统主要包括空气滤清器、空气流量传感器、节气门体及节气门位置传感器、怠速控制阀、进气总管、进气歧管等组成。

③ 如图3-25所示，电控汽油喷射系统中的控制系统由电控单元，各种传感器、执行器，以及连接它们的控制电路所组成。不同类型的电控汽油喷射系统的控制功能、控制方式和控制电路的布置不完全一样，但基本原理相似。

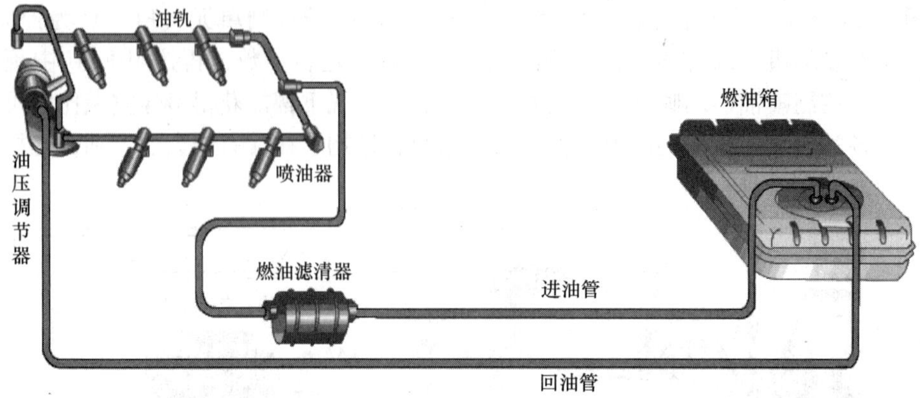

图 3-24　电控汽油喷射燃油供给系统

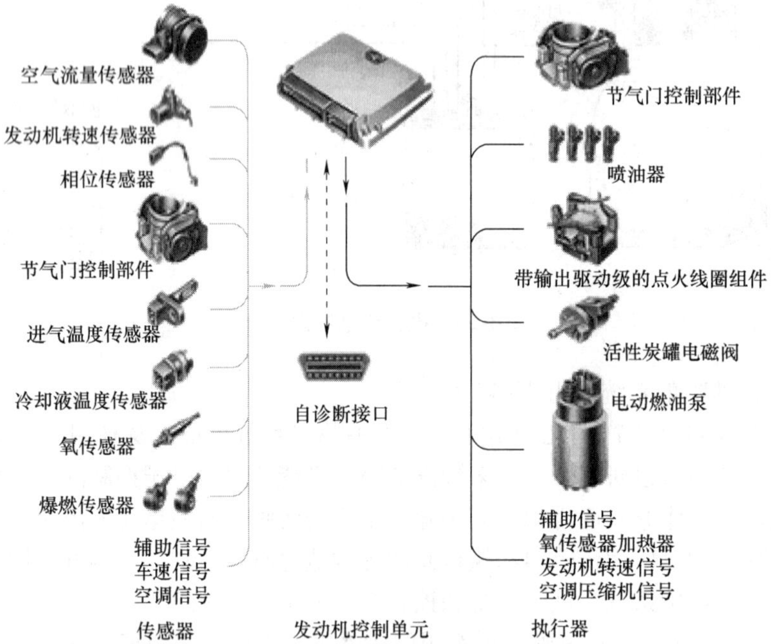

图 3-25　汽油喷射电子控制系统

（四）冷却系统

发动机工作时，气缸内燃烧气体的温度高达 1927 ~ 2527℃（汽油机），如果不对发动机采取必要的冷却措施，将不能保证其正常工作。冷却系统的主要功用是把受热零件吸收的部分热量及时散发出去，保证发动机在最适宜的温度状态下工作。

冷却系统按照冷却介质不同可以分为风冷和水冷。把发动机中高温零件的热量直接散入大气而进行冷却的装置称为风冷系统。而把这些热量先传给冷却液，然后再散入大气而进行冷却的装置称为水冷系统。由于水冷系统冷却均匀，效果好，而且发动机运转噪声小，目前汽车发动机上广泛采用的是水冷系统。

汽车发动机的水冷系统均为强制循环水冷系统，构造如图 3-26 所示，即利用水泵提高冷却液的压力，强制冷却液在发动机中循环流动。这种系统包括水泵、散热器、冷却风扇、节温器、膨胀水箱、发动机机体和气缸盖中的水套以及其他附加装置等。

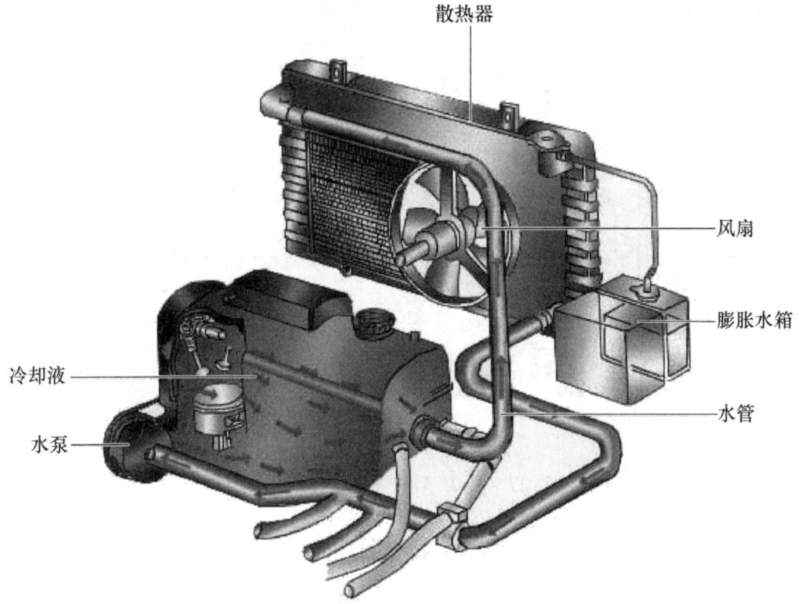

图 3-26　冷却系统构造示意图

冷却液在冷却系统中的循环路径如图 3-27 所示。冷却液在水泵中增压后，经分水管进入发动机的机体水套。冷却液从水套壁周围流过并从水套壁吸热而升温。然后向上流入气缸盖水套，从气缸盖水套壁吸热之后经节温器及散热器进水软管流入散热器。在散热器中冷却液向流过散热器周围的空气散热而降温，最后冷却液经散热器出水软管返回水泵，如此循环不止。在汽车行驶或冷却风扇工作时，空气从散热器周围高速流过以增强对冷却液的冷却。铜制或不锈钢制的分水管或直接铸在机体上的分水道，沿其纵向开有出水孔，并与机体水套相通，离水泵越远出水孔越大，其数目通常与气缸数相同。分水管或分水道的作用是使多缸发动机各气缸的冷却强度均匀一致。

（五）润滑系统

发动机工作时，各运动零件均以一定的力作用在另一个零件上，并且发生高速的相对运动。有了相对运动，零件表面必然要产生摩擦，加速磨损。因此，为了减轻磨损，减小摩擦阻力，延长使用寿命，发动机上都必须有润滑系统。

润滑系统的功用就是在发动机工作时连续不断地把数量足够、温度适当的洁净机油输送到全部传动件的摩擦表面，并在摩擦表面之间形成油膜，实现液体摩擦，从而减小摩擦阻力、降低功率消耗、减轻机件磨损，以达到提高发动机工作可靠性和耐久性的目的。

由于发动机传动件的工作条件不尽相同，因此，对负荷及相对运动速度不同的传动件采用如下不同的润滑方式。

压力润滑。压力润滑是以一定的压力把机油供入摩擦表面的润滑方式。这种方式主要用于主轴承、连杆轴承及凸轮轴轴承等负荷较大的摩擦表面的润滑。

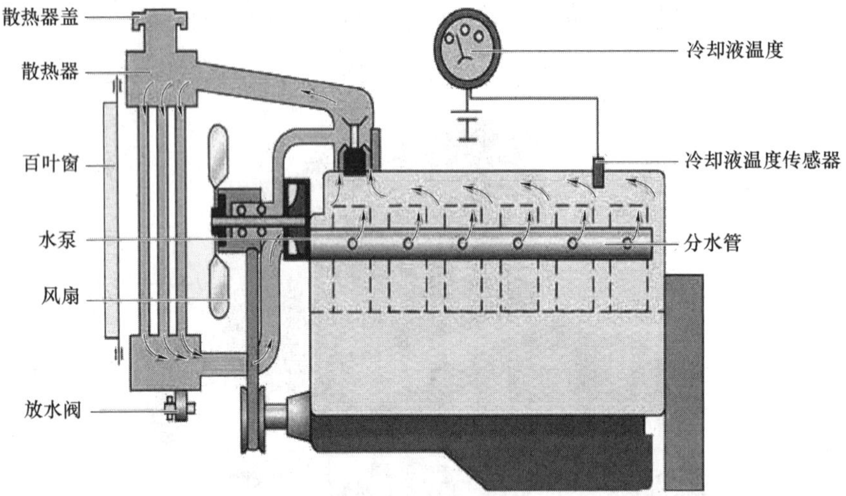

图 3-27　冷却系统工作原理示意图

飞溅润滑。利用发动机工作时运动件溅泼起来的油滴或油雾润滑摩擦表面的润滑方式，称为飞溅润滑。该方式主要用来润滑负荷较轻的气缸壁面和配气机构的凸轮、挺柱、气门杆以及摇臂等零件的工作表面。

润滑脂润滑。通过润滑脂嘴定期加注润滑脂来润滑零件的工作表面，如水泵及发电机轴承等。

如图 3-28 所示，润滑系统由机油泵、机油滤清器、机油冷却器、集滤器等组成。此外，润滑系统还包括机油压力表、温度表和机油管道等。现代汽车发动机润滑系统的油路大致相同。

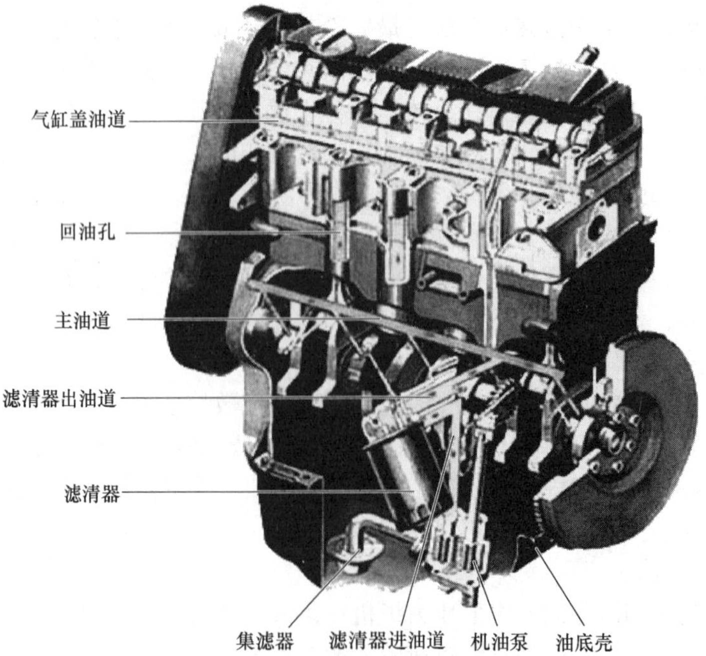

图 3-28　润滑系统结构图

图 3-29 所示为桑塔纳 2000 轿车发动机润滑系统油路。发动机工作时，机油泵将油底壳内的机油经固定式集滤器初步滤掉较大的机械杂质后，进入滤清器进一步滤清，其大部分进入发动机主油道，另一小部分压力油首先进入凸轮轴的轴承，再进入气门机构，之后流回油底壳。进入主油道的压力油又分成两路：一路经曲轴内部油道进入连杆大端轴承，再经连杆油道进入小端轴承，最后回油底壳；另一路则进入中间轴的轴承，然后回油底壳。

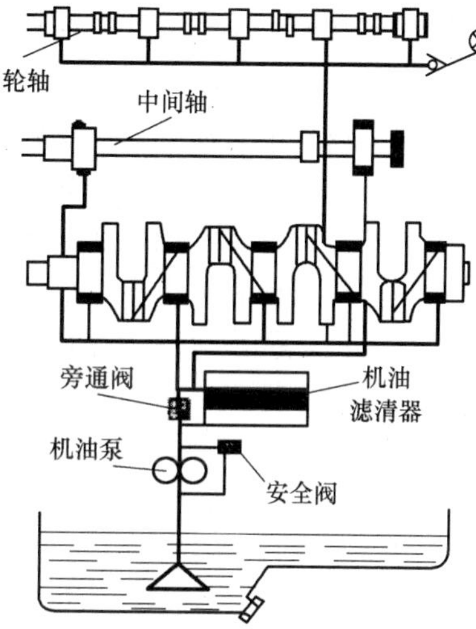

图 3-29　桑塔纳 2000 轿车发动机润滑系统油路

（六）汽油发动机点火系统

汽油机在压缩接近上止点时，可燃混合气是由火花塞点燃的，从而燃烧对外做功，为此，汽油机的燃烧室中都装有火花塞。火花塞有一个中心电极和一个侧电极，两电极之间是绝缘的。当在火花塞两电极间加上直流电压并且电压升高到一定值时，火花塞两电极之间的间隙就会被击穿而产生电火花，能够在火花塞两电极间产生电火花所需要的最低电压称为击穿电压；能够在火花塞两电极间产生电火花的全部设备称为发动机点火系统。

发动机点火系统，按其组成和产生高压电方式的不同可分为传统蓄电池点火系统（又称触点式）、电子点火系统（无触点式）、微机控制点火系统等。

1. 传统蓄电池点火系统

图 3-30 所示为传统蓄电池点火系统组成，以蓄电池和发电机为电源，借点火线圈和断电器的作用，将电源提供的 6V、12V 或 24V 的低压直流电转变为高压电，再通过分电器分配到各缸火花塞，使火花塞两电极之间产生电火花，点燃可燃混合气。

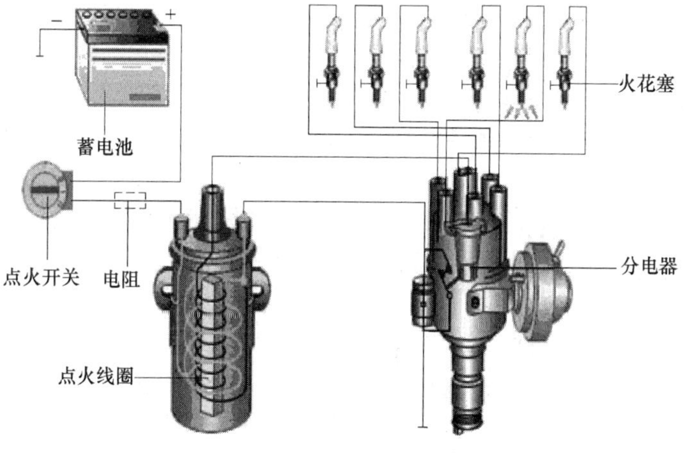

图 3-30　传统蓄电池点火系统组成图

如图 3-31 所示，点火线圈由初级绕组（低压部分）和次级绕组（高压部分）组成。与初级绕组相连的是点火开关、断电器和电容器。与次级绕组相连的有配电器、高压线和火花塞。接通点火开关，发动机开始运转。发动机运转过程中，断电器凸轮不断旋转，使断电器触点不断地开、闭，当断电器触点闭合时，蓄电池的电流从蓄电池正极出发，经点火开关、点火线圈的初级绕组、断电器活动触点臂、触点、分电器壳体搭铁，流回蓄电池的负极。当断电器的触点被凸轮顶开时，初级电路被切断，点火线圈初级绕组中的电流迅速下降到零，绕组周围和铁心中的磁场也迅速衰减以至消失，因此在匝数多（15000～23000）、导线细的次级绕组中感应出很高的电压，使火花塞两极之间的间隙被击穿，产生火花。

传统蓄电池点火系统由于存在产生的高压电比较低、高速时工作不可靠、使用过程中需经常检查和维护等缺点，目前正在逐渐被电子点火系统和微机控制点火系统所取代。

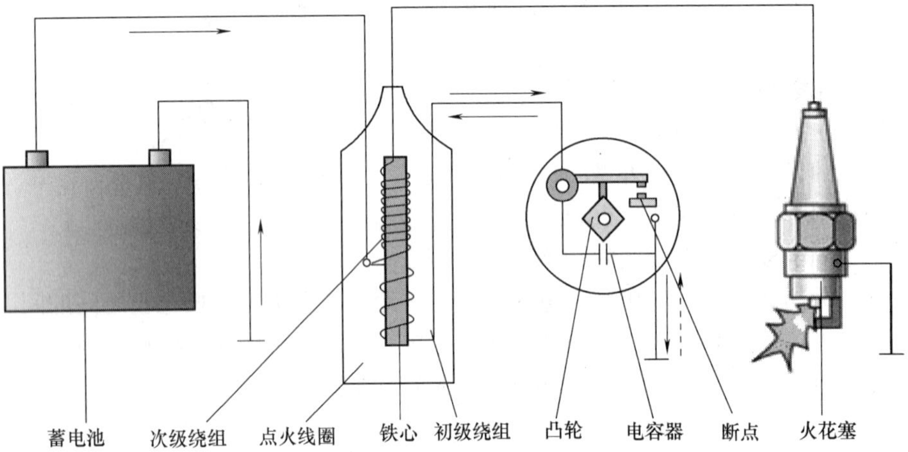

图 3-31　传统蓄电池点火系统原理图

2. 电子点火系统

近年来，汽车发动机向着多缸、高转速、高压缩比的方向发展，人们还力图通过改善混合气的燃烧状况，以及燃用稀混合气，以达到减少排气污染和节约燃油的目的。这些都要求汽车的点火系统能够提供足够高的次级电压、火花能量和最佳点火时刻。传统点火系统已经不能满足这些要求。因此，近几十年来各国都在积极探索改进途径，并研制了一系列的电子点火系统。这是因为电子点火系统具有以下优点。

① 可以减少触点火花，避免触点烧蚀，延长触点的使用寿命；有的还可以取消触点，因而克服了与触点相关的一切缺点，改善了点火性能。

② 可以不受触点的限制，增大初级电流，提高次级电压，改善发动机高速时的点火性能。一般传统点火系统的低压电流不超过 5A，而电子点火系统可提高到 7～8A，次级电压可达 30kV。

③ 由于次级电压和点火能量的提高，使其对火花塞积炭不敏感，且可以加大火花塞电极间隙，点燃较稀的混合气，从而有利于改善发动机的动力性、经济性和排气净化性能。

④ 大大减轻了对无线电的干扰。

⑤ 结构简单，质量轻，体积小，使用和维修方便。

图 3-32 所示为无触点电子点火系统，它利用传感器代替断电器触点，产生点火信号，控制点火线圈的通断和点火系统的工作，可以克服与触点相关的一切缺点，在国内外汽车上

应用十分广泛。无触点电子点火系统主要由点火信号发生器（传感器）、点火控制器、点火线圈、分电器、火花塞等组成。其中分电器主要包括配电器和离心提前装置、真空提前装置，它们的作用、结构和工作原理与传统点火系统对应部分完全相同。

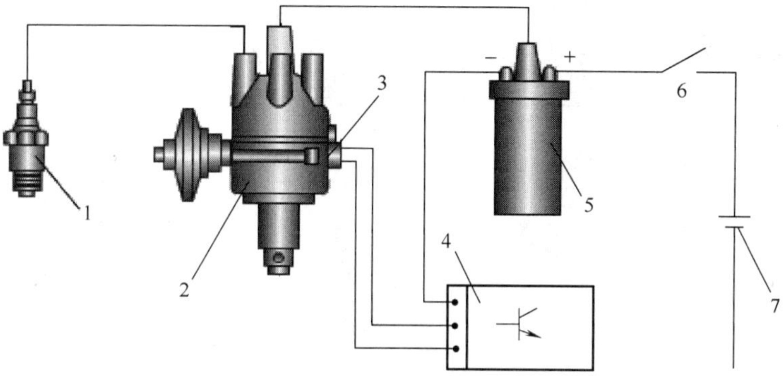

图 3-32 无触点电子点火系统

1—火花塞 2—分电器 3—点火信号发生器

4—点火控制器 5—点火线圈 6—点火开关 7—电源

3. 微机控制的点火系统

在 20 世纪 70 年代后期，随着计算机技术的飞速发展和发达国家对汽车排放限制及对其他性能要求的提高，微机开始在汽车上获得应用——用微机控制点火正时，形成微机控制点火系统。微机具有响应速度快、运算和控制精度高、抗干扰能力强等优点，特别是控制点火提前角的精度要高得多。

如图 3-33 所示，微机控制点火系统可以通过各种传感器感知多种因素对点火提前角的影响，使发动机在各种工况和使用条件下的点火提前角都与相应的最佳点火提前角接近。并且，它克服了传统点火系统离心点火提前调整装置和真空点火提前调整装置的缺陷，不存在机械磨损等问题，使点火系统的发展更趋完善，发动机的性能得到进一步改善和更加充分的发挥。因此，微机控制点火系统是继无触点的普通电子点火系统之后，点火系统发展的又一次飞跃。

（七）发动机起动系统

为了使静止的发动机进入工作状态，必须先用外力转动发动机曲轴，使活塞开始上下运动，气缸内吸入可燃混合气，并将其压缩、点燃，体积迅速膨胀产生强大的动力，推动活塞运动并带动曲轴旋转，发动机才能自动地进入工作循环。发动机的曲轴在外力作用下开始转动到发动机自动怠速运转的全过程，称为发动机的起动过程。完成起动所需要的装置叫起动系统。

发动机常用的起动方式有人力起动、电力起动机起动和辅助汽油机起动等多种形式。

汽车起动常以电动机作为动力源，如图 3-34 所示，当电动机轴上的驱动齿轮与发动机飞轮周缘上的环齿啮合时，电动机旋转时产生的电磁转矩通过飞轮传递给发动机的曲轴，使发动机起动。电力起动机简称起动机。它以蓄电池为电源，结构简单、操作方便、起动迅速可靠。目前，几乎所有的汽车发动机都采用电力起动机起动 。

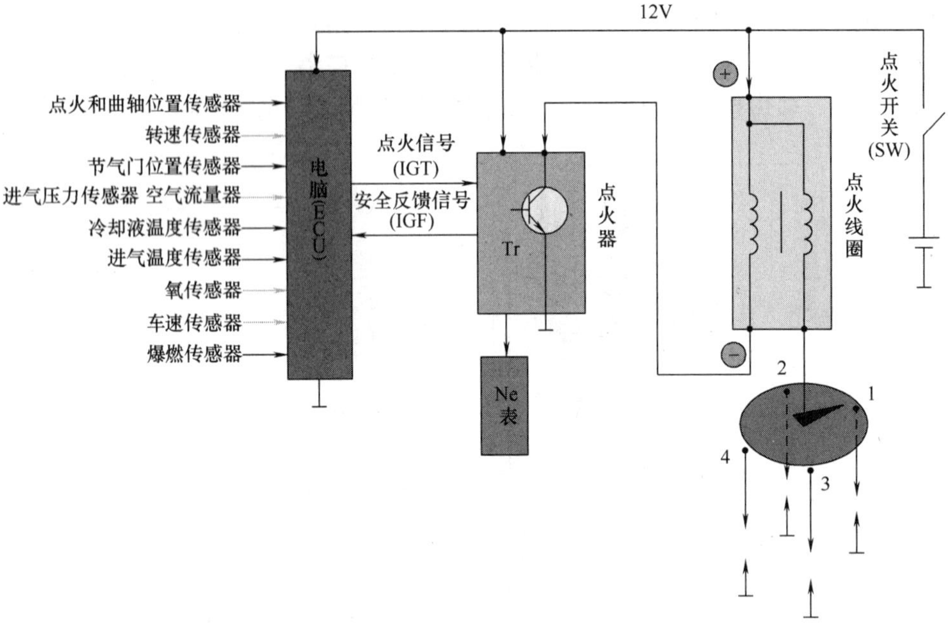

图 3-33　微机控制的点火系统

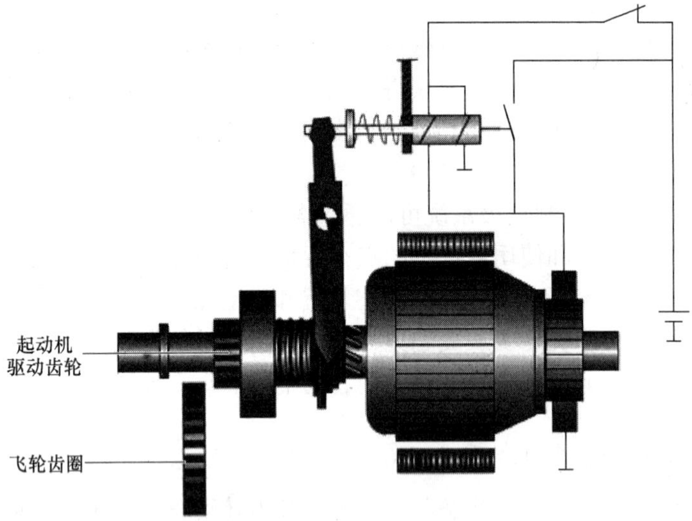

图 3-34　起动机工作示意图

第三节　汽车传动系统

汽车发动机发出的动力靠传动系统传递到驱动车轮，传动系统具有减速、变速、倒车、中断动力、轮间差速和轴间差速等功能。图 3-35 所示为汽车底盘的总组成，由传动系统、行驶系统、转向系统和制动系统四部分组成。

图 3-36 所示为发动机纵向安装在汽车前部，后桥驱动的 4 × 2 汽车传动系统工作示意

图。发动机发出的动力经离合器（液力变矩器）、变速器（自动变速器）、万向传动装置传到驱动桥。在驱动桥处，动力经过主减速器、差速器和半轴传给驱动车轮。

图 3-35　汽车底盘总组成图

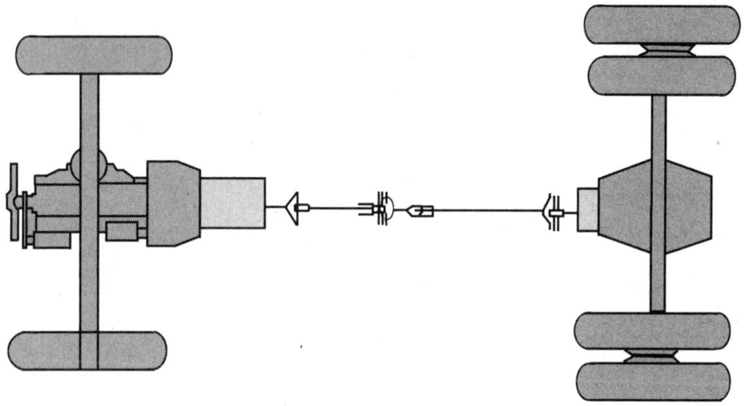

图 3-36　传动系统工作示意图

一、离合器

离合器装在发动机与变速器之间，汽车从起动到行使的整个过程中，经常需要使用离合器。它的作用是使发动机与变速器之间能逐渐接合，从而保证汽车平稳起步；有时暂时切断发动机与变速器之间的联系，以便于换档和减少换档时的冲击；此外，当汽车紧急制动时能起分离作用，防止变速器等传动系统过载，起到一定的保护作用。

自动变速器的液力变矩器已经具有离合作用，而手动变速器的离合器主要是采用摩擦形式，目前在汽车上广泛采用的是用弹簧压紧的摩擦式离合器（简称为摩擦式离合器）。

（一）摩擦式离合器结构

摩擦式离合器一般由主动部分、从动部分、压紧机构和操纵机构四部分组成，结构如图 3-37 所示。

主动部分包括飞轮、离合器盖、压盘等机件。这部分与发动机曲轴连在一起。离合器盖与飞轮靠螺栓联接，压盘与离合器盖之间是靠三四个传动片传递转矩的。

从动部分由单片、双片或多片从动盘组成（图 3-38），它将主动部分通过摩擦传来的动力传给变速器的输入轴。从动盘由从动盘本体，摩擦片和从动盘毂三个基本部分组成。为了避免在转动方向的共振，缓和传动系统受到的冲击载荷，大多数汽车都在离合器的从动盘上附装有扭转减振器。

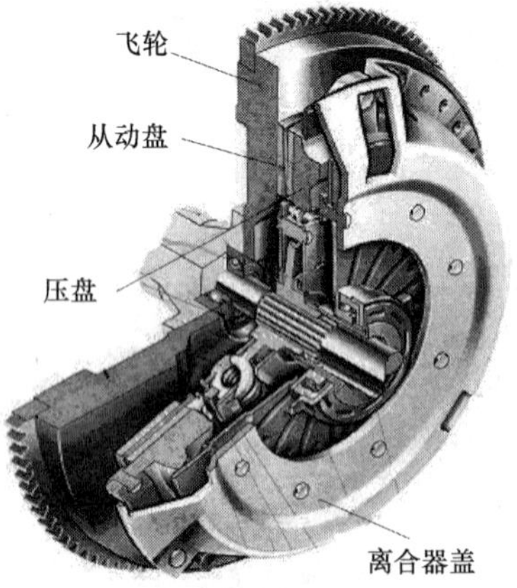

图 3-37　离合器

图 3-38　从动盘

（二）摩擦式离合器工作原理

发动机发出的转矩，通过飞轮及压盘与从动盘接触面的摩擦作用，传给从动盘。当驾驶人踩下离合器踏板时，通过机件的传递，使膜片弹簧大端带动压盘后移，此时从动部分与主动部分分离（图 3-39）。

二、变速器

（一）变速器的功用

① 改变传动比，扩大驱动轮转矩和转速的变化范围，以适应经常变化的行驶条件，使发动机在较好工况下工作。

② 在发动机旋转方向不变的情况下，使汽车实现倒向行驶。

③ 利用空档，中断动力传递，以使发动机能够起动、怠速运转和滑行等。

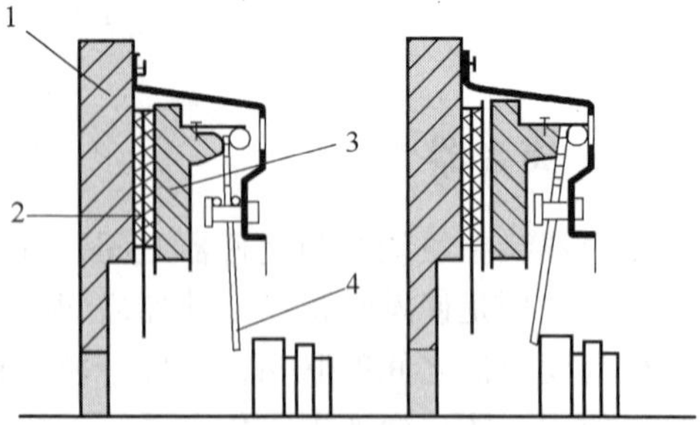

图 3-39　摩擦式离合器工作原理

1—飞轮　2—从动盘　3—压盘

4—膜片弹簧

（二）变速器的分类

变速器按传动比变化情况可分为有级式、无级式和综合式三种。有级式变速器采用齿轮传动，具有若干个定值传动比。无级式变速器传动比可在一定范围内连续变化，多采用液力变矩器完成。综合式变速器是由液力变矩器和行星齿轮式变速器组成的液力机械式变速器，其传动比可在最大值和最小值之间的几个间断范围内作无级变化，目前的自动变速器多是这种类型。

（三）变速器的结构

普通变速器主要分为三轴变速器和两轴变速器两种，三轴变速器的前进档主要由输入轴（第一轴）、中间轴和输出轴（第二轴）组成。

二轴变速器的前进档主要由输入和输出两根轴组成（图 3-40）。与传统的三轴变速器相比，由于省去了中间轴，在一般档位只经过一对齿轮就可以将输入轴的动力传至输出轴，传动效率要高一些，但是任何一档的传动效率又都不如三轴变速器直接档的传动效率高。

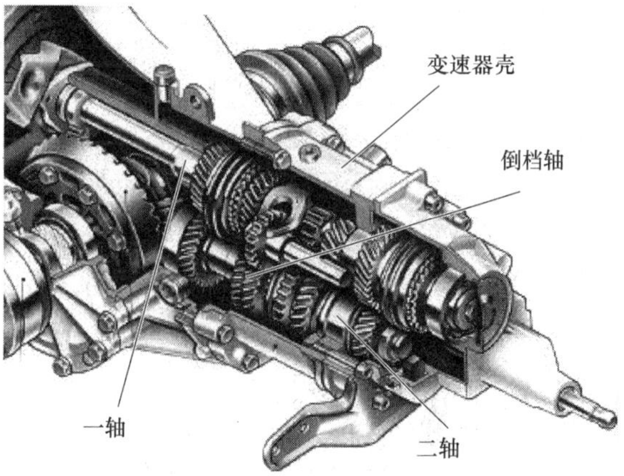

图 3-40　普通变速器

自动变速器的结构复杂，由变矩器、行星齿轮变速机构和电子-液压控制系统组成。它是通过各种液压多片离合器和制动器限制或接通行星齿轮组中的某些齿轮得到不同的传动比的，所以换档品质的好坏与这些离合器和制动器有直接关系。根据汽车档次的不同，出于成本考虑，经济型车的自动变速器的控制机构通常被设计得较简单。

图 3-41 所示是奥迪 A4 的自动变速器。图中圆圈中的部分就是多片离合器式的行星齿轮制动机构。采用这种设计的自动变速器能获得很好的换档品质，换档时动作非常柔和，几乎感觉不到振动和换档冲击，但制造维护成本很高。

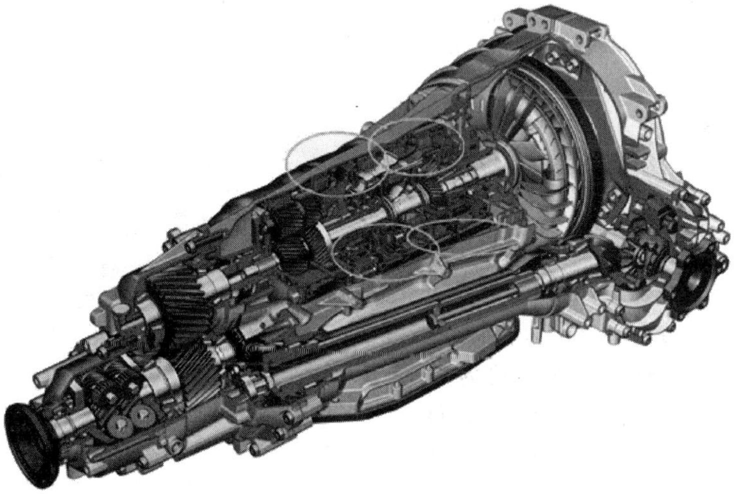

图 3-41　自动变速器结构

早期的自动变速器通常都是机械控制的，最多只有少量电子系统作为辅助。机械式的自动变速器液压油路结构复杂，成本高，而且耐用性差，需要经常维护，维修费用也高得出奇。现代自动变速器基本上已经采用了电液一体化的设计。所谓电液一体化，就是指用电子方式控制液压油路。这样就省去了各种复杂的液压控制阀和控制管路，直接用电磁阀取代液压阀。电磁阀最大的好处就是布置方便，可靠性和响应速度高。我们完全可以想象，是布置复杂的液压回路容易一些还是布置电线容易一些？答案当然是后者。电液一体化变速控制，除了上述优点以外，还有一个很大的好处就是控制方法更加智能化。因为电磁阀是直接与行车电脑相连的，电脑可以很容易地根据汽车的各种状态调整控制方式。不像纯液压控制那样，控制模式是固定不变的。所以在很多配备了电液一体化式自动变速器的车上，有经济模式、运动模式、雪地模式可供选择。在经济模式下，电脑控制变速器在低转速换档，达到省油的目的；在运动模式下，电脑控制变速器在高转速换档，发挥发动机的动力性能；在雪地模式下，电脑控制自动变速器直接用2档起步，避免因轮胎打滑而失控。所以，这种电液控制的自动变速器给人的感觉就是非常智能化，非常“听话”。而这所有的控制模式只需要修改电脑程序就能实现，硬件方面不需要做任何改动，所以成本比传统自动变速器低，性能却更高。

三、万向传动装置

一般汽车的变速器、离合器与发动机三者合为一体装在车架上，驱动桥通过悬架与车架相连。在负荷变化及汽车在不平路面上行驶时引起的跳动，会使驱动桥输入轴与变速器输出轴之间的夹角和距离发生变化，因此变速器与驱动桥之间必须采用万向传动装置，如图3-42所示。

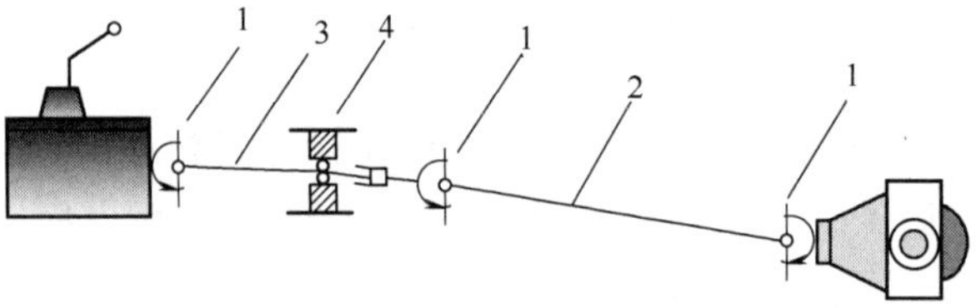

图3-42　万向传动装置组成示意图

1—万向节　2—传动轴　3—前传动轴　4—中间支承

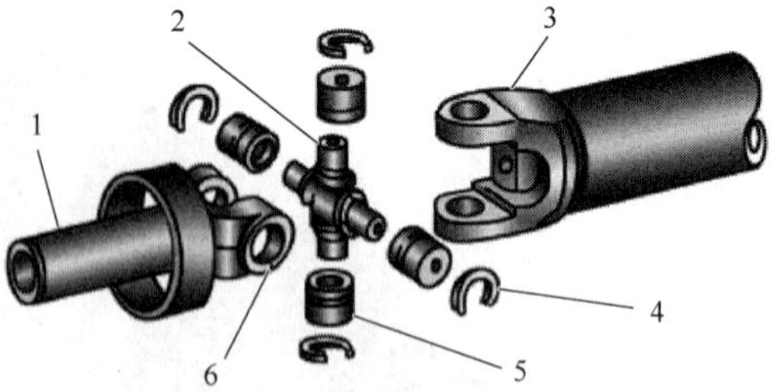

图3-43　十字轴式万向节滚针

1—套筒　2—十字轴　3—传动轴叉

4—卡环　5—轴承　6—套筒叉

万向传动装置的功用是能在轴间夹角和相对位置经常发生变化的转轴之间传递动力。万向传动装置主要由万向节、传动轴组成。对于传动距离较远的分段式传动轴，为了提高传动轴的刚度，还设置有中间支承。

汽车上最常用的万向节是十字轴式刚性万向节，允许相邻两轴的最大交角为15°～20°。如图3-43所示，十字轴式万向节由一个十字轴、两个万向节叉和四个滚针轴承等组成。两万向节叉（传动轴叉3和套筒叉6）上的孔分别套在十字轴2的两对轴颈上。这样当主动轴转动时，从动轴既可随之转动，又可绕十字轴中心在任意方向摆动。在十字轴轴颈和万向节叉孔间装有滚针轴承5，滚针轴承外圈靠卡环轴向定位。为了润滑轴承，十字轴上一般安装有注油嘴并有油路通向轴颈。润滑油可从注油嘴注到十字轴轴颈的滚针轴承处。

十字轴式刚性万向节具有结构简单、传动效率高等优点，但在两轴夹角 α 不为零的情况下，不能传递等角速转动。

四、驱动桥

驱动桥由主减速器、差速器、半轴和驱动桥壳等组成。其主要功用是将万向传动装置传来的发动机动力经过降速，将增大的转矩分配到驱动车轮。

驱动桥一般可分为非断开式和断开式两种。图 3-44 所示为非断开式驱动桥，也称为整体式驱动桥，它由驱动桥壳 1、主减速器（图中包括6、7）、差速器（图中包括2、3、4）和半轴 5 组成。驱动桥壳 1 由中间的主减速器壳和两边与之刚性连接的半轴套管组成，通过悬架与车身相连。两侧车轮安装在此刚性桥壳上，半轴与车轮不能在横向平面内作相对运动。

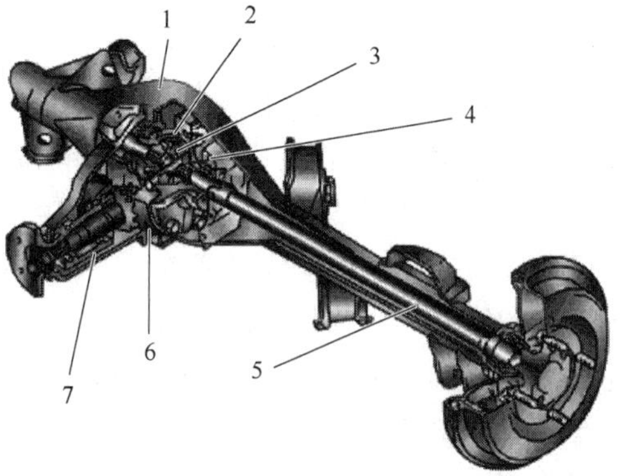

图 3-44　非断开式驱动桥组成图

1—驱动桥壳　2—差速器壳　3—差速器行星轮　4—差速器半轴齿轮　5—半轴　6—主减速器从动齿轮齿圈　7—主减速器主动小齿轮

输入驱动桥的动力首先传到主减速器主动小齿轮 7，经主减速器减速后转矩增大，再经差速器分配给左右两半轴 5，最后传至驱动车轮。

（一）主减速器

主减速器（图 3-45）是汽车传动系统中减小转速、增大转矩的主要部件。对发动机纵置的汽车来说，主减速器还利用锥齿轮传动以改变动力方向。

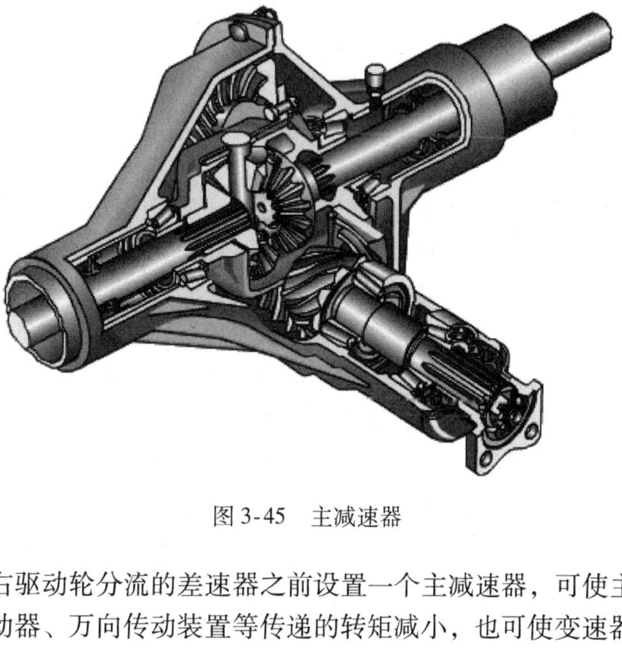

图 3-45　主减速器

汽车正常行驶时，发动机的转速通常在 2000～3000r/min，如果这么高的转速只依靠变速器来降速，那么变速器内齿轮副的传动比则需很大，而齿轮副的传动比越大，两齿轮的半径比也越大，换句话说，也就是变速器的尺寸会越大。另外，转速下降，而转矩必然增加，也就加大了变速器与变速器后一级传动机构的传动负荷。所以，在动力向左右驱动轮分流的差速器之前设置一个主减速器，可使主减速器前面的传动部件如变速器、分动器、万向传动装置等传递的转矩减小，也可使变速器的尺寸、质量减小，操纵省力。

现代汽车的主减速器，广泛采用弧齿锥齿轮和双曲面齿轮。双曲面齿轮工作时，齿面间的压力和滑动较大，齿面油膜易被破坏，必须采用双曲面齿轮油润滑，绝不允许用普通齿轮油代替，否则将使齿面迅速擦伤和磨损，大大降低使用寿命。

（二）差速器

汽车差速器是一个差速传动机构，用来保证左右驱动轮在各种运动条件下的动力传递，避免轮胎与地面间打滑。

当汽车转弯行驶时，外侧车轮比内侧车轮所走过的路程长（图3-46）；汽车在不平路面上直线行驶时，两侧车轮走过的路径长短也不相等；即使路面非常平直，但由于轮胎制造尺寸偏差，磨损程度不同，承受的载荷不同或充气压力不等，各个轮胎的滚动半径实际上不可能相等，若两侧车轮都固定在同一刚性转轴上，两轮角速度相等，则车轮必然出现边滚动边滑动的现象。

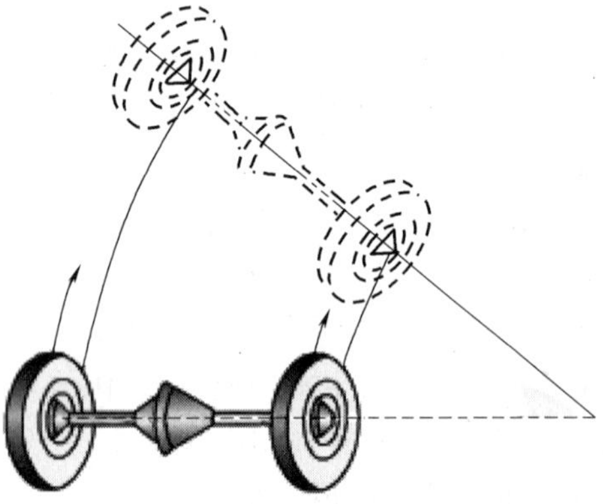

图3-46　差速作用

车轮对路面的滑动不仅会加速轮胎磨损，增加汽车的动力消耗，而且可能导致转向和制动性能的恶化。若主减速器从动齿轮通过一根整轴同时带动两侧驱动轮，则两侧车轮只能以同样的转速转动。为了保证两侧驱动轮处于纯滚动状态，就必须改用两根半轴分别连接两侧车轮，而由主减速器从动齿轮通过差速器分别驱动两侧半轴和车轮，使它们可用不同角速度旋转。这种装在同一驱动桥两侧驱动轮之间的差速器称为轮间差速器。

在多轴驱动汽车的各驱动桥之间，也存在类似问题。为了适应各驱动桥所处的不同路面情况，使各驱动桥有可能具有不同的输入角速度，可以在各驱动桥之间装设轴间差速器。

目前国产轿车及其他类汽车基本都采用了对称式锥齿轮普通差速器。对称式锥齿轮差速器由行星轮、半轴齿轮、行星轮轴（十字轴或一根直销轴）和差速器左右外壳等组成（图3-47）。（从前向后看）左半差速器壳2和右半差速器壳8用螺栓固紧在一起。主减速器的从动齿轮7用螺栓（或铆钉）固定在差速器壳右半部的凸缘上。十字形行星轮轴9安装在差速器壳接合面处所对应的圆孔内，每个轴颈上套有一个带有滑动轴承（衬套）的直齿锥齿轮行星轮6，四个行星轮的左右两侧各与一个半轴齿轮4相啮合。半轴齿轮的轴颈支承在差速器壳左右相应的孔中，其内花键与半轴相连。与差速器壳一起转动（公转）的行星轮带动两侧的半轴齿轮转动，当两侧车轮所受阻力不同时，行星轮还要绕自身轴线转动——自转，从而实现对两侧车轮的差速驱动。

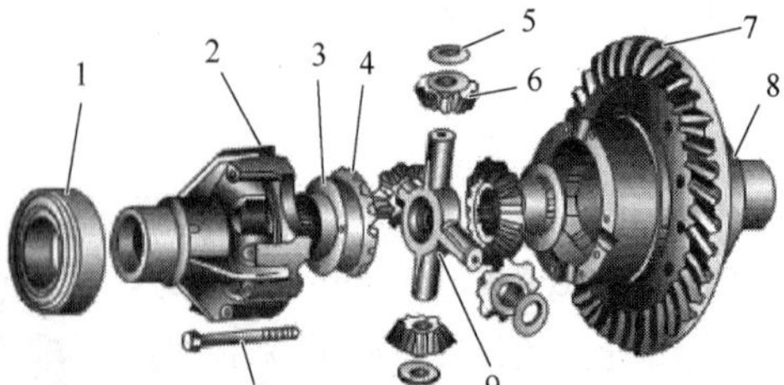

图3-47　差速器构造零件的分解

1—轴承　2—左外壳　3—垫片　4—半轴齿轮　5—垫圈　6—行星轮　7—从动齿轮　8—右外壳　9—十字轴　10—螺栓

第四节　汽车行驶系统

汽车的车架、车桥、车轮和悬架等组成了汽车行驶系统，行驶系统的功用如下：

接受传动系统的动力，通过驱动轮与路面的作用产生牵引力，使汽车正常行驶。

承受汽车的总重量和地面的反力；缓和不平路面对车身造成的冲击，衰减汽车行驶中的振动，保持行驶的平顺性；与转向系统配合，保证汽车操纵稳定性。

一、车架

车架是汽车上各部件的安装基础。如发动机、变速器、车身或驾驶室通过弹性支承安装于车架上；前、后桥通过悬架连接在汽车车架上；而转向器则直接安装在车架上。通常车架由纵梁和横梁组成。

目前，汽车车架按其结构形式主要可分为边梁式车架（图3-48）和中梁式车架两种。

车架承受着全车的大部分重量，在汽车行驶时，它承受来自装配在其上的各部件传来的力及其相应的力矩的作用。

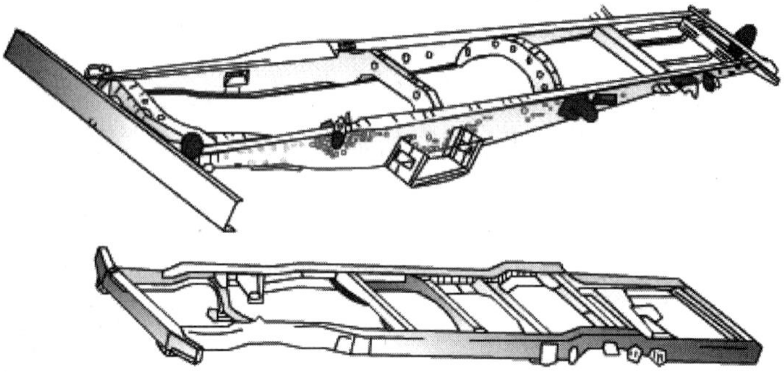

图3-48　边梁式车架

二、车桥

车桥通过悬架与车架连接，支承着汽车大部分重量，并将车轮的牵引力或制动力，以及侧向力经悬架传给车架。为了便于与不同悬架相配合，汽车的车桥分为整体式和断开式两种。按使用功能划分，车桥又可分为转向桥、转向驱动桥、驱动桥和支持桥。驱动桥的内容已在传动系统中讲述过，这里主要介绍从动的转向桥（图3-49）。

三、车轮

车轮对汽车行驶性能有很重要的作用。它们的功用主要是支承汽车车体重量，缓和由于路面不平引起的冲击力；接受和传递制动力和驱动力；具有抵抗侧滑的能力，使汽车正常转向，保持汽车直线行驶。

辐板式车轮如图3-50所示。这种车轮由挡圈1，辐板3，轮辋2和气门嘴伸出口4组成。辐板3为钢质圆板，它将轮毂和轮辋连接为一体，大多是冲压制成的，少数与轮毂铸成一体。后者多用于重型汽车。辐板与轮辋是铆接或焊接在一起的，对于无内胎轮胎的车轮，宜采用焊接法，可提高轮辋的密封性。

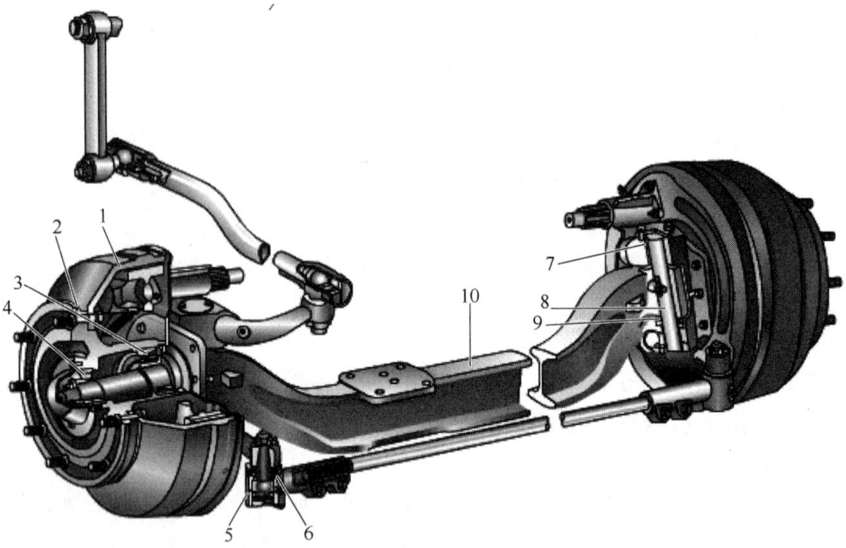

图 3-49　解放 CA10B 汽车转向桥

1—制动鼓　2—轮毂　3、4—轮毂轴承　5—万向节臂　6—油封　7—衬套　8—主销　9—推力轴承　10—前轴

货车后轴负荷大多比前轴大很多，为使后轮胎不致过载，后桥车轮一般安装双式车轮，如图 3-51 所示，在同一轮毂上安装两副相同的辐板和轮辋，为方便互换，辐板的螺栓两端面也做成锥形。

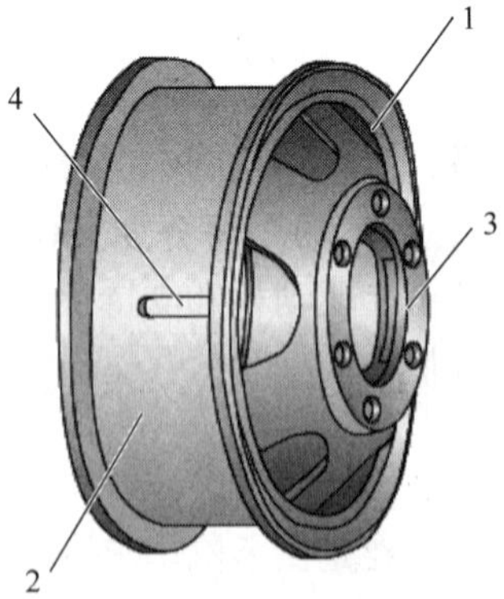

图 3-50　辐板式车轮

1—挡圈　2—轮辋　3—辐板　4—气门嘴伸出口

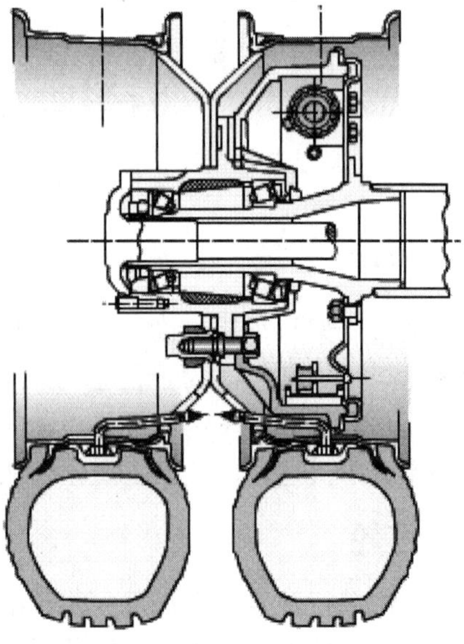

图 3-51　双式车轮

四、悬架

汽车车架（或车身）若直接安装于车桥（或车轮），由于道路不平，地面冲击使人会感

到十分不舒服。汽车悬架是车架（或车身）与车轴（或车轮）之间的弹性联结装置的统称。它的作用是弹性地连接车桥和车架（或车身），缓和行驶中车辆受到的冲击力；保证货物完好和人员舒适；衰减由于弹性系统引进的振动，使汽车行驶中保持稳定的姿势，改善操纵稳定性；传递垂直反力、纵向反力（牵引力和制动力）和侧向反力，以及这些力所造成的力矩作用到车架（或车身）上，以保证汽车行驶平顺；当车轮相对车架跳动时，特别在转向时，车轮运动轨迹要符合一定的要求，因此悬架还起使车轮按一定轨迹相对车身跳动的导向作用。

图 3-52 所示为悬架为钢板弹簧式非独立悬架。钢板弹簧中部被 U 形螺栓固定在车桥上，车架与钢板弹簧前端的吊耳用固定铰链（也称死吊耳）1 连接，后端与活动铰链（也称活吊耳）连接。当车桥受到冲击，弹簧变形，使两吊耳间距离变化时，活吊耳可以摆动。

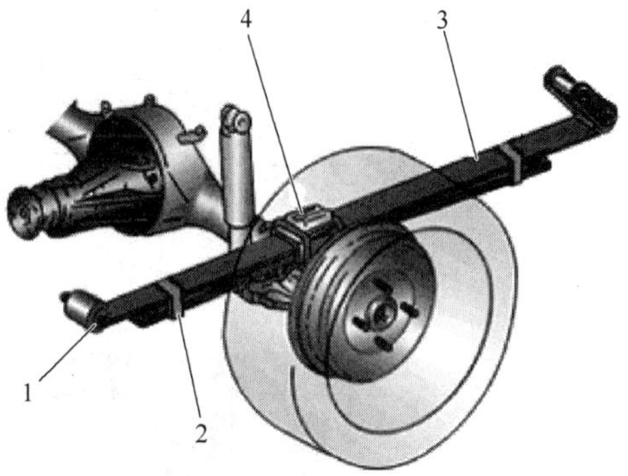

图 3-52　钢板弹簧式非独立悬架

1—吊耳　2—弹簧夹　3—钢板弹簧　4—中心螺栓

由于现代人对车辆乘坐舒适性及操纵稳定性的要求愈来愈高，所以非独立悬架系统已渐渐被淘汰。而独立悬架系统因其车轮触地性良好、乘坐舒适性及操纵稳定性大幅提升、左右两轮可自由运动、轮胎与地面的自由度大、车辆操控性较好等优点，目前被汽车厂家普遍采用。常见的独立悬架系统有多连杆式悬架系统、麦弗逊式悬架系统、拖曳臂式悬架系统等。特别是空气弹簧（悬架）系统，由于其能给客车、货车、挂车等商用车带来卓越的舒适性、优良的平顺性、更好的操纵稳定性，已被越来越多地应用在各类汽车中。

图 3-53 所示为机械控制模式的空气悬架系统。这种模式采用高度控制阀，随载荷的不同改变空气弹簧内的空气压力，从而保持车辆的高度。高度控制阀固定在车架上，通过控制杆与车桥相连。高度控制阀阀体内有两个阀，即通气源的充气阀和通大气的放气阀，这两个阀均由控制杆操纵。当车辆载荷增加，车桥移近车架时，控制杆上升，通过摇臂机构打开充气阀，压缩空气进入空气弹簧，使车架和车身升高，直到恢复车身与车桥的原定距离为止。当载荷减小，车桥远离车架时，控制杆下移，打开放气阀，则空气弹簧内的空气排入大气，车身和车架随即降低到原定数值。

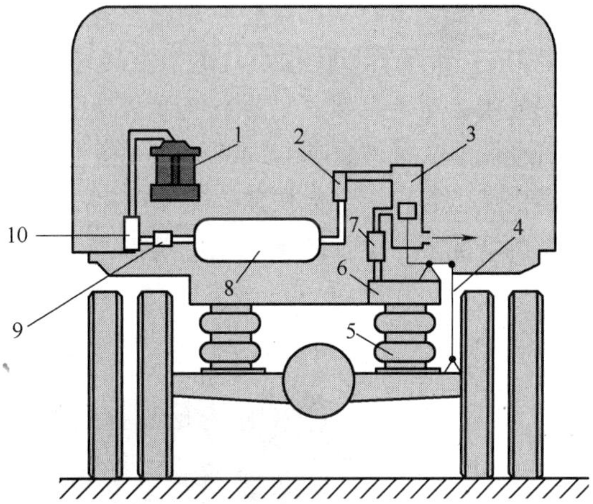

图 3-53　机械控制模式的空气悬架系统

1—压气机　2、7—空气滤清器　3—车身高度控制阀　4—控制杆　5—空气弹簧　6—储气罐　8—储气筒　9—压力调节器　10—油水分离器

图 3-54 所示为电子控制的空气悬架。该系统主要由电子控制单元、电磁阀、高度传感器、空气弹簧等部件组成。其基本工作原理是，高度传感器负责检测车辆高度（车

架与车桥之间的距离）的变化，并把这一信息传递给电控单元，除高度信息外，电控单元还接受其他的输入信息，如车速、制动、车门和供气压力信息等；然后电控单元综合所有的输入信息，判断当前车辆状态，按照其内部的控制逻辑，激发电磁阀工作，利用电磁阀实现对各个空气弹簧的充放气调节。

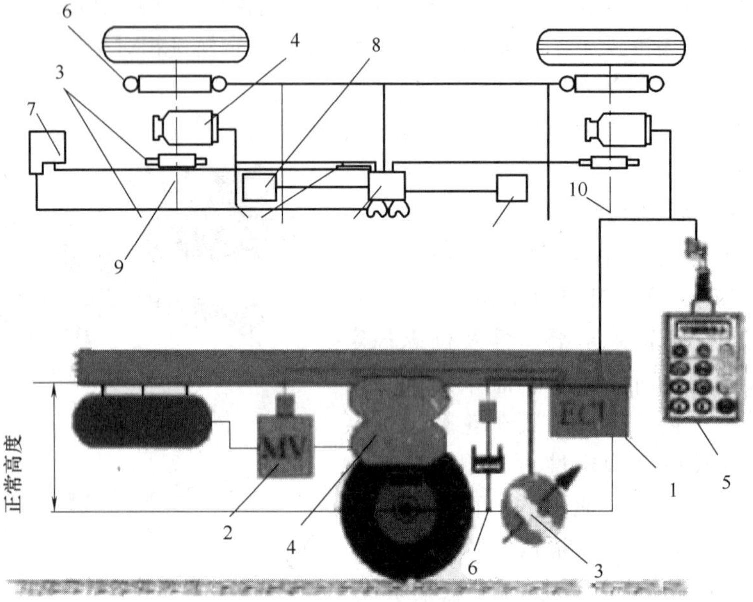

图 3-54　电子控制的空气悬架

1—电子控制单元　2—电磁阀　3—高度传感器　4—空气弹簧　5—控制终端
6—减振器　7—空气压缩机　8—速度传感器　9—后轴　10—前轴

目前空气悬架在我国主要应用在客车上，其使用亦仅有 10% 左右，电子控制空气悬架更是不足 1%，市场容量还很小。电子空气悬架由于价格比普通空气悬架高 2 ~ 3 倍，而整车厂都在控制成本，对于悬架，只要空气弹簧高度可调就基本满足要求了，而并不需要昂贵的电控系统来自动调节。虽然目前我国部分客车企业已经推出装配电子控制空气悬架的客车，但也仅在部分高档城市客车上，如快速公交系统客车。因此，在市场需求没有大幅提高，也没有法规强制安装的情况下，电子控制空气悬架将增长缓慢。客车上的空气悬架如图 3-55 所示。

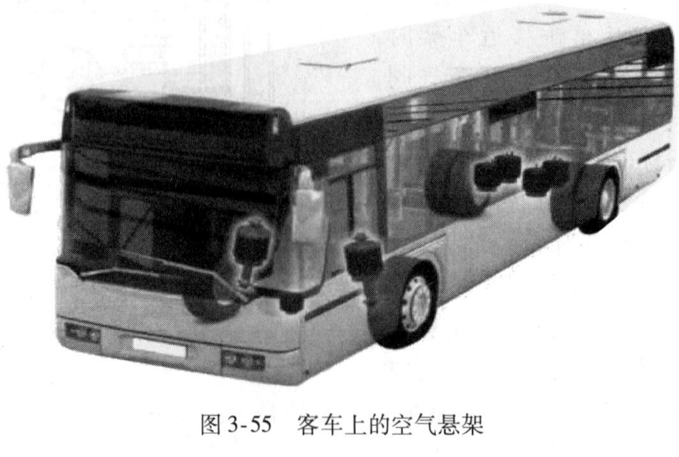

图 3-55　客车上的空气悬架

第五节　汽车转向系统

汽车在行驶中经常需要改变行驶方向。汽车上用来改变或恢复其行驶方向的专设机构称为汽车转向系统。

一、转向系统的基本组成

① 转向操纵机构主要由转向盘、转向轴、转向管柱等组成。

② 转向器将转向盘的转动变为转向摇臂的摆动或齿条轴的直线往复运动，并对转向操纵力进行放大。转向器一般固定在汽车车架或车身上，转向操纵力通过转向器后一般还会改变传动方向。

③ 转向传动机构将转向器输出的力和运动传给车轮（转向节），并使左右车轮按一定关系进行偏转。

二、转向系统的类型及工作原理

按转向能源的不同，转向系统可分为机械转向系统和动力转向系统两大类。

1. 机械转向系统

机械转向系统是以驾驶人的体力（手力）作为转向能源的转向系统，其中所有传力件都是机械的。

图3-56所示是一种机械式转向系统。需要转向时，驾驶人对转向盘1施加一个转向力矩。该力矩通过转向轴2输入转向器8。从转向盘到转向传动轴这一系列部件和零件即属于转向操纵机构。作为减速传动装置的转向器中有1、2级减速传动副，经转向器放大后的力和减速后的运动传到转向横拉杆6，再传给固定于转向节3上的转向节臂5，使转向节和它所支承的转向轮偏转，从而改变了汽车的行驶方向。这里，转向横拉杆和转向节臂属于转向传动机构。

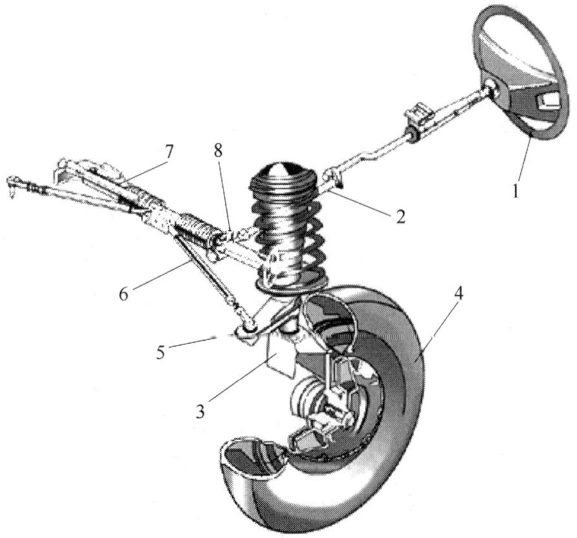

图3-56　机械转向系统

1—转向盘　2—安全转向轴　3—转向节　4—转向轮　5—转向节臂　6—转向横拉杆　7—转向减振器　8—机械转向器

2. 动力转向系统

动力转向系统是兼用驾驶人体力和发动机（或电动机）的动力为转向能源的转向系统，它是在机械转向系统的基础上加设一套转向加力装置而形成的。

图 3-57 所示为一种液压式动力转向系统示意图。其中属于转向加力装置的部件是转向液泵 5、转向液管 4、转向液罐 6 以及位于整体式转向器 10 内部的转向控制阀及转向动力缸等。当驾驶人转动转向盘 1 时，转向摇臂 9 摆动，通过转向直拉杆 11、横拉杆 8、转向节臂 7，使转向轮偏转，从而改变汽车的行驶方向。

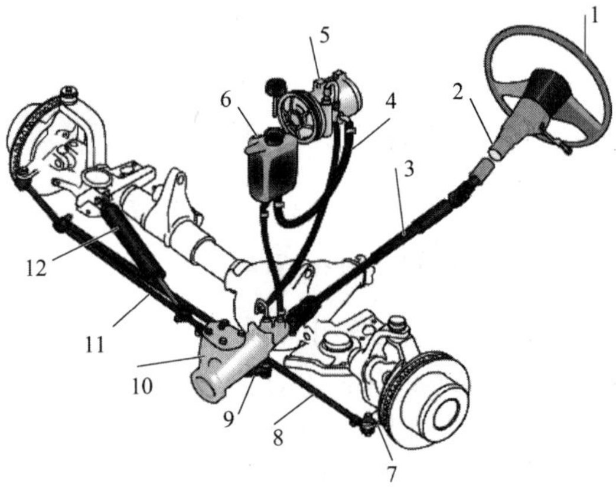

图 3-57 液压式动力转向系统

1—转向盘 2—转向轴 3—转向中间轴 4—转向液管 5—转向液泵 6—转向液罐 7—转向节臂 8—转向横拉杆 9—转向摇臂 10—整体式转向器 11—转向直拉杆 12—转向减振器

第六节 汽车制动系统

汽车上用以使外界（主要是路面）在汽车某些部分（主要是车轮）施加一定的力，从而对其进行一定程度的强制制动的一系列专门装置统称为制动系统。其作用是，使行驶中的汽车按照驾驶人的要求进行强制减速甚至停车，使已停驶的汽车在各种道路条件下（包括在坡道上）稳定驻车，使下坡行驶的汽车速度保持稳定。

一、制动系统的类型

按制动系统的作用，制动系统可分为行车制动系统、驻车制动系统、应急制动系统及辅助制动系统等。用以使行驶中的汽车降低速度甚至停车的制动系统称为行车制动系统；用以使已停驶的汽车驻留原地不动的制动系统则称为驻车制动系统；在行车制动系统失效的情况下，保证汽车仍能实现减速或停车的制动系统称为应急制动系统；在行车过程中，降低车速或保持车速稳定，但不能将车辆紧急制停的制动系统称为辅助制动系统。上述各制动系统中，行车制动系统和驻车制动系统是每一辆汽车都必须具备的。

按制动操纵能源，制动系统可分为人力制动系统、动力制动系统和伺服制动系统等。以驾驶人的肌体作为唯一制动能源的制动系统称为人力制动系统；完全靠由发动机的动力转化而成的气压或液压形式的势能进行制动的系统称为动力制动系统；兼用人力和发动机动力进行制动的制动系统称为伺服制动系统或助力制动系统。

按制动能量的传输方式，制动系统可分为机械式、液压式、气压式、电磁式等。同时采用两种以上传能方式的制动系统称为组合式制动系统。

二、制动系统的组成和一般工作原理

制动系统的一般工作原理是，利用与车身（或车架）相连的非旋转元件和与车轮（或传动轴）相连的旋转元件之间的相互摩擦来阻止车轮的转动或转动的趋势。

可用图3-58所示的一种简单的液压制动系统示意图来说明制动系统的工作原理。

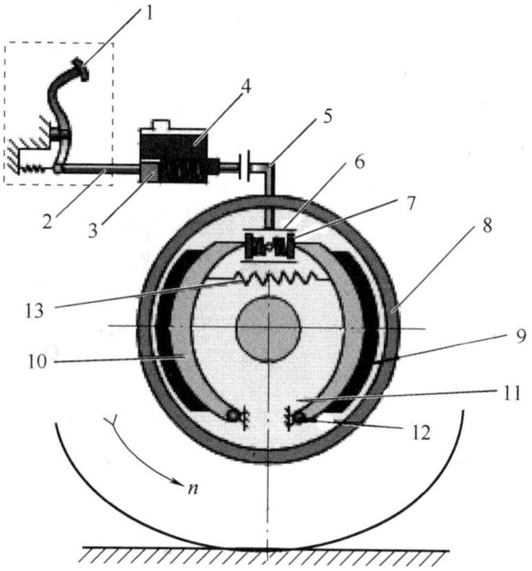

图3-58　减压制动系统

1—制动踏板　2—推杆　3—主缸活塞　4—制动主缸　5—油管　6—制动轮缸　7—轮缸活塞　8—制动鼓　9—摩擦片　10—制动蹄　11—制动底板　12—支承销　13—制动蹄回位弹簧

一个以内圆面为工作表面的金属制动鼓固定在车轮轮毂上，随车轮一同旋转。在固定不动的制动底板上，有两个支承销，支承着两个弧形制动蹄的下端。制动蹄的外圆面上装有摩擦片。制动底板上还装有液压制动轮缸，用油管5与装在车架上的液压制动主缸相连通。主缸中的活塞3可由驾驶人通过制动踏板机构来操纵。

当驾驶人踏下制动踏板，使活塞压缩制动液时，轮缸活塞在液压的作用下将制动蹄片压向制动鼓，使制动鼓减小转动速度，或保持不动。

三、防抱死制动系统

在汽车制动时，如果车轮抱死滑移，车轮与路面间的侧向附着力将完全消失。如果只是前轮（转向轮）制动到抱死滑移而后轮还在滚动，汽车将失去转向能力。如果只是后轮制动到抱死滑移而前轮还在滚动，即使受到不大的侧向干扰力，汽车也将产生侧滑（甩尾）现象。这些都极易造成严重的交通事故。

因此，汽车在制动时不希望车轮制动到抱死滑移，而是希望车轮制动到边滚边滑的状态。由试验得知，汽车车轮的滑动率在15%～20%时，轮胎与路面间有最大的附着系数。所以为了充分发挥轮胎与路面间的这种潜在的附着能力，目前在轿车、大客车和重型货车上装备了防抱死制动系统（Antilock Brake System，ABS）。图3-59所示为制动防抱死系统组成图。

制动过程中，车轮转速传感器负责监督四个车轮的转速，ABS电控单元（ECU）3不断地从传感器1和5获取车轮速度信号，并加以处理，分析是否有车轮即将抱死拖滑。

如果没有车轮即将抱死拖滑，制动压力调节装置2不参与工作，制动主缸7和各制动轮缸9相通，制动轮缸中的压力继续增大，此即ABS制动过程中的增压状态。

如果电控单元判断出某个车轮（假设为左前轮）即将抱死拖滑，它即向制动压力调节装置发出命令，关闭制动主缸与左前制动轮缸的通道，使左前制动轮缸的压力不再增大，此

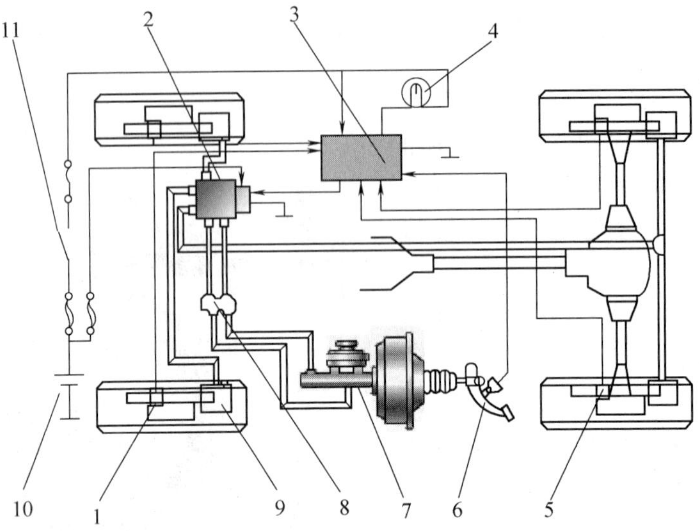

图 3-59　制动防抱死系统组成图

1—前轮速度传感器　2—制动压力调节装置　3—ABS 电控单元　4—ABS 警告灯　5—后轮速度传感器　6—停车灯开关　7—制动主缸　8—比例分配阀　9—制动轮缸　10—蓄电池　11—点火开关

即 ABS 制动过程中的保压状态。

若电控单元判断出左前轮仍趋于抱死拖滑状态，它即向制动压力调节装置发出命令，打开左前制动轮缸与储液室或蓄能器（图中未画出）的通道，使左前制动轮缸中的油压降低，此即 ABS 制动过程中的减压状态。待制动力降低到一定程度，又迅即恢复制动力，如此反复，从而达到在制动的同时保持车轮始终处于可操控的状态。

本 章 小 结

汽车的动力是由发动机产生的，并经过传动系统传递动力，使汽车运动；通过转向系统和制动系统控制车速和方向。本章主要讲述了发动机结构、动力产生过程即工作原理，以及传动系统、转向系统、制动系统等的结构和原理。

【思考与习题】

1. 四冲程汽油发动机由哪些机构和系统组成？
2. 电子控制发动机燃油喷射系统的组成和工作原理如何？
3. 动力传动系统由哪些装置组成？叙述动力传递过程。
4. 制动系统的组成与原理是什么？
5. 汽车转向系统由哪些装置组成？它们是怎样工作的？

第四章　汽车运动与时尚

【学习目标】

1. 展示赛车运动的魅力，了解赛车运动的起源、各种赛车运动及其分类、现代汽车赛事。

2. 了解历史上世界著名汽车展览。

第一节　赛车运动与汽车发展

目前，业界一致认为世界上第一个汽车赛事是1894年发生在法国的那场比赛(图4-1)。比赛路线从巴黎到里昂，全程126km，之所以选择这样的距离，是为了考验当时汽车的稳定性。这场赛事，在汽车工业发展史上有着特殊的意义，人类第一次脱离开牲畜的力量而依靠机械动力的交通工具进行比赛。

图4-1　第一个汽车赛事

面对5000法郎的高额奖金，共有102辆车申请参加比赛，但只有21位车手获许参赛，最终15位车手完成比赛，其中共有9辆赛车搭载着由梅赛德斯-奔驰创始人之一戈特利布·戴姆勒先生设计的Panhard-Levassor发动机，奔驰的VisàVis赛车也是其中之一。最终前4辆完成比赛的赛车均由戈特利布·戴姆勒先生设计的954mL V2发动机所驱动。

这场比赛不仅充分显示了梅赛德斯-奔驰公司天生的运动特质，更主要的是汽车文明从这里开始由欧洲主要汽车国家往外扩散。赛后，产生了大批汽车技术爱好者，他们积极参与汽车运动的同时，带动着汽车产业高速发展。如果说1886年是汽车诞生的年代，那么可以说，是1894年这场汽车赛事成功哺育了汽车产业。

一、赛车组织机构

赛车运动最初是由某几家汽车厂联合发起的，目的就是为证明哪个厂所生产的汽车性能更好。为赢得比赛，车厂必然把最先进的技术和最好的材料放在参加比赛的车里面，赛车自然就成为当时最先进的汽车科技的代表。到现在，赛车运动的目的不只局限于证明车厂的实力，而有了其他各种各样的目的，例如娱乐，还有更多的是商业目的。但始终不变的是，赛车运动里面的科技成分总是高于同期的民用汽车。而赛车可以说是汽车工业发展的先驱、开拓者，赛车里运用的科技、经验，一部分可被应用于未来的民用汽车。

1. 国际汽车运动联合会

1904年6月10日，由法国、英国、德国等欧洲国家发起，在巴黎成立了国际汽车联合会（FIA）简称国际汽联，FIA以推动汽车工业发展为宗旨。目前118个国家的157个俱乐部、协会、联盟和其他赛车机构加入了该组织。国际汽联于1922年成立了下属机构“国际汽车运动联合会（Federation Internationale of Sport Automobile，FISA）”，其主要任务是制定有关参赛车辆、车手、路线及比赛方法等相应规则。国际汽车联合会每年要在约80个国家安排包括世界大奖赛、世界锦标赛、世界杯赛及地区赛在内的近800场各种国际比赛。

2. 中国汽车运动联合会

中国汽车运动联合会（Federation of Auto Sport of China，FASC）是具有独立法人地位的全国性体育社会团体，在国家体育总局的领导下，管理、监督和指导中国汽车运动，促进汽车运动在中国的发展。其任务是负责全国汽车运动的业务管理，组办国内外汽车比赛和体育探险活动，指导群众进行体育活动，培训运动员、教练员和裁判员，参加国际交往和技术交流。

二、各类赛车运动

赛车运动分为两大类，场地赛车和非场地赛车。

场地赛车顾名思义，就是指赛车在规定的封闭场地中进行比赛。它又可分为漂移赛、方程式赛、轿车赛、运动汽车赛、GT耐力赛、短道拉力赛、场地越野赛和直线竞速赛等。

非场地赛车的比赛场地不是封闭的，主要分拉力赛、越野赛及登山赛、沙滩赛、泥地赛等。

下面让我们一起看看不同赛事的特点，着重了解一级方程式（F1）赛车相关内容。

1. 一级方程式车赛（F1/Formula 1）

方程式车赛是汽车场地比赛的一种，由于参加这种比赛的赛车必须依照国际汽联制定的车辆技术规定的程式制造和比赛，因此叫做方程式车赛。

国际汽车联合会制定颁发的制造程式包括车体结构、长度和宽度、最低质量、发动机工作容积、气缸数量、油箱容量、电子设备、轮胎的距离和大小等。

属于方程式汽车比赛的项目主要有一级方程式（F1）、二级方程式（F3000）、三级方程式（F3）、亚洲方程式、无限方程式、福特方程式、雷诺方程式、卡丁车方程式等。

方程式车赛的级别按发动机排量和功率可分为三个级别：

一级方程式比赛是最高级别，排量3.5L，功率478kW，最高车速超过315km/h。

二级方程式比赛，发动机排量 3L，功率 350kW。

三级方程式比赛发动机排量 2L，功率 125kW。

（1）比赛赛道

世界一级方程式比赛在分布于世界各地的 16 个站进行。各站赛程都在 300km 左右，车手要在 2h 内绕赛场跑 40 ~ 80 圈，但各赛场环形跑道的形状和距离都不相同，如 1993 年世界一级方程式比赛意大利站赛道长 5. 8km，葡萄牙站长 4. 35km，南非站长 4. 261km。最后按 11 个站的最好成绩决出世界冠军车手，按 16 个站的最好成绩决出世界冠军车队。

F1，中文名称为“一级方程式锦标赛”，是英文 Formula 1 Grand Prix 的简称，目前这项比赛的正式全名为“FIA Formula 1 World Championship”，即一级方程式赛车世界锦标赛。“方程式”其实就是“规则与限制”的意思，因为 F1 是 FIA 所制定的方程式赛车规范中等级最高的，因此以“1”命名。

（2）赛车的特殊装置（图 4-2）

发动机——赛车发动机安装在车尾，直接固定在底盘上。发动机采用先进的电控燃油点火系统。机油和冷却液利用高速行驶的气流来冷却，没有散热器和风扇。现在不准使用涡轮增压发动机，一律用自然吸气式发动机，气缸数不准超过 12 个，最高转速可达 15000r/min。

图 4-2　赛车的特殊装置

变速器——一般设有六七个前进档和一个倒档，可以自动换档或手动一次换一档或几档。在一个站的赛程中，赛手要操纵变速杆约 2000 次，因此要求变速器响应迅速、操作方便。一般在赛手右方安装一小型机械变速杆，赛手手腕微动就可实现瞬间变速。

轮胎——F1 赛车的轮胎只有一个紧固螺栓，以便迅速拆装。为增强附着性能，轮胎都相当宽，加大了与地面的接触面积。干地轮胎没有花纹，湿地轮胎则有花纹，以便排水和增大附着力。

底盘——底盘是 F1 最具特点的部分，它要求结构简单，减少重量，增加动力性和安全性。塑料油箱兼作赛手的靠背，赛手必须半躺半卧地挤进驾驶舱，车身内部刚好包围赛手的身体。整辆车看上去像一辆有四个轮子的火箭。

（3）赛车的安全装置

赛车时速达数百千米，因此安全极其重要。赛车采用特殊的六点式安全带，可把赛手牢牢固定在车上，但对头部依然无能为力。赛车安全气囊还未达到轿车的实用水平，因为赛车气囊的爆炸速度要为轿车的 4 倍，而安装气囊的空间又很小——直径 280mm 的转向盘上已经布置了大部分控制开关，再为 $20cm^3$ 的气囊找一立足之地也不容易。

每辆 F1 赛车都是世界著名汽车厂家的精心杰作。一辆这种赛车的价值超过 700 万美元，甚至不亚于一架小型飞机的价值。F1 汽车大赛，不仅是赛车手勇气、驾驶技术和智慧的竞争，在其背后还进行着各大汽车公司之间科学技术的竞争。福特汽车公司就形象地把汽车大赛比作“高科技奥运会”。在汽车大赛中推出的新型赛车，从设计到制造都凝聚着众多研制者的心血，并代表着一家公司乃至一个国家的最新科技水平。汽车大赛还是各国科技人才素质的较量。据悉，德国约有 2000 多名专业人才直接从事赛车的设计、制造和研究工作，美国约有 1 万人；而日本则最多，估计近 2 万人。

（4）F1 赛车手

所有参加 F1 大赛的车手，都是经过千挑万选的世界车坛的精英。每一位车手在跻身 F1 大赛前，都必须经过多个级次的选拔，例如小型车赛、三级方程式（F3）车赛等，堪称“过五关、斩六将”，而要成为世界冠军，更非易事。他必须身经百战，集赛车技术、天赋及斗志于一身。

根据 FIA 的有关规定，每年全世界能有资格驾驶世界 F1 赛车的车手不超过 100 名。所有驾驶 F1 赛车的选手，都必须持有 FIA 签发的“超级驾驶执照”；每年只有少数的优秀车手有资格参加决赛。

（5）赛手的特殊盔甲

所有外露服装都要经得起高温考验，能在 700℃ 火焰中待 12s 而安然无恙；内衣也只能用指定材料制成。防护头盔和护目镜可以在时速 500km/h 时抵御石子的撞击，而其本身只有 1.2kg 重。手套要能防火，为防止擦伤皮肤，缝合针脚一律向外。鞋子须耐火，并且能在碰撞时起到缓冲作用。耳机上要有特殊的耳塞，以免听力被发动机的巨大噪声伤害——据说其声响不亚于喷气式战斗机。

（6）F1 大赛规则

F1 大赛每年都要选择地理条件迥然不同的 16 个赛场。有的选在高原上，那里空气稀薄，用以考验车手的身体素质；有的则是街道串成的赛道，那里路面相对狭窄曲折，车手弄不好就会撞车；有的赛车场就显得路面宽阔，但也有上下坡考验车手的技术；还有的赛车场建在树木葱郁的森林中，那里跑道起伏大，车手很难控制赛车。由于赛车经常出现意外，FISA 要求所有主办国的赛车场必须有足够的草地缓冲区。各赛场的救护人员也必须分布在全场的每一个角落，争取在出事的一刹那，跑进现场，进行抢救（图 4-3）。

2003 年以前 F1 计分方法如下：每一赛车都需在车赛前三天进行试车，然后根据试车圈速排列起跑位次。通常在试车的时候，共有 28 ~ 30 辆赛车参加计时，但最终只取前 26 辆赛

图4-3　救护人员必须分布在全场的每一个角落

车参加比赛。正式比赛开始，各车手按排位从相继不远的起跑位置出发。进入前6名可得分。第一名是10分，第二名是6分，第三到第六分别是4到1分。

FIA规定，如某站比赛发生意外，完成75%的赛程即告终止，则各车手得分减半，如第一名只得4.5分，第六名只得0.5分。

从2003年开始，F1开始使用新的计分规则，新的规则下，前8名选手可获得积分：第一名是10分，第二名是8分，第三到第八名分别是6到1分。

除了每一站都有“分站赛冠军”外，F1比赛还设置了年度的“世界冠军”和年度的“车队冠军”头衔，世界冠军奖杯由各分站累计积分最多的选手获得，而车队冠军的殊荣则是属于两名车手分站积分合计最多的车队。

2. 雷诺方程式（Formula Renault）

雷诺方程式车赛是世界上著名且最普及的一种方程式车赛，该项赛事是由法国雷诺集团推广发展起来的。方程式赛车由意大利TATUUS公司制造，该类单座赛车的功率为149kW，最高时速可达到260km/h。雷诺方程式2000赛车的良好性能和价格的完美结合保证了它在全世界的普及程度，这种2000型赛车每年制造超过700辆。雷诺方程式车赛给全世界热衷赛车运动的年轻人提供了一个学习和适应驾驶技能和身体、心理状态适应的环境，为他们走向该项运动的顶级赛事F1，成为未来之星做铺垫。雷诺方程式2000赛事从2000年起举办4年后就已经成功地把雷克南（迈凯伦车队），马萨（索伯车队）及克莱恩（捷豹车队）推向F1的大舞台。

3. 亚洲方程式（Formula ASIA）

亚洲方程式是方程式汽车场地比赛项目之一，限在亚洲地区开展。使用的赛车是四轮外露的单座位纯跑道用方程式赛车，车身规格与三级方程式相似，配备1台福特4缸、总容积为2L的自然吸气式汽油发动机，输出功率约118kW。近年来出现了宝马亚洲方程式，是亚洲比较流行的方程式赛。

4. 直线竞速赛（Drag Racing）

直线竞速赛是汽车场地比赛项目之一。比赛按不同车型及发动机工作容积分为12～14个级别，在两条并列长1500m、各宽15m的直线柏油跑道上进行，实际比赛距离为400m或200m。比赛时每2辆车为1组，实行淘汰制，分多轮进行，直至决出冠军。采用定点发车方法，加速行进，通过电子仪器测量从发车线到终点线的行驶时间评定成绩。

使用特别设计制造的活塞式或喷气式专用赛车，以汽油、甲醇或煤油为燃料，车重500～1000kg。其中“高级酒精发烧友（TAFC）”级的发动机容积达8930mL，输出功率1838kW，速度达382km/h；“三脚架高级燃料车（TFD）”级的发动机容积为8127mL，输出功率3675kW，速度可达460km/h；“喷气发烧友”级的发动机输出功率达7350kW。

5. 耐久赛（Grand Touring Car）

耐久赛亦称“GT赛”，是汽车场地比赛的一种，为长时间耐久性汽车比赛。比赛车辆分旅行车和运动原型车两类，并根据发动机的工作容积分为若干级别。比赛中每车可设两三名驾驶人，轮流驾驶。

每年国际汽车耐力系列赛分为11站，在世界各地举行。比赛一般进行8～12h，以完成圈数的多少评定成绩。较著名的比赛有法国勒芒（Le Mans）24小时耐久赛、日本铃鹿（Suzuka）8小时耐久赛。

6. 印地车赛（Indy Car）

印地车赛是汽车场地比赛的一种，设有世界锦标赛。该车赛起源于美国，原为美国汽车协会主办的锦标赛。1978年由18支印地车队联合成立了“印地锦标赛赛车队有限公司”，建立了赛事管理机构举办系列车赛，制定了独特的比赛规则。1979年举办了第一次比赛，成为不受国际汽车联合会管辖的汽车比赛。

比赛使用车辆的整体结构类似一级方程式的四轮外露式单座位纯跑道用赛车，但使用8缸、工作容积为2.6～3.4L，以甲醇为燃料的涡轮增压式发动机，输出功率515～625kW。依不同的比赛场地比赛距离为320～800km不等。

7. 卡丁车赛（Karting）

卡丁车赛是汽车场地比赛项目的一种，分方程式卡丁车，国际A、B、C、E级和普及级六类，共12个级别。比赛使用轻钢管结构，操纵简单，无车体外壳，装配100mL、125mL或250mL汽油发动机的4轮单座位微型赛车，赛车重心低，在曲折的环形路线上行驶，比赛速度感强。

卡丁车赛是世界方程式赛的最初级形式，始于1940年。由于许多著名的一级方程式赛手都是从卡丁车起步的，因此卡丁车被视为“F1”的摇篮。

8. 创纪录赛（Land-Speed Record）

创纪录赛是在某个场地或路段以单车出发创造最高行驶速度纪录的汽车活动。按汽车发动机的工作容积分A—J共10个级别。

现今以轮胎驱动的汽车的最高速度纪录是1965年11月由赛默兄弟（Summer Brother）创造的，时速达660km/h；以喷气式发动机为动力驱动的汽车最高速度纪录是1983年由英国人理查德·诺贝尔（Richard Noble）驾驶他自己设计的 Thrust Ⅱ车在美国内华达州西北的盐湖上创造的，时速达 1019.89km/h。其发动机的输出总功率为 4.4 万 kW。

9. 越野赛（Rally Cross）

越野赛是汽车道路比赛项目之一，是在一个国家的公路和自然道路上举行的允许对该国进行考察的汽车比赛。经过几个国家的领土、总长度超过 10000km 或跨洲的比赛称马拉松越野赛。除国际汽联特别批准外，越野赛的赛程不得超过 15 天，比赛必须在白天进行。采用单车发车方式。比赛每经过 10 个阶段后至少休息 18h。

每阶段的行驶距离自定，但每个赛段的最大长度，越野赛规定不超过 350km，马拉松越野赛规定不超过 800km。必须使用在国际汽联注册的全轮驱动汽车参赛。

1996 年国际汽联首次对越野赛实行世界杯赛制，其中较著名的比赛有巴黎至达喀尔越野赛、突尼斯国际汽车赛、巴黎至莫斯科至北京马拉松汽车越野赛、阿拉伯联合酋长国沙漠挑战赛等。

10. 拉力赛

拉力赛是在 1 个国家内举行或者跨越国境举行的多日、分段的长途汽车比赛。比赛的路面既有平坦的柏油公路，也有荒山野岭的崎岖山路。比赛时，路线上不断绝其他车辆通行，限定参赛汽车每天行驶的路程及到达时间。路线上设检查站检查是否在规定时间内通过，这是一种既检验车辆性能和质量，又考验驾驶人技术的比赛。参赛汽车须是批量生产的小轿车或经过改装的车。短的拉力赛需要几天，长者可持续几十天。拉力赛将出发地到终止地之间的路程分成若干个行驶路段和赛段，并在沿途设有给养站和休息站。在行驶路段行驶时，参赛汽车受到一定的时速限制，并须按规定时间抵达各路段的终点，既不能提前也不能延后，行驶中要遵守当地的交通规则，违反规则者将被扣分。在赛段中，赛车可以全速行驶，有时车速高达 200km/h。在整个拉力赛结束时，以跑完全程累积时间最少和被扣分数最少的汽车和驾驶人为优胜。

三、百年前的汽车拉力赛

首次正式的汽车拉力赛于 1900 年在英国举行，全程长 1600 余 km。路程最长的是 1977 年举行的从英国伦敦到澳大利亚悉尼的拉力赛，全程长 31100 多 km，共用时间 46 天。目前世界著名的汽车拉力赛有巴黎至达喀尔拉力赛、欧洲的蒙特卡洛拉力赛和东非萨法里拉力赛等。我国举行的第一次汽车拉力赛是 1907 年进行的北京至巴黎拉力赛，全程 12000 多 km（图 4-4）。

1907 年 3 月，法国《晨报》提出要举办一次“北京—巴黎汽车拉力赛”，这在当时可谓惊人创意，得到了欧洲各国赛车手们的热烈响应。然而更让人惊讶的是，清朝政府最终同意放行。这无论对哪一方来说，都称得上是一次巨大的冒险。

汽车拉力赛的道路状况十分复杂，每一段特殊路段为一个赛程，例如一个赛程全是曲折蜿蜒的山路，另一个赛程则是阴暗森林中的泥路。拉力赛的路线都是一致的，但并不同时出发，而是一辆接着一辆，每一辆赛车在不同阶段都由裁判员记录下所需时间，总时间最短的便是胜利者。拉力赛设车手冠军和制造商冠军。

北京—巴黎汽车拉力赛历程如图 4-5 ~ 图 4-10 所示。

图 4-4　北京—巴黎汽车拉力赛

图 4-5　即将参赛的北京公使馆区兵营内的德迪昂 · 布通汽车

图 4-6　中国苦力拖拉汽车进入八达岭

图 4-7　汽车趟过河流

图 4-8　汽车驶过泥地

图 4-9　途经长城土木堡的城墙

图 4-10　伊塔拉车由苦力们拉着走

四、现代汽车拉力赛

现代汽车拉力赛种类更多，如冰雪拉力赛、沙漠拉力赛等。

2012 年 3 月 11 日，“砂宝斯杯”第九届中国漠河国际冰雪汽车越野赛暨全国汽车越野系列赛漠河站落幕。

比赛全部在黑龙江的冰面上进行，赛道以冰为主，上面覆盖着一层薄薄的雪（图 4-11）。这样的赛道非常滑，尽管赛车都使用专业的冰雪轮胎，但是，在冰雪赛道上，赛车的抓地力依然很小，遇到障碍时，如果大力制动肯定要侧滑甩尾或者打横，特别是在转弯时。

图 4-11　冰雪路面赛车飞驰而过

2012 年 1 月 15 日，第 34 届达喀尔拉力赛落幕。本届比赛从阿根廷东南部沿海城市马德普拉塔出发，翻越安第斯山脉进入智利，之后踏上秘鲁国土最终抵达终点利马（图 4-12），比赛总路程约 9000km，跨越南美三国。法国车手德普雷和彼得汉赛尔分别获得摩托车组及汽车组冠军。参加本届比赛的中国车手哈弗 SUV 车队周勇，云南东方赛车队周继红、成都农商银行车队周远德和梁熹，狼图腾运动俱乐部的郭洪志及金城摩托车队的魏广辉六人全部完赛，创造了中国车手在达喀尔集体完赛的纪录。

图 4-12　达喀尔拉力赛上穿越沙漠

第二节　著名汽车展览

世界各大汽车制造商每年都在一些大都市举办规模盛大的汽车展，在车展上推出自己的最新车型，来展示自己在汽车领域内取得的最新成就。汽车展览会除了技术性外，还具有浓厚的文化色彩，每次都能吸引大量的民众参观。

汽车展览会带来的概念车型、新车型，汽车展会风格和文化氛围，让人们感受到世界汽车工业跳动的脉搏。汽车展览是汽车制造商们展示新产品的舞台，在流光溢彩的样车背后，是汽车制造商们为在汽车市场上争夺市场份额而进行的殊死较量。

德国法兰克福车展、北美车展（美国底特律车展）、瑞士日内瓦车展、法国巴黎车展和日本东京车展被誉为当今五大国际车展。它们之所以成为国际一流车展，一是参展商的规模和级别一流，二是展品档次和首次亮相的新车、概念车一流，三是场馆面积和配套设施一流，四是主办方服务质量一流；五是国内外记者范围、观众数量和专业水平一流。人们都说巴黎时装展是世界一流的时装展，是因为它代表了世界时装业发展的潮流；五大国际车展之所以世界知名，也是因为它们代表了世界汽车工业发展的潮流。

这五大车展当中，历史最短的东京车展也在 50 年左右。撇开带给汽车爱好者和观众们的激情与快乐，这些车展都对世界汽车工业与汽车市场的发展起到了极大的推动作用，在世界汽车历史长河中有着不可磨灭的功绩。彰显自己鲜明的个性是这些著名车展的共同特点。

比如法兰克福所在的德国作为汽车工业的发源地之一，尤其重视传播汽车的文化性；日内瓦所在的瑞士因为没有自己的汽车工业，可以为各大汽车厂商提供公平竞争的舞台；北美车展则充满美国人的娱乐精神，吃喝玩乐无处不在，一应俱全；东京车展上众多匪夷所思的“概念车”和最新科技的展示也是吸引观众眼球的卖点。

一、北美车展

一年一度的北美国际汽车展的前身是美国底特律国际汽车展览会，至今已经有近百年的历史，是美国创办历史最长的车展之一。它由底特律汽车经销商协会主办。1900 年 11 月，纽约美国汽车俱乐部召开了第一届世界汽车博览会，1907 年转迁到底特律汽车城，当时会场设在贝乐斯啤酒花园，小小的展示区中参加的厂商只有 17 家，车辆不过 33 辆。1957 年，欧洲车厂终于远渡重洋而来，首次出现了沃尔沃、奔驰、保时捷的身影，获得了美国民众的高度重视，底特律车展的“王旗”正式树起。从 1965 年起，展览移师 Cobo 会议展览中心。1989 年底特律车展更名为北美国际汽车展，每年一月办展。北美车展每年总能出现四五十辆新车。众多人被吸引到车展的原因，除了对汽车的兴趣外，还因为车展办得像个大的假日集会，吃喝玩乐，热闹非凡。而密歇根州近年来每次车展都能进账 5000 万美元以上。

二、巴黎车展

作为浪漫之都的巴黎，它的车展如同时装，总能给人争奇斗艳的感觉。该展起源于 1898 年的国际汽车沙龙会，直至 1976 年每年一届，此后每两年一届，在 9 月底至 10 月初举行。1998 年 10 月，巴黎车展恰逢百周年，欧洲车迷期待很久的巴黎“百年世纪车展”以“世纪名车大游行”方式，让展车行驶在大街上供人观赏。法国的汽车设计一向以新颖独特著称于世，富于浪漫和充满想象力的法国人，总是在追求最别具一格的车型、风一般的速度和最舒适的车内享受，这些法国人的嗜好，都在巴黎车展中显露无遗，使得巴黎车展始终围绕着“新”字做文章。与此同时，巴黎车展也是概念车云集的海洋，各款新奇古怪的概念车常常使观众眼前一亮。第一届巴黎车展共有 14 万人参加。2000 年，观展人数增长了 10 倍，达到了 140 万人，其中包括来自 81 个国家的 8500 名记者。2002 年法国巴黎国际车展持续 16 天，迎来世界 5000 多名记者和 125 万观众。据统计，巴黎车展直接收入约 85 亿法郎，实现交易额 1500 亿法郎。

三、日内瓦国际汽车展

日内瓦车展素有“国际汽车潮流风向标”之称，是欧洲唯一每年举办的车展，在位于日内瓦机场附近的巴莱斯堡国际展览中心举行，总面积达 7 万 m^2。日内瓦车展创始于 1924 年。从 1931 年起，一年一度在瑞士日内瓦举办。其展会多在每年的 3 月举行，以展示豪华车及高性能改装车为主，展品比较个性化。在五大车展中，瑞士是唯一一个没有汽车工业的国家，但却承办着世界上最知名的车展之一，它每年总能吸引着 30 个国家 900 多辆汽车参展，是世界上举足轻重的车展之一。从日内瓦车展大厅望去，所有展位都尽在眼底，这是因为瑞士的展览规则详尽细致，不允许有过大的公司标牌和展位阻挡视线。

四、法兰克福车展

德国是世界最早举办国际车展的地方。法兰克福车展前身为柏林车展，创办于 1897 年，1951 年移到法兰克福举办，每年一届，轿车和商用车轮换展出。法兰克福车展是世界规模最大的车展，有“汽车奥运会”之称。法兰克福国际车展一般安排在 9 月中旬开展，为期两周左右。参展的商家主要来自欧洲、美国和日本，尤其以欧洲汽车商居多。法兰克福地处德国，唱主角的自然是德国企业，这似乎与底特律车展、东京车展的地域性同出一辙。德国是现代汽车的发祥地，是奔驰、大众、奥迪等老牌汽车公司的老家，法兰克福车展正是它们一展身手的好机会。

五、东京车展

东京车展是五大车展中历史最短的，被誉为“亚洲汽车风向标”，创办于 20 世纪 50 年代，逢单数年秋季举办。东京车展还是亚洲最大的国际车展。第一次国际汽车展始于 1954 年。东京对于世界汽车市场有较深的影响，对于亚洲汽车市场更有着重要的意义。该展在日本东京近邻的千叶县举行，其各类电子三维展示装备让车展的参观者有“头晕目眩”的奇妙感。1999 年的东京车展创下了参观人数达 140 万的世界纪录，足见它的热闹程度。与其他西方大型车展相比，日本车展更具有亚洲的东方风韵。日本厂商的多款造型小巧精美、内饰高档的车总能成为车展的主角。

本章小结

本章主要介绍了世界各大汽车赛事以及汽车车展各类活动。其中赛车运动分两大类，场地赛车和非场地赛车。国际车展是国际厂商的集体实力秀，也是刺激眼球经济的最好形式。目前国际公认的有五大国际车展，按一年中举办的先后顺序分别为北美车展、巴黎车展、日内瓦车展、法兰克福车展和东京车展。

【思考与习题】

1. 赛车运动主要分为哪几种类型？各项比赛的规则是什么？
2. F1 叫一级方程式赛车，为什么叫“方程式”？F1 方程式赛车的比赛规则是什么？F3、F2 和它的区别在哪儿？
3. 赛车的由来是什么？谁是最早的赛车手？2008 年为止获得过 F1 世界冠军共有多少位车手？
4. 分析现代赛车与汽车市场之间的关系。

第五章　现代汽车科技与未来汽车

【学习目标】

1. 认识现代汽车新技术（汽车电子化、汽车环保）。
2. 了解未来汽车的发展趋势（能源、材料、智能化、网络化）。

第一节　发动机新技术

现代汽车发动机上的新结构、新技术，采用的是电子控制技术进行一系列功能可变的控制方法。例如：要提高发动机的动力性能，可从提高发动机的充气系数入手，采用可变进气系统和可变配气相位等新技术，另外开发了缸内汽油直喷发动机，采用稀薄燃烧技术、可变压缩比技术等，使得现代汽车不仅动力性能大大提高，而且废气排放也能得到很好的改善。

一、缸内汽油直喷技术与分层燃烧

目前大多数普通电喷汽油发动机上所用的汽油电控喷射系统，是将汽油喷入进气歧管或进气管道上，还与空气混合成混合气后再通过进气门进入气缸燃烧室被点燃做功；但由于喷油器离燃烧室还有一定的距离，并且微小的油颗粒会吸附在管道壁上，所以希望喷油器能够直接将燃油喷入气缸。在对能源和环保要求日趋严格的今天，缸外喷射也不能满足人们的要求了，于是更为精确的燃油喷射技术诞生，那就是缸内直喷技术。

1. 缸内直喷技术

缸内直喷技术顾名思义就是在气缸内喷注汽油，将喷油器安装在气缸内，直接将燃油喷入气缸与进气混合（图 5-1）。它采用类似于柴油发动机的供油技术，通过一个活塞泵提供所需的 10MPa 以上的压力，将汽油提供给位于气缸内的电磁喷油器。然后通过电脑控制喷油器将燃料在最恰当的时间直接喷入燃烧室。关键是考虑喷油器的安装，必须在气缸上部留给其一定的空间。由于气缸顶部布置了火花塞和多个气门，已经相当紧凑，所以将其布置在靠近进气门侧。由于喷射压力的进一步提高，使燃油雾化更加细致，真正实现了精准地按比例控制喷油并与进气混合，并且消除了缸外喷射的缺点。同时，喷油器位置、喷雾形状、进气气流控制以及活塞顶形状等特别的设计，使油气能够在整个气缸内充分、均匀地混合，从而使燃油充分燃烧，能量转化效率更高。

2. 分层喷射与燃烧

缸内直喷发动机一般简称 FSI（Fuel Stratified Injection）发动机，它所代表的单词直译为燃油分层喷射。FSI 技术采用了两种不同的喷油模式，即分层喷油和均匀喷油模式。发动机低速或中速运转时采用分层喷油模式。此时节气门为半开状态，空气由进气管进入气缸撞在活塞顶部，由于活塞顶部制作成特殊的形状，从而在火花塞附近形成期望中的涡流。当压缩过程接近尾声时，少量的燃油由喷油器喷出，形成可燃气体。这种分层喷油方式可充分提高发动机的经济性，因为在转速较低、负荷较小时除了火花塞周围需要形成浓度较高的油气

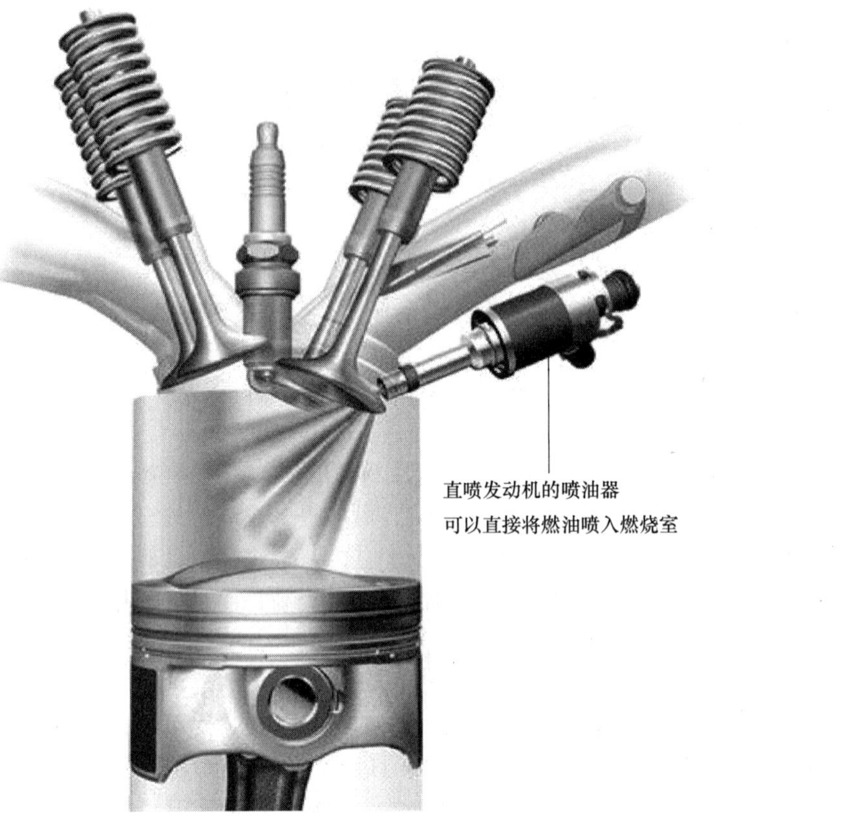

图 5-1　缸内燃油直接喷射示意图

混合物外，燃烧室的其他地方只需空气含量较高的稀混合气即可，而 FSI 使其与理想状态非常接近。当节气门完全开启，发动机高速运转时，大量空气高速进入气缸形成较强涡流，并与汽油均匀混合，从而促进燃油充分燃烧，提高发动机的动力输出。电脑不断地根据发动机的工作状况改变喷油模式，始终保持最适宜的供油方式。燃油的充分利用不仅提高了发动机的输出功率，而且改善了排放。

分层燃烧是 FSI 发动机的精髓与特点。要实现分层燃烧，必须基于缸内直喷，对于缸外喷射的发动机，是无法实现分层燃烧的。缸内的活塞顶部一半是球形，另一半是壁面，空气从气门冲进来后在活塞的压缩下形成一股涡流运动，当压缩行程行将结束时，在燃烧室顶部的喷油器开始喷油，汽油与空气在涡流运动的作用下形成混合气，这种急速旋转的混合气是分层次的，越接近火花塞越浓，易于点火做功。分层燃烧的好处在于热效率高、节流损失少，有限的燃料能尽可能多地转化成工作能量。

二、发动机稀薄燃烧技术

所谓稀薄燃烧，是指通过提高发动机内混合气的空燃比，让混合气在空燃比大于理论空燃比数值的状态下燃烧。说得直白一些，就是让汽油在很稀的混合气状态下燃烧。设计缸内直喷的主要目的则是为了实现稀薄燃烧，因此稀薄燃烧技术是随着缸内直喷技术的发展而迅速发展的，而发动机的稀燃技术就是为了让混合气更加充分燃烧，达到降低油耗和排放的目的。

我们知道，理论空燃比是发动机的一个基本参数，即 14.7:1，普通发动机是不能随便改变空燃比的，而稀燃发动机空燃比可达 25:1 以上。按照常规，这样的混合气是无法点燃的，如果要让发动机实现稀薄燃烧，就必须具备两个条件。

首先，稀薄燃烧技术需要很强的点火能量。这一点很好理解，混合气里面汽油的比例小了，混合气被点燃就需要更大的能量。所以，有的发动机如本田飞度 i-DSI 发动机采用双火花塞设计，就能很好地满足这一需求。

其次，稀薄燃烧技术需要空气能跟汽油充分混合。汽油在混合气中的比例减小了，对于空气与燃油的混合要求就更高了。如果燃油不能与空气充分混合，当火花塞点火的时候，遇到混合不均匀的混合气中汽油更少的部分，点火将更加困难。可采用传统的 2 气门设计，因为 2 气门发动机能在混合气进入气缸以后形成较强的涡流，让汽油跟空气有更多混合的机会。

目前，各大公司都拥有自己的稀燃技术，其共同点都是利用缸内涡流运动，使聚集在火花塞附近的混合气最浓，先被点燃后迅速向外层推进燃烧；并有较高的压缩比。汽车汽油发动机实现稀燃的关键技术归纳起来有以下三个主要方面。

1. 提高压缩比

采用紧凑型燃烧室，通过进气口位置改进使缸内形成较强的空气运动旋流，提高气流速度；将火花塞置于燃烧室中央，缩短点火距离；提高压缩比至 13:1 左右，促使燃烧速度加快。

2. 分层燃烧

如果稀燃技术的混合比达到 25:1 以上，按照常规是无法点燃的，因此必须采用由浓至稀的分层燃烧方式。通过缸内空气的运动在火花塞周围形成易于点火的浓混合气，混合比达到 12:1 左右，外层逐渐稀薄。浓混合气点燃后，燃烧迅速波及外层。所以稀燃发动机的喷油过程共分两个阶段，也就是两次喷油。

（1）辅喷油阶段

在发动机进气行程时，发动机会进行一次喷油，这次喷油是辅喷油，喷油的数量不大，喷油的主要目的也不是为了点火燃烧。当一定数量的汽油在进气行程被喷射到气缸内的时候，这部分少量的汽油会汽化挥发。我们都知道，液体的汽化和挥发是会吸收热量的，这样就能降低气缸内的温度。气缸内的温度低了，气缸内可以容纳的气体密度就会自然增大。所以这次喷油的后果在给气缸降温的同时，还可以提高进气密度，让更多的空气进入到气缸，而且能确保汽油跟空气均匀的混合。

（2）主喷油阶段

第二次喷射是主喷油过程。当活塞即将达到发动机压缩行程的上止点时，在火花塞点火之前，会有一定量的汽油再次被喷出，这次喷射被称为主喷油。此时，活塞的凹面会使混合气在火花塞周围形成一个浓度较高的区域，这种相对较浓的混合气能在火花塞点火的情况下被顺利点燃，而周围混合气较稀的区域是无法被火花塞的火焰直接点燃的，它只能在中心区域成功燃烧以后，利用燃烧产生的能量点燃。为了提高燃烧的稳定性，降低氮氧化物（NO_x），现在采用燃油喷射定时与分段喷射技术，即将喷油分成两个阶段：进气初期喷油，燃油首先进入缸下部随后在缸内均匀分布；进气后期喷油，浓混合气在缸内上部聚集在火花塞四周被点燃，实现分层燃烧。

3. 高能点火

高能点火和宽间隙火花塞有利于火核形成，火焰传播距离缩短，燃烧速度增快，稀燃极限大。有些稀燃发动机采用双火花塞或者多极火花塞装置来达到上述目的。

以上三点只是对整体汽油发动机稀燃技术而言，具体到某种机型会有所偏重。因为各种汽油发动机稀燃方式的技术措施不完全一样，甚至同一部发动机在不同的工况下稀燃方式也会不完全一样。有些着重缸内气流运动及燃油分布的配合，重点在分层燃烧；有些着重加大点火能量、增快火焰传播速度和缩短火焰传播距离，重点在高能点火。

由于采用了上述设计，稀燃发动机能在40:1的超稀空燃比情况下正常运转，这样的好处是显而易见的，在这种稀薄燃烧的情况下，燃料可以更加充分的燃烧，用尽每一滴燃油的所能产生的动能。与此同时，由于燃烧充分，可以大幅度减少未燃烧的气体从发动机里排出，从而获得更低的排放。

稀燃发动机分两段喷油除了实现上述好处以外，还能有效降低爆燃的产生，从而可以采用更高的压缩比，获得更强劲的动力输出。我们都知道，爆燃是因为气缸内温度和压力过高，导致混合气自燃而产生的。换句话说，就是当活塞行程还未达到点火提前角时，混合气就开始燃烧。由于汽油的燃烧特性，普通发动机的压缩比往往不能设计得太高，否则就很容易产生爆燃。由于稀燃发动机的喷射是分两个阶段进行的，第一阶段的预喷射能在汽油挥发的作用下带走大量缸内热量，降低气缸温度，因此能有效地减小爆燃的概率。所以，稀燃发动机可以采用高达12.5:1的压缩比设计，从而有效地提高了功率输出。

虽然稀燃发动机可以降低整体的废气排放污染，但是同时它有一个非常大的缺点，那就是氮氧化物的排放非常高。为了减小这类污染物的排放，需要采用有效的、有针对性的三元催化装置才能保证尾气的排放达到环保部门的要求。

第二节　汽车底盘新技术

随着汽车技术的飞速发展，计算机在汽车上的应用越来越广泛，汽车底盘新技术不断涌现，可电动调节的底盘控制系统以及各种主动安全装置等的电子化、智能化已经成为汽车发展的主要趋势。无级变速器、电子转矩分配四驱系统、主动式稳定杆系统、整体式底盘模块、电控液压悬架、电控空气悬架、电磁悬架、轮胎智能监视系统、电控液压助力转向、电动助力转向、电动可调转向柱、主动转向、自适应巡航系统、主动式巡航系统、低速巡航驾驶辅助系统、陡坡缓降控制系统，以及ABS、EBD、BA、EBA、ASR、VSC、VSA、ESP、DSC、电子驻车系统等新技术不断涌现。汽车传动控制系统、电子悬架系统、电子转向系统、制动系统等集成融合在一起成为综合的汽车底盘电子控制系统。各控制功能通过CAN总线实现信息共享、资源综合利用，从而大大提升了车辆整体控制水平。以下重点介绍无极变速器和电子稳定控制系统新技术。

一、变速器新技术——无极变速器（CVT）

手动变速器主要由齿轮和轴组成，通过不同的齿轮组合变速变矩；每一个档位都有固定的传动比。自动变速器是由液力变矩器、行星轮和液压操纵系统组成的，通过液力传递和齿轮组合的方式来达到变速变矩。目前汽车的变速器技术主要有手动变速器（MT）、自动变速器（AT）、手自一体变速器（A/MT）。手自一体变速器实质上就是自动变速器，只不过是加了一套手动换档程序。

自动变速器是将变矩器和行星齿轮机构组合的自动变速技术，但这种组合传动比不连续，能实现的只是分段范围内的无极变速。靠液力传递动力、靠增加换档执行元件和行星排数量来实现多档速比，扩大速比范围，又使得其结构很复杂，造成维修困难。

CVT 技术即无级变速技术，能根据车辆行驶条件自动连续变化速比，使发动机按最佳燃油经济曲线，或最佳动力性曲线工作，是一种理想的传动方式。无论负载如何变化，CVT 工作时总能找到使原动机（发动机）与之完全匹配的速度点，速度变化是连续的，这是其他变速器无法实现的优良特性，是人们一直追求的真正意义的无极变速器。由于传动系统与发动机工况的最佳匹配，显著提高了燃料经济性和动力性能，同时环保（排放降低 10% 以上）、节能（比 AT 节约燃油 10% ~20%），改善了驾驶人的操纵方便性和舒适性，没有了普通变速器换档时的“停顿”感觉；而且结构简单、体积小，既没有手动变速器众多齿轮，也没有自动变速器复杂的行星齿轮组，只需两组变速滑轮和一条钢带，就能实现无数个前进档位的无极变速，因此它是一种理想的动力传递装置。经近年研究发展，CVT 技术在逐步走向成熟，目前装备了 CVT 变速器的车型也逐渐增多。

无极变速器的关键部件是速比变速器（图 5-2），它由两组可变直径链轮组成，每组链轮由两个相对 20°的圆锥轮盘组成，形成 V 形凹槽，钢带位于两个圆锥之间的凹槽中，主要包括主动轮组、从动轮组、金属带和液压泵等基本部件。主动轮组和从动轮组都由可滑动锥盘和固定锥盘组成，固定锥盘与轴做成一体，可滑动锥盘通过花键联接，与轴同步旋转，靠近液压缸的一侧可以在轴上滑动，另一侧则固定。发动机输出的动力首先传递到 CVT 的主动轮，然后通过 V 带传递到从动轮，最后经减速器、差速器传递给车轮来驱动汽车。工作时，通过主动轮与从动轮的可动轮盘作轴向移动来改变主动轮、从动轮锥面与 V 带啮合的工作半径，从而改变传动比。

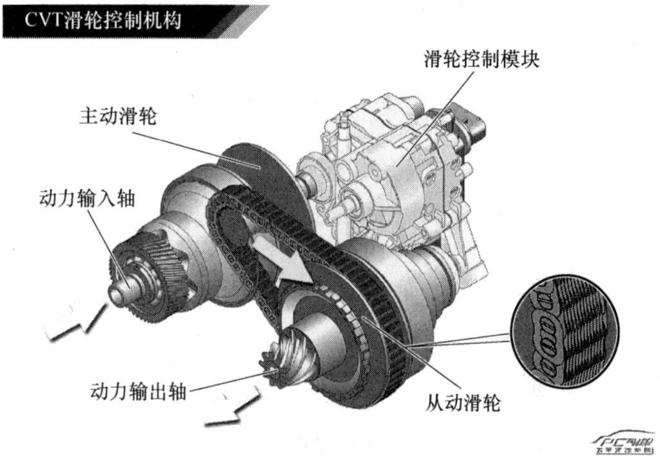

图 5-2 无极变速器结构

其实无极变速器技术已经有了 100 多年的历史。德国奔驰公司是在汽车上采用 CVT 技术的鼻祖，早在 1886 年就将 V 带式 CVT 安装在该公司生产的汽油机汽车上。1958 年，荷兰 DAF 公司的 H. VanDoorne 博士研制成功了名为 Variomatic 的双 V 带式 CVT，并装备于 DAF 公司制造的 Daffodil 轿车上。但是由于 V 带式 CVT 存在一系列的缺陷：功率有限（转矩局限于 135N · m 以下），离合器工作不稳定，液压泵、传动带和夹紧机构的能量损失较大，因而没有被汽车行业普遍接受。

进入 20 世纪 90 年代，汽车界对 CVT 技术的研究开发日益重视，特别是在微型车中，CVT 被认为是关键技术。全球科技的迅猛发展，使得新的电子技术与自动控制技术不断被采用到 CVT 中。

1. 无级变速器四大特点

① 绝佳燃油经济性。CVT 与发动机完美匹配，使发动机始终在经济油耗状态下工作，油耗比传统的 AT 节省约 15%。

② 零换档冲击、零时差加速感。通过“无级的”速比转换，实现敏锐、顺畅的换档及快速、有效的加速，带来更大的驾驶愉悦感。

③ 智能化控制，实现人车合一的理想状态。CVT 能根据驾驶人的意图和不同路况，切换至适当的速比，使驾驶更加顺畅、迅捷。

④ 独特的高抗拉强度钢带结构及变速器油终生免更换，带来极佳的耐久可靠性。CVT 由高抗拉强度钢片打造，并采用独特的带状结构，实现了极佳的耐久性。

2. CVT 与传统 AT 在不同路况的对比

① 在一般平稳路况下。普通 AT 车型换档时，在齿轮切换时发动机转速会突然下降，产生顿挫感；CVT 车型行驶时，实现无缝加速，发动机转速能平滑上升，不会产生顿矬感。

② 在过弯路段。连续过弯时，CVT 通过连续改变速比，有效利用发动机回转制动，因而不需要频繁制动，操控更加顺畅且省油；而 AT 无法自动调整速比，无法有效利用发动机回转制动，只有靠频繁地制动降低速度，从而增加不必要的油耗。

③ 在上下坡的路段。上坡时，CVT 能感知路况，迅速切换到最适合的速比，使发动机维持在固定的转速，不会像普通 AT 一样需要周期性地重复加减速，不停地升档、降档，在增加操控难度的同时也增加了油耗。下坡时，CVT 能自动连续改变速比，从而自动利用发动机回转制动，因而不需要频繁制动；而传统 AT 无法自动调整速比，难以自动利用发动机制动，只有频繁地制动降低速度，这就增加了不必要的额外油耗。

④ 在加速超车的路况下。CVT 能感知驾驶人踩加速踏板力度，从而迅速提高发动机转速，获得迅捷顺畅的加速效果。变线时松加速踏板后通过改变速比从而自动利用发动机回转制动，而不需要制动减速，增加不必要的能量损失；普通 AT 在变线超车时只能通过制动降低速度，增加操控难度且增加能量损失。

二、汽车行驶稳定性控制系统

1. 电子稳定控制程序（ESP）作用原理

ESP 是德国博世公司开发的一套汽车行驶车身稳定程序，它的英文全称是 Electronic Stability Program，中文意思是“电子稳定控制程序”。要了解 ESP 对车身稳定性能的影响，首先要了解影响汽车行驶稳定性的因素。开过车的人都能体会到：车辆在转弯时，车身会向转弯的反方向发生侧倾。转向角度越大，侧倾越厉害，车速加快侧倾也会随之加大。当侧倾的角度超过极限值时就会发生翻车事故。同样道理，如果车速过快或转向角度过大，超过抓地力的极限，车辆的横向加速度就会突然减小，使车辆偏离原有运动轨迹，严重时会使整车失控，这种情况在雨天和冰雪路面上更容易发生。

ESP 的作用就是当驾驶人操纵汽车超过极限值后电脑自动介入修正驾驶。电脑控制车辆运动的手段有两个：第一个手段是控制节气门收油，降低汽车动力，让速度降下来；第二个手段是对某些车轮进行制动，让汽车的速度能够减小到极限值以内。那么电脑怎样知道车辆的运动状况是否接近极限呢？这就需要两套传感器为电脑收集信息：一套是转向盘转向角度传感器；一套是车轮转速传感器（每个车轮上都装有一个）。前者用来收集驾驶人的意图，后者用来监测车辆运动状况。当转向盘转向角度传感器监测到驾驶人的转向角度以后，就会通知 ESP；与此同时各个车轮转速传感器测得的车轮转速信息也会传递给 ESP。ESP 可以根据各个车轮的转速计算出车辆的实际运动轨迹。如果实际运动轨迹跟理论运动轨迹有区别，或者检测出某个车轮打滑（丧失抓地力），电脑就会首先通知节气门减小开度（收油）。然后通知制动系统对某个车轮进行制动，来修正轨迹。当实际运动轨迹与理论运动轨迹（驾驶人意图）相一致时，ESP 自动解除控制。

有了这套系统，车辆在湿滑路面情况下失控的概率大大降低，整车的主动安全性也更高。

ESP 的主要作用是在紧急情况下对车辆的行驶状态进行主动干预，它整合了 ABS 和 TCS 的功能，并且增加横摆扭矩控制——防侧滑功能，可以防止车辆在高速行驶转弯或制动过程中失控。

如图 5-3a 所示，前轮侧滑，车辆出现转向不足。此时，ESP 系统通过制动器对内后轮施加一定的制动力，由此产生一个逆时针的力矩，改进车辆转向能力。

如图 5-3b 所示，后轮侧滑，出现车辆甩尾和过度转向现象。此时，ESP 系统通过制动器对外前轮施加一定的制动力，由此产生一个顺时针的力矩，保证车辆的稳定性。

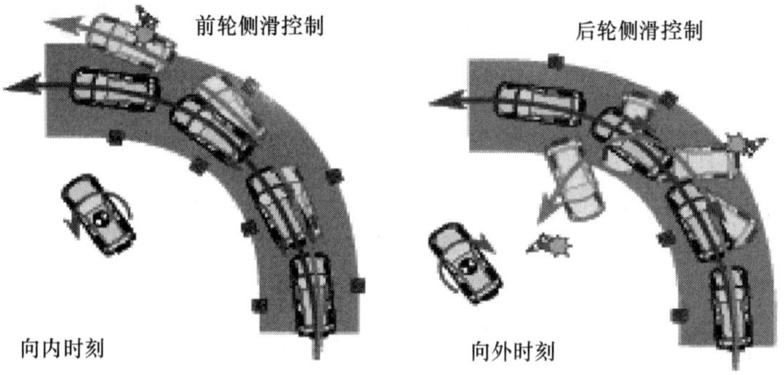

a)　　b)

图 5-3　ESP 在极限工况下工作示

ESP 系统主要在大侧向加速度、大侧偏角的极限工况下工作。它利用控制左右两侧车轮制动力或驱动力之差产生的横摆力矩来防止出现难以控制的侧滑现象，保证车辆的路径跟踪能力，提高了车辆在高速行驶时的安全性。

研究估计 ESP 降低了 30% ~50% 的轿车单车致命事故和 50% ~70% 的 SUV 单车致命事故。

2. 技术应用情况

2008 年全球的 ESP 装配率达到 33%，但在欧洲和美国，每两辆新乘用车和轻型商用车就有一辆装配了 ESP。美国和欧洲的立法者作出决定，要求强制装配 ESP。2011 年 9 月起，美国所有 4.5t 以下车辆都必须装配 ESP。2014 年 11 月起，欧洲所有乘用车和轻、中、重型车辆都要求装配 ESP。

在 2008 年，我国只有约 11% 的新车装配了 ESP。随着国内车市新车型的不断推出，目前我国 20 万元以上新车配备 ESP 的比例大幅提高，像君越、天籁、雅阁等都装配了 ESP。相信随着我国车市的进一步发展，电子稳定控制系统一定会如同当今的 ABS 一样，成为我国汽车的一个标准安全配置。

第三节　汽车电子控制新技术

现代汽车新技术体现在汽车电子化，无论是发动机、传动系统，还是汽车安全配置的改进和升级均依赖于电子控制技术。

汽车电子产品归纳为两类。一类是汽车电子控制装置（图5-4）。汽车电子控制装置要和车上机械系统进行配合使用，即所谓“机电结合”的汽车电子装置。它们包括发动机、底盘、车身电子控制，例如电子燃油喷射系统、制动防抱死控制、防滑控制、牵引力控制、电子控制悬架、电子控制自动变速器和电子动力转向等。

图5-4　汽车电子控制装置

另一类是车载汽车电子装置。车载汽车电子装置是在汽车环境下能够独立使用的电子装置，它和汽车本身的性能并无直接关系。它们包括汽车信息系统（行车电脑）、导航系统、汽车音响及电视娱乐系统、车载通信系统及上网设备等。

新技术在汽车上的广泛应用不只是为了提升动力，更是为达到安全、环保、舒适的要求。在汽车的排放限制方面，从最早提倡的欧Ⅰ到如今的欧Ⅴ，汽车的排放标准在不断提高。对于欧Ⅴ排放标准来说，只有采用增压技术、缸内喷射技术、二次空气喷射技术、三元催化技术以及多路氧传感器等，才有望达到排放要求。在安全方面，主动安全系统和被动安全系统的组合运用提高了车辆的安全性。如今的汽车已经不再是普通的代步工具，新技术赋予汽车灵魂，让汽车也有了“灵气”，也因此更安全、更可靠，驾驶也真正成为一种享受。

一、汽车智能新技术

随着电子信息技术的飞速发展，形形色色的智能技术在汽车上得到广泛应用，充分体现出其安全、舒适、方便和快捷的优越性能。

越来越多的汽车厂家把竞争焦点转移到火拼新技术和高科技配备上去，汽车也演变成了一个容纳先进技术的平台，几乎所有正在流行和将要流行的先进设施都有可能被汽车收罗进来，成为它的一部分。从以前简单地添加一个CD播放器，到现在几乎所有个人电脑具有的功能都可以应用在车上，GPS卫星导航、OBDⅡ行车数据显示、手机控制、WiFi/3G无线上网、外国最流行的XM卫星电台、MP3/DVD/DivX多媒体播放、PC游戏、卡拉OK、数码电视、红外线倒车镜头等，功能不计其数，聪明的汽车厂商用一个个颇具噱头的高科技汽车产品吸引着消费者的眼球。

（一）汽车智能避撞系统

汽车避撞技术首先解决的问题是汽车之间的安全距离。汽车与汽车之间超过了这个安全距离，就应该能自动报警，并采取制动措施。测定汽车之间安全距离的方法有超声波测距、微波雷达测距等。

超声波测距：超声波发生器不断地发射出 40kHz 的超声波，当遇到障碍物后反射回反射波，超声波接收器接收到发射波信号，并将其转换成电信号。

微波雷达测距：微波雷达测距就是利用目标对电磁波反射来的三维信息发现目标并测定其位置。

汽车避撞雷达主要功能为测速测距，对前方 100m 内危险目标提供声光报警；自动巡航；紧急情况下可以自动制动（图 5-5）。

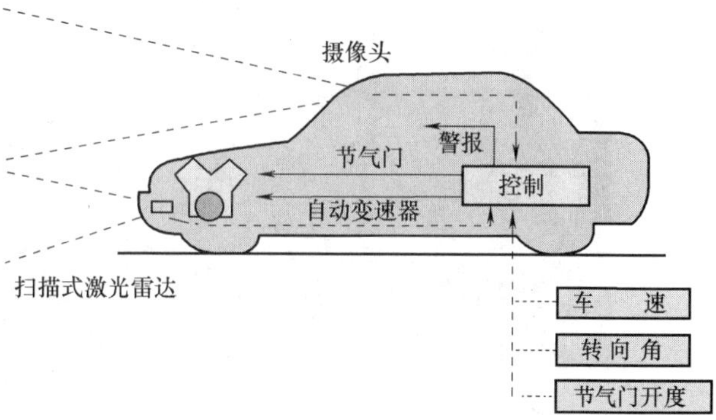

图 5-5 汽车避撞雷达控制装置示意图

装有避撞雷达的汽车上了高速公路以后，驾驶人就可以启动车上的避撞雷达。雷达选定好跟随的汽车以后，被跟随的汽车就成了后面汽车的“目标车”，无论是加速、减速，还是停车、起动，后面的汽车都能在瞬间之内予以模仿。若前车在行驶一段时间之后，不再适合作为自己的“目标车”，驾驶人可以重新选择另一辆“目标车”。

在跟车距离小于安全距离或前车有转弯等紧急情况时，避撞系统会向驾驶人发出警报，提醒注意并采取减速或制动措施，可有效地预防碰撞事故的发生，对降低交通事故发生率和确保道路行车安全有着非常重要的意义。

（二）汽车智能轮胎

汽车智能轮胎是在轮胎内装有计算机芯片或将芯片与轮胎相连接。计算机芯片能自动监控并调节轮胎的行驶温度和气压，使轮胎在不同条件下都能保持最佳的运行状况，既提高了安全系数又节省了开支。更先进的智能轮胎还能在探测出结冰的路面后自动变软，使牵引力更好；在探测出路面的潮湿程度后，自动改变轮胎的花纹，以防打滑。

普利司通正在开发一种具有三个气室（轮胎内部作为压力容器的小间部分）的多气室轮胎。所谓“多气室轮胎”，就是通过分别调节中央部位的主气室以及主气室两侧的副气室的气压，以改变胎面及侧面的刚性平衡。在各种状况下，轮胎均能与路面保持理想的接触状态，可以实现稳定且舒适的驾驶。另外，还可以根据需要来调节使用该轮胎的乘坐舒适性及运动性等性能。由于三个气室是相互独立的，即使遇到扎胎情况，一个气室的气压降为零，剩余气室也能够支撑车重行驶一定的距离，确保安全。

最近，由吉利汽车成功研发并发布的一项新技术“BMBS”，能让高速行进中的车辆在发生爆胎后，按照正常的轨迹运动，从而避免出爆胎而引发的交通事故。

爆胎监测与制动系统（BMBS）集机械、计算机、电子控制与液压控制于一体，能够对行驶中汽车轮胎的胎压进行实时监测和预警。当出现爆胎等紧急情况时，轮胎气压监测采样单元能够即刻采集到这一信号，并将这一信号立即传递给中央控制单元，中央控制单元马上发出指令给制动器单元，制动器单元瞬间爆发出强大的制动力，在极短时间内（0.2～0.5s，为从爆胎发生到产生制动的时间）促使汽车产生紧急制动并安全减速，在短时间内使车速达到每小时二三十公里的安全时速甚至停车。

（三）触摸屏式无线导航系统

车辆导航系统融合了汽车、交通计算机、通信系统科学领域的技术（图 5-6）。

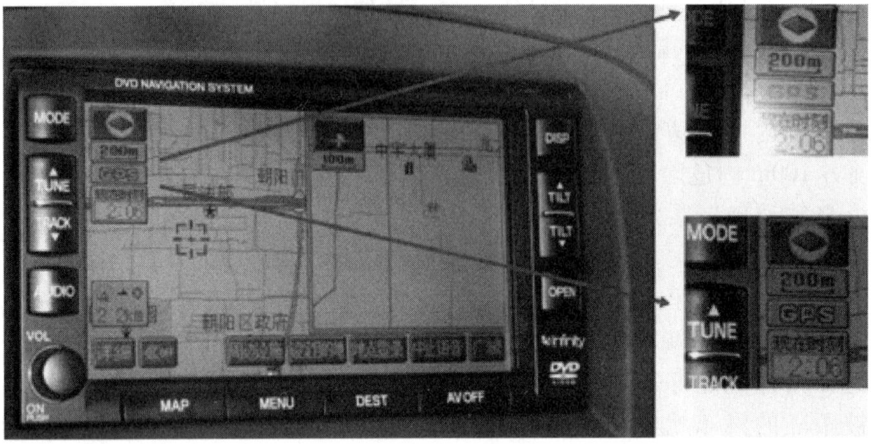

图 5-6　触摸屏式无线导航系统

全球定位系统（GPS）已成为车辆导航系统的基础。GPS 最初的方案由 24 颗卫星组成，并分布在 3 个轨道平面上，每个轨道平面分布 8 颗卫星。按照这一布置，地面上任一位置都能收到 6～9 颗卫星信号，安装在车辆上的 GPS 接收机就能提供连续的实时定位信息——经度、纬度、速度和方向。将 GPS 所提供的位置信息匹配在数字道路地图上，从而实现车辆的动态引导、实时调度等。与数字地图有关的功能包括地图显示、地址匹配、地图匹配、路径规划和路径引导。地图显示是车辆导航系统的重要组成部分，它构成了人机接口的基础。

触摸屏式无线导航系统的亮点是基于 DVD 的地图导航，以及与卫星数字音频兼容的 AM/FM/CD 无线电。该系统包括一部与 GPS 互动的车载计算机及汽车传感器和地图数据库，以提供道路信息并帮助旅行者到达目的地。

由德尔福研发的这一系统的特点在于地图浏览、交叉路口浏览、地址簿和旅游景点全部集中在一张 DVD 光盘中。触摸屏式的菜单系统使导航系统便于操作，而语音提示功能则可以使驾车人始终将注意力集中在道路上。一旦驾车人错过了一个转弯，导航系统便自动生成新的路线图。导航系统内集成了拥有多种功能的娱乐系统，具体包括 DVD 视频、收音机、交通数据、蓝牙、语音录入器和媒体播放器。其语音激活系统可以在全球范围内提供 11 个语种和 15 种地区方言的路线向导。

（四）自适应巡航控制系统（ACC）

ACC 不但可强化车辆安全性，还可提高驾驶人的舒适度，在长途行驶中，驾驶人可以将脚离开加速踏板而自由活动。现在，很多车型上已经开始使用这种技术。

德尔福研发的 ACC 系统通过运用精确远程雷达，能检测车道内缓慢行驶的车辆，并自动控制速度，与前面车辆保持驾驶人可选择的时间间隔，具备停止与前进功能（图 5-7）。该远程雷达同时将作为前端碰撞报警和撞击预警侦测等其他安全系统的平台。

该 ACC 系统是已存在的巡航控制技术的延伸。它连接着监测车辆前后交通状况的前方障碍物侦测系统、巡航控制系统、制动系统。紧急情况下，驾驶人即使来不及踩下制动踏板，ACC 也会自动完成制动。该系统的雷达传感器持续测量前方车辆的距离，并自动调节车辆速度，协助驾驶人维持选择的跟车距离以确保安全。驾驶人可启动巡航控制，设置所需最高时速并选择与前方车辆的最低时间间隔。

沃尔沃公司在它的 S80 豪华轿车上应用了类似的系统，在那些交通流量不稳定的道路上，可大大降低驾驶人的驾车强度和提高驾车安全性。ACC 系统通过雷达反馈回来的信息，及时自动调整车速来保证与前车足够的安全距离。驾驶人只需简单地设定一下最高巡航速度（30～200km/h）和与前车的间隔时间，即可安心享受安全的旅程。与前车的间隔时间有 5 种选择，分别在 1～2.6s，当雷达发现前车的速度减慢时，会自动调整车速以保持相应的安全车距。

图 5-7　自适应巡航控制系统

（五）车道偏离预警系统

虽然人们采用各种方法来保证驾驶人的安全，但是如何避免事故发生，才是我们对于未来车辆安全的讨论重点。因为只有最大限度地减少事故发生率，才能更好地体现车辆安全。在车辆高速行驶的状态下，有效避免非正常偏离车道的问题，将会大大地降低事故率。

车道偏离预警系统（LDW）及驾驶警示系统分别通过车内警示音，提醒驾驶人车辆已偏离行驶车道、可能发生碰撞事故（图 5-8）。目前，已有多家公司对这一技术进行研发。

Iteris 公司宣布已经在美国和欧洲市场推出其车道偏离预警系统第二代产品。Iteris 公司车道偏离预警系统第二代产品的特点是"单线追踪"，它只需一条车道线，就能准确追踪使车辆保持在车道内，否则将发出报警。该系统能够追踪车道中线和边线，这对于许多只设有中线的美国道路和只有"雾线"的欧洲道路来说增加了实用性。同时，该产品进一步提高了对车道追踪的准确性，其中包括道路的弯窄处，误报警率明显减少。

图 5-8　车道偏离警示系统

沃尔沃公司也开发了类似的系统，通过 1 台摄像机来检测车辆在车道线之间的位置。假如驾驶人在行车过程中跨越原来的车道，但没有转向的操作（如打转向灯），该系统会发出警示音。这可帮助驾驶人预防由于偶然分神而偏离车道所造成的严重交通事故。沃尔沃汽车研究人员估计，在车速 70～100km/h，车道偏离警示系统可使这类事故减少 30%～40%。

（六）无钥匙系统

一种新型的"无钥匙"智能卡技术有望在今后成为市场主流（图 5-9）。而它采用的正是近年来刚刚兴起的射频技术、GPS 技术。

这种系统被称之为“驶向未来的钥匙”。使用这种技术，在驾驶人靠近汽车 1m 范围以内，无需钥匙和按钮，系统就能辨识车主身份并将车门由锁死改为自由状态，车主只需拉动把手就可打开车门。而上车后车主也只需一个按键动作即可启动点火开关。

图 5-9　无钥匙系统

这种“驶向未来的钥匙”还可以作为一个信息的终端，读取和存储包括车辆已行驶的公路里程、油箱中的剩余油量、下次检修时间以及当前胎压等车况信息。如果车主忘记了汽车的停放地点，利用手机软件来读取钥匙上记录的汽车 GPS 坐标，就可以帮助车主找到车辆停放的位置。

（七）睡眠驾驶报警系统

驾驶人疲劳驾驶以至瞌睡是引发交通事故的一个很重要的因素，对于世界各国的交通部门而言，疲劳驾驶一直是令人头痛的问题。

对于行驶过程中疲劳驾驶人会出现打瞌睡的现象，很多技术都在试图解决这一问题，只是所用方法不同。但目的只有一个，判断驾驶人是否进入疲劳状态，提示其保持清醒，这是各种睡眠驾驶报警系统的核心。

该系统可防止驾驶人在睡眠（意识低下）状态下发生事故。它通过监视转向操作和驾驶人心跳状态感知睡眠（意识低下）特有的现象，以判断驾驶人是否开始瞌睡。若认为是轻度瞌睡，则发声及闪亮警告灯，提醒驾驶人采取措施。如果驾驶人未觉察仍继续瞌睡，则此装置会振动驾驶人的座椅，以唤醒驾驶人采取措施。如果警告后驾驶人继续处于睡眠（意识低下）状态驾车行驶时，会自动控制节气门和制动系统使之停车。这对防止驾驶人在瞌睡状态下操作非常有效（图 5-10）。

（八）智能照明与夜视辅助系统

黑暗是汽车行驶安全的大敌。为了保证驾驶人在各种环境下最佳的视野，人们创新性地发明了智能照明系统，它使驾驶人似乎拥有了一双无惧黑暗的“火眼金睛”。智能照明系统配合夜视辅助系统，让行驶过程远离黑暗，更加安全。

图 5-10　睡眠驾驶报警系统

智能照明系统是一种根据实际情况进行控制、具有 5 种不同照明功能的前照灯控制系统。它包含乡间公路照明模式、高速公路照明模式、增强型雾灯模式以及主动弯道照明模式等多种功能，通过复式氙气前照灯和可多角度调节的前照灯电动机，就如同人类的双眼一样，使车辆的智能前照灯照明能满足驾驶人在任何环境下对于照射角度、亮度的要求。

乡村公路照明模式和高速公路照明模式可以根据设定参数、行车速度等环境的变化，对照明范围的长度、宽度、亮度、角度进行自动调整。通过这些调整，驾驶人可以更清晰地观察到乡村公路边横穿马路的行人，也可以更及时地发现高速公路上远处停滞着的故障车辆。

增强型雾灯是智能照明系统的又一特色。在视线不清的雨、雾天中，车头的左侧复式氙气前照灯可以向外摆动大约8°，并及时地降低光锥。这种加宽雾灯的效果会使车道中间一半部分被照得更亮，这样就改善了驾驶人在这个范围内的视距。

除此之外，夜视辅助系统还可以让驾驶人在黑暗中更加放心（图5-11）。当车速超过15km/h时，驾驶人就可以启动夜视辅助系统。将前照灯打开，然后只需按下仪表板上的一个按钮，显示速度的显示器就被切换为摄像机图像的状态。这项研发成果能提供更大的视野范围，但不会让逆向的车辆感到晃眼。

图5-11　使用夜视辅助系统的视野

（九）行人保护系统

汽车的安全性，不仅体现在对车内乘客的保护上，同时也要体现在对行人的安全保护方面。目前，保护车内人员安全的技术被广泛采用，保护车外行人安全的技术在我国还没有得到足够重视，而欧盟国家已开始要求新生产的乘用车安装行人保护系统。

行人安全保护系统是在汽车发动机罩内设置安全气囊，当碰撞传感器确认车辆同行人发生碰撞时，该气囊便在车前张开，以减少行人同车碰撞后造成的伤害程度。

汽车与行人发生碰撞时，如果速度很快的话，行人就会被撞得飞起，然后头部撞在发动机舱盖或前风窗玻璃上（图5-12）。发动机舱盖下面就是坚硬的发动机，如果直接相撞的话，会对行人造成非常严重的伤害。因此，要想保护好行人的头部，那么发动机舱盖和发动机之间就必须有足够的缓冲距离。但是这个距离很高的话会增加发动机舱的高度，影响整车的风阻系数。

捷豹（Jaguar）XK和本田里程（Legend）等车型就采用了一种弹升式发动机舱盖技术。其原理是在前保险杆内安装碰撞传感器，如果检测到撞到行人了，就会启动发动机舱盖弹升控制模块；接着爆炸式弹射装置便可瞬间将发动机舱盖提高，以减小碰撞下对行人造成的伤

图 5-12　行人保护系统系统

害。弹升式发动机舱盖技术不仅对行人防护有利，此外这项创新的装置，也能让汽车设计师得以在车头造型上取得更多的发挥空间，让车辆在美学及安全性上取得平衡。这项技术在欧洲 NCAP 的测试中，取得了非常好的成绩。相信随着行人安全被普遍的关注，这项技术会被越来越多的车型所采用。

（十）电子液压制动系统

新款奔驰 SL 系列轿跑车特有的动态操纵控制系统给人留下了深刻印象。该系统包括一个电子液压制动系统（EHB），奔驰称之为感应控制系统（SBC）。

由博世公司提供技术支持的该系统的主要特点是，通过传感器建立了运动状态、制动压力的动态监测和危险工况的预警。SBC 增加了制动管路的压力控制和制动准备功能，一旦踩下制动踏板，车辆即以最大的压力、最快的响应实施制动，前后制动压力会随路况的不同而变化，从而提高弯道制动时的安全性。

其优点（也是技术难点）在于提高了制动的舒适性，能提前作出响应，而不是像传统的 ABS 在制动后通过信号反馈进行控制；此外，可以实现完全的干式制动，在潮湿的气候或路面条件下，制动盘表面也不会形成水膜，保证了车辆快速响应。

（十一）电磁减振器系统

电磁减振器是车辆在反应状态可以作无级调整的减振器。创新的技术在于减振器油，通过加入金属微粒，使之对磁性很敏感，这样就可以通过一个电磁场控制油的粘度，实现纯粹电子控制的减振器。它可以根据相应的传感器迅速对路面变化作出反应。电磁减振装置通过这一原理保证减振器在各种行驶条件下都能够提供合适的减振效果，从而最大限度地提供驾驶的舒适性以及动态操控性。而装备了传感器的计算机技术能够在毫秒内来判断驾驶情况。驾驶人可以选择两种驾驶程序：高度运动型，即将电磁调校到比较低的黏稠水平；或是进行相反的调校来达到高舒适性的水平。

2008 款凯迪拉克的 SEVILLE 轿车在原来的德尔福公司开发的电磁减振器系统上增加了一个路面感应式连续可调立柱。新的改进型减振器系统对路面波动的响应速度比原来的提高了 5 倍，并显著地改善了汽车的操纵性、舒适性和安全性。

和传统的半主动悬架不同，该系统没有电子液压伺服阀，而是代之以具有磁性流体的元件 MR（Magnetic Ride），前左、右悬架装有 MR 立柱，后左、右悬架装有 MR 缓冲块。系统的传感器有测量悬架控制臂和车身之间相对位移的位移传感器、车身侧向加速度传感器和转向盘转角传感器，系统中还有 CAN 总线下的控制器和测量水平度的压力传感器。

（十二）夜视系统

在夜间行驶的时间虽少，但出事故的概率却很大，毕竟视野范围缩短了许多，在路况、照明不好的路段更是要多加小心，除了行人、宠物外还要当心路上的障碍物。不过，不用担心，随着汽车技术的飞速发展，会让黑夜变成白昼，汽车新技术将给你一双慧眼，让你的夜间驾驶变得更轻松。

一些汽车制造商正在开发这种让夜间驾驶变得更轻松的夜视系统。其中宝马公司经过相对比的研究和仔细的考察，选择了更富有创新意义的红外技术（FIR），也就是热感相机（图5-13）。利用在热感成像相机上的成像来提高黑暗中的安全。宝马认为红外技术在黑夜中检测行人、动物、物体等的效率更高。

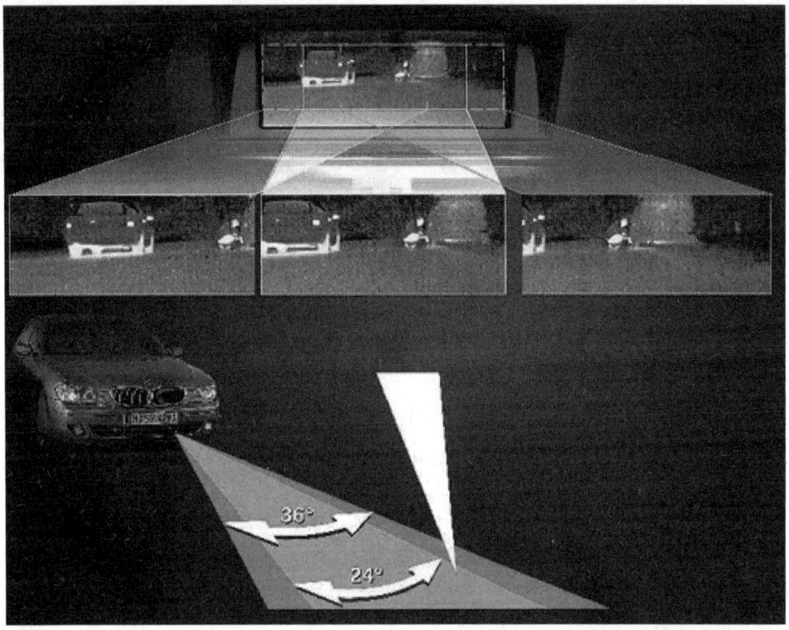

图5-13　宝马汽车的夜视系统

当在黑夜中驾驶时，夜视系统提供了一种新的视觉方式。在驾驶人借助灯光系统看不清前方路况之前，热感成像相机在黑夜中可以探测到车辆前方的人、动物和一些物体。热感相机另一项功能是将发生的图像增加亮度，然后将增亮的图像传送到控制中心显示，显然，人和动物等目标都会变得更清晰。

尽管宝马的夜视仪显示屏上的成像并不清晰，但是通过捕捉热放射体的方式使得成像的明暗突出非常鲜明，因而也更容易鉴别前方的危险。除了黑夜，它也是对付大雾的一个好方法。

宝马夜视系统对驾驶人的好处是当在非公路驾驶时、通过狭窄的小路时、在进入黑暗的地下车库时，显著提升了驾驶舒适性。红外技术使用了热感相机，利用人、动物、物体表面的温度，提高了成像清晰度。FIR有意地没有呈现出交通状况的全部细节，避免前方的主要物体没有引起你的注意。换句话说，无关紧要的细节被删除了，避免过多信息分散驾驶人的注意力。FIR在仪表台中部驾驶人的控制显示屏中（图5-14），图像呈现一种高对比度的夜景图像。驾驶人只是简单地察看显示屏获得路上目标，所以观察方便的宝马夜视系统就像看后视镜一样。

图 5-14　宝马汽车的夜视仪显示屏

FIR 让驾驶人看得更远，涵盖范围最远到车前方 300m。FIR 可以看到的距离是其他系统的 2 倍，驾驶人可以更早地注意到危险。在 100km/h 的车速时可以提前 5s 发现目标。FIR 的另一特点是成像中对向驶来车辆的前照灯、街道路灯、交通信号灯、交通标志的强反光等不会使你产生眩晕（图 5-15），安装 FIR 的车辆之间也不会互相产生干扰。超出 FIR 技术的出发点，宝马还在为它增加更多的功能：随着车速的增加，道路上的图像还能够通过镜头焦距的改变使得远距离的目标被放大，使目标更清晰。

图 5-15　成像中对向驶来车辆的前照灯、街道路灯、交通信号灯、交通标志的强反光等不会使你产生眩晕

这套新系统还不够完善。例如：宝马夜视系统的摄像机镜头安装在前保险杠上（图5-16），这个位置就会受到一些外界因素的影响，如路上的泥泞、雨水，镜头容易变脏，变脏的镜头就会影响到车内显示屏上的图像。

图5-16　夜视系统的摄像机镜头，它被安装在前保险杠上

（十三）倒车电子屏系统

在行李舱盖或后保险杠上装设摄像机，并将拍摄到的画面传递到驾驶座前方的电子屏幕上，驾驶人只要看眼前的电子屏幕就能知道车后的情况（图5-17）。这一技术目前已有应用，并解决了反向、夜视等问题。

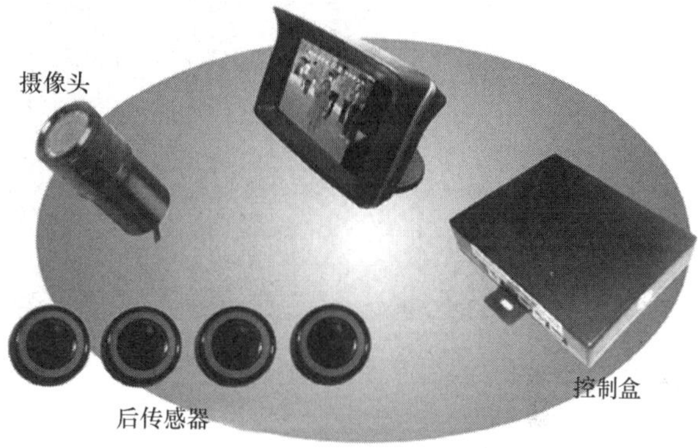

图5-17　倒车电子屏系统

倒车电子屏系统与倒车雷达系统相比，前者具有确切判断距离的优点。对车后方的水沟，山崖，凸出的钢筋、竹竿等超声波是无法感应的，这也是后者倒车安全上的死角。同时由于目前汽车上视听系统越来越完善，更为前者的广泛应用奠定了基础。

通用公司应用了Donnelly公司生产的以摄像机为基础的后视镜系统。该系统用一个内后视镜和两个外后视镜采集汽车周围的景象，三个景象合成一个全景图像在中控台的视屏上显示出来，还用文字说明来传达信息。摄像机也可在倒车时使用，当车后近处有消防栓等障碍物时，就及时让驾驶人知晓。

沃尔沃轿车公司推出的一款车型采用了“主动式后视镜和后向式摄像机”技术，其实质是数字技术和可视监控（倒车电子屏）技术的综合，嵌在车门上的后视镜和后保险杠中的传感器，可通过视频信号提醒驾驶人注意从轿车侧后方“盲点”处驶来的车辆。当险情加剧时，驾驶人还会收到由视频和音频信号共同组成的警报。作为车门后视镜的补充，车两侧后视镜处配置了“向后式摄像机”，它拍摄的画面以视频图像的方式出现在仪表板上的一台显示监视器中。必要时，驾驶人可借助它观察情况。同时，车上还配置了一种红外光增强器，它利用红外技术延长并拓宽了驾驶人在夜间的视野。

（十四）无人自动停车系统

对于许多驾驶人而言，顺列式驻车是一种痛苦的经历，大城市停车空间有限，将汽车驶入狭小的空间已成为一项必备技能（图 5-18）。对于驾驶技术不熟练的驾驶人来说，很少有不费一番周折就停好车的情况，停车可能导致交通阻塞、神经疲惫和保险杠被撞弯，而这将给您的爱车留下难看的凹坑和划痕。

图 5-18　许多地方只允许顺列式驻车

技术的发展为之提供了解决之道，这就是自动停车功能。设想一下，驾驶人找到了一个理想的停车地点，不必再来回折腾，而只需轻轻启动按钮，坐定、放松，其他一切即可自动完成。自动停车技术有助于最终实现汽车的自动驾驶。

丰田公司的 2008 款雷克萨斯 LS460L 轿车是世界上第一种采用了无人自动停车技术的量产车型，该技术通过车身周围的传感器来将车辆导向停车位，也就是说驾驶人完全不需要手动操作（图 5-19）。在导航开始前，驾驶人需要找到停车地点，把汽车开到该地点旁边，并使用车载导航显示屏告诉汽车该往哪儿走。停车位需要比车身长 2m（LS 的车身较长）。自动停车系统是无人驾驶技术的一大成就。通过该系统，车辆可以像驾驶人那样观察周围环境，及时作出反应并安全地从 A 点行驶到 B 点。2008 款雷克萨斯 LS460L 轿车仪表板及车载导航显示屏如图 5-20 ~ 图 5-22 所示。

而且早在 2003 年，相类似的丰田辅助停车系统（Park Assist）已经投入试用（图 5-23）。

2003 年，丰田开始在日式普锐斯混合动力车上提供可选自动停车功能，即智能停车辅助系统（Intelligent Parking Assist）。三年后，英国驾驶人花上 700 美元就可以在他们的普锐斯上增加自动停车功能了（图 5-24）。到目前为止，英式普锐斯 70% 的车主都选购了这项功能。

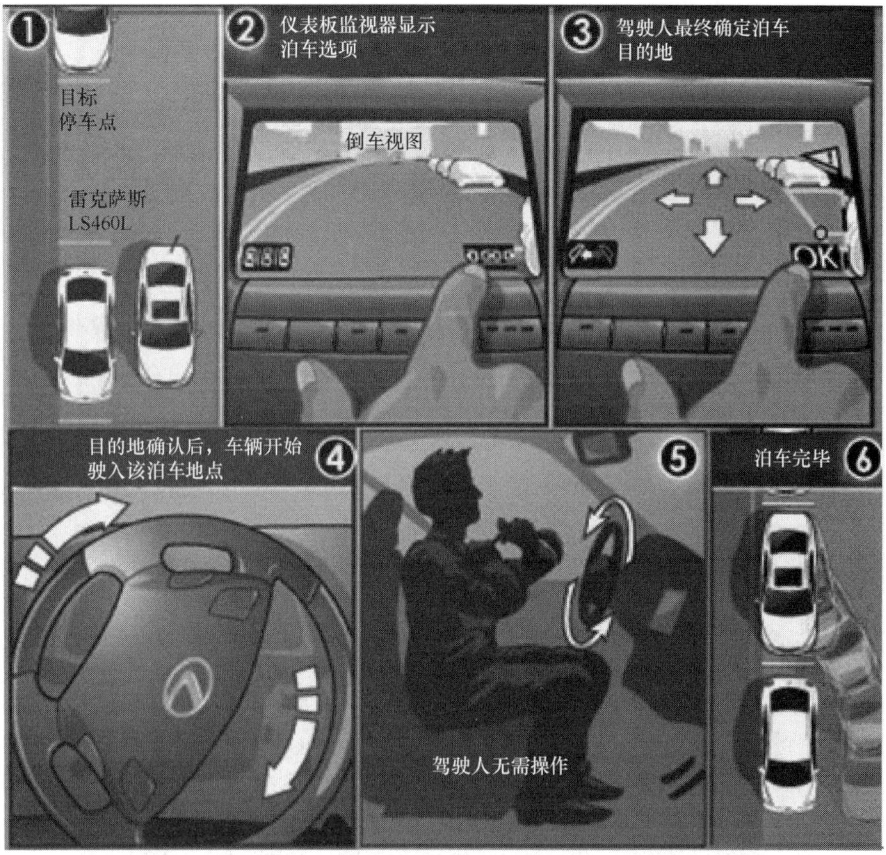

图 5-19　2008 款雷克萨斯 LS460L 轿车无人自动停车技术

图 5-20　2008 款雷克萨斯 LS460L 轿车仪表板

图 5-21　车载导航显示屏 1

图 5-22　车载导航显示屏 2

图 5-23　丰田辅助停车系统产品发布会

图 5-24　英式丰田普锐斯配有智能停车辅助系统，该系统配有仪表板屏幕来告诉驾驶人如何操作

尽管该车的停车系统并不是全自动的，但这种系统的确使顺列式驻车更加容易。该功能是通过采用电动操纵系统和基于 CCD 摄像机的后视监视器而实现的（图 5-25）。将汽车开到停车位置的前方，然后在车载导航系统画面上指定停车位置后，驾驶人仍然必须踩着制动踏板控制车速（汽车的怠速足以将车驶入停车位，无需踩加速踏板）。车上的计算机系统将接管转向盘。汽车移动到前车旁边时，系统会给驾驶人一个信号，告诉他应该停车的时间（图 5-26）。然后，驾驶人换倒档，稍稍松开制动，开始倒车。计算机通过动力转向系统转动车轮，将汽车完全倒入停车位。当汽车向后倒得足够远时，系统会给驾驶人另一个信号，告诉他应该停车并换为前进档。汽车向前移动，将车轮调整到位。最后，系统再给驾驶人一

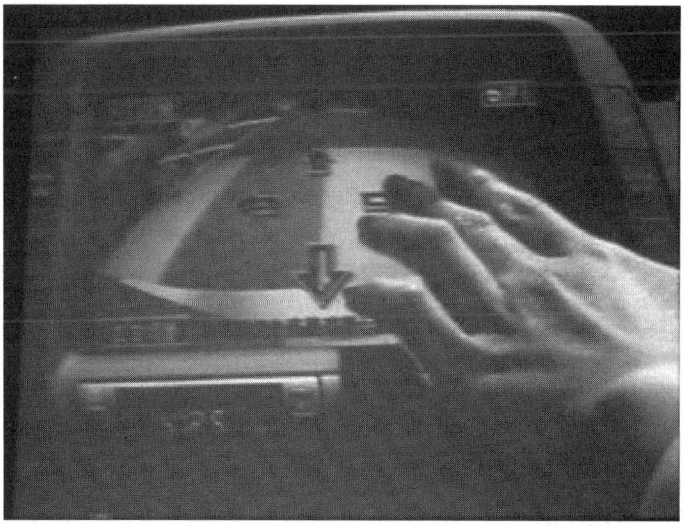

图 5-25　驾驶人正在操作英式丰田普锐斯智能停车辅助系统

个信号，告诉他车子已停好（在英式丰田普锐斯上是一个女性声音告诉驾驶人“辅助系统已完成工作”）。

图 5-26　丰田将该功能定位于“辅助”功能，进行制动以外的操作时，辅助功能就会暂时关闭

安装在尾部的 CCD 摄像机可利用捕捉到的图像数据计算出与目标间的距离。距离计算的基点是后轮的车轴中间位置。首先计算出连接当前位置与目标位置 2 点的最佳路径曲线，然后将信息传输至操纵系统的控制电路。再根据此信息起动操纵系统。用于信息传输的车内网络采用了控制器局域网络（CAN）。

与此同时，其他公司的自动停车系统也在研发之中。2004 年，瑞典 Linkopeng 大学的一群学生与沃尔沃合作开发了一个名为 Evolve 的项目。Evolve 汽车可以自动顺列式驻车。这群学生在沃尔沃 S60 上装上传感器，并在行李舱里装上用来控制转向盘和加速及制动踏板的计算机。西门子 VDO 正在开发一种名为 Park Mate 的独立驾驶人辅助系统，该系统可以帮助驾驶人找到车位并停好车（图 5-27）。

自动操纵转向盘的停车辅助系统“Park Assist”也被大众公司应用于途安、途观及帕萨特等车型上。德国大众在 2008 年汉诺威工业博览会上演示了更为先进的驾驶人下车后自动停车的系统“Park Assist Vision”。驾驶人利用导航仪选定想停车的位置后，将变速杆挂入 P 位，驾驶人也可以在车内操作该系统。

Park Assist Vision 是在 Park Assist 的基础上进一步开发而成的，转向盘的操作、加速踏板、制动、发动机停止及门锁等操作均可自动控制。通过配备在左右车门镜上的摄像头来识别停车位置，利用工作频率为 2GHz 的计算机分析处理图像，在判断可以停车时，就会一边控制电动助力转向盘、电子驻车装置、自动变速器及发动机输出功率，一边进行停车。通过车辆前后配备的摄像头和超声波传感器进行监视，需要时还会停车。驾驶人也可利用遥控器中断自动停车系统的工作。

该系统类似于丰田公司的雷克萨斯 LS460L 无人自动停车系统，只是目前还处于开发阶段，实用化时间尚未确定。

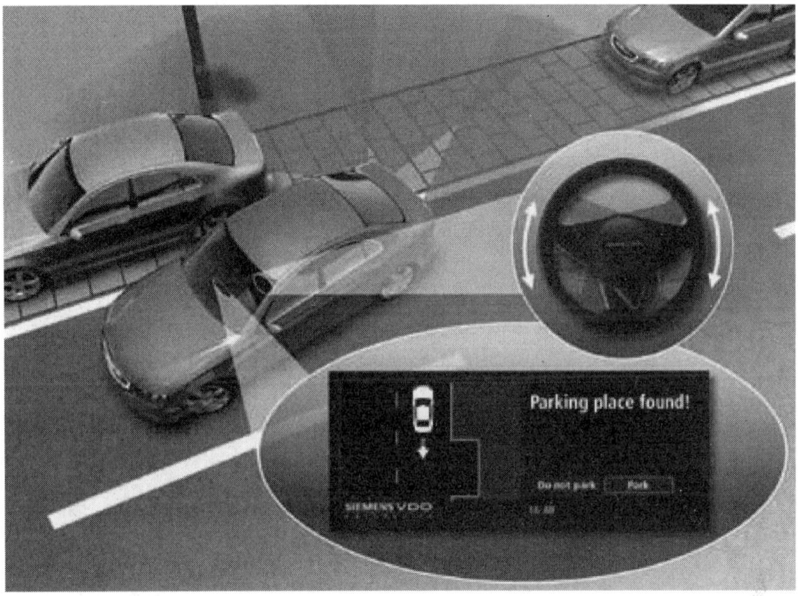

图 5-27　西门子 VDO Park Mate 示意图

不同的自动停车系统采用不同的方法来检测汽车周围的物体。有些在汽车前后保险杠四周装上了传感器，它们既可以充当发送器，也可以充当接收器。这些传感器会发送信号，当信号碰到车身周边的障碍物时会反射回来。然后，车上的计算机会利用其接收信号所需的时间来确定障碍物的位置。其他一些系统则使用安装在保险杠上的摄像头或雷达来检测障碍物。但最终结果都是一样的：汽车会检测到已停好的车辆、停车位的大小以及与路边的距离，然后将车子驶入停车位。

自动停车不等同于自动驾驶。自动驾驶很像是未来主义者的梦想：无数辆汽车在计算机的控制下，用最省油也最安全的方式自动行驶，秩序井然，而驾驶人则坐在车上看电视或打盹。

通用将在未来在德国推出具有自动驾驶功能的欧宝 Vectra 车型（图 5-28）。该车使用一个由摄像头、激光和计算机组成的系统来跟踪车道、路标、弯路、障碍物以及其他车辆等路况，以约 96km/h 的车速自动行驶。

二、汽车环保新技术

汽车尾气的主要污染物有一氧化碳（CO）、氮氧化合物（NO_x）、碳氢化合物（HC）、铅（Pb）和苯并芘（BaP）等。它们对环境的污染主要表现为产生温室效应，破坏臭氧层，产生酸雨、黑雨等现象。对人体的危害主要表现为造成各种疾病，严重损害呼吸系统，并且具有很强的致癌性。

汽车从 1886 年发明之初就有尾气排出，污染大气，而那时汽车少之又少，所以那点尾气并没有引起人们的重视。而今，随着汽车保有量的增多，汽车尾气污染愈发严重，令人担忧。人类文明的产物和环境保护能不能两者和平共处？还是就这样痛并快乐着，一边享受文明带来的便捷，一边忍受环境污染带来的痛苦？如何和平共处，要靠大家共同努力。

图 5-28　2008 年欧宝 Vectra

汽车是生活中必不可少的交通工具，如果现在没有了这种便捷的交通工具，我们的生活会是怎样？没有人敢想象。关键是汽车公司研发什么样的汽车，那些低油耗、低排放、使用清洁能源的汽车才应该是汽车公司的研发方向。这些未来环保型汽车包括电动汽车、太阳能汽车、氢燃料汽车、压缩天然气汽车以及混合动力汽车等（图 5-29）。研究开发所有这些新车型的共同意义在于，汽车工业界正在为保护人类赖以生存发展的环境而积极探索着。

图 5-29　环保汽车

（一）环保汽车三个发展方向

清洁能源、环保动力作为未来汽车的发展走向，是当今汽车业内一个敏感的话题。在现今燃料价格节节攀升，能源与环保危机临近的情况下，环保或相对环保汽车的研发成为世界各大汽车巨头明争暗斗的焦点之一。从某种意义上来说，车用环保技术的发展水平代表了一个汽车企业的技术研发实力，谁如果在这个领域占据了先机，那么它将在很大程度上引领未来市场的发展方向。目前，全球各汽车制造巨头都有着自己的清洁能源与环保动力研究发展计划。而新能源、新动力技术的多样性，也使得各汽车巨头在此领域的发展计划呈现不同的走势。其中，宝马公司的氢动力内燃机技术，丰田公司的油电混合动力技术以及通用的氢燃料电池技术是几个比较有代表性的发展方向。

1. 氢动力内燃机技术

代表车型：宝马氢动力 7 系（图 5-30）。

众所周知，传统的汽车是以燃油内燃机作为动力驱动的。无论是汽车行业还是消费者都早已习惯内燃方式的汽车。所以如果新的环保汽车同样采用内燃机驱动，那么无论是技术上

图 5-30 宝马氢动力 7 系

还是市场上都令人比较容易接受。而宝马氢动力 7 系就是这样一款环保新车型。

在宝马 7 系基础上研制的宝马氢动力 7 系，是汽车业氢内燃动力领域的领军者。它的动力系统即 12 缸的内燃发动机可以使用氢和汽油两种燃料。所以宝马氢动力 7 系轿车拥有两个燃料箱，分别可存储 7.99kg 的液态氢和 74L 的汽油。

宝马氢动力 7 系拥有一个双重模式的电动机组，能够快速便捷地从氢驱动转换到传统的汽油驱动。无论采用哪种模式运行，宝马氢动力 7 系的动力性能曲线都要完全一样，以保证行车安全及驾驶习惯。不过 6L V12 发动机只能输出 191kW 的最大功率，比 730Li 的 170kW 的最大功率稍高，但与 760Li 的 327kW 相差甚远。同时，为了安装液氢罐而使车身重量增加了将近 260kg，动力的损失换来的是两种燃料模式间的完美协调。

2. 氢燃料电池技术

代表车型：通用 Sequel 氢燃料电池车（图 5-31）。

图 5-31 通用 Sequel 氢燃料电池车

与氢内燃机动力技术类似，氢燃料电池动力技术也是以氢为能量源。不同的是氢内燃机动力技术是将氢直接作为燃料在发动机中燃烧以获得动力；而氢燃料电池则是将氢先在燃料电池中经化学作用转化为电能，然后靠电动机来驱动汽车。在此领域，通用是当之无愧的领导者，其代表作就是通用 Sequel 氢燃料电池车。

虽然早在 2005 年的上海车展就登场亮相，但是通用 Sequel 氢燃料电池车却一直以来被认为是燃料电池车领域的经典之作。因为与之前的燃料电池车相比，通用 Sequel 氢燃料电池车在可驾驶性方面取得了突破性的进步，其动力表现与驾驶特性都堪与目前使用汽油燃料的汽车产品媲美。

通用 Sequel 氢燃料电池车通过采用线传操控技术，不仅提高了车辆安全性、简化了维护程序、拓展了设计自由度，而且也更环保。几乎所有的驱动和控制组件都安装在 28cm 厚的底盘结构上，几乎每个方面的性能表现都比现有的传统汽车更胜一筹——更迅速，更平稳，更便于操控，便于生产，更美观也更安全，最重要的是，它只排放水蒸气，完全没有污染。

3. 油电混合动力技术

代表车型：雷克萨斯 LS600hL（图 5-32）。

图 5-32　雷克萨斯 LS600hL

油电混合动力技术可谓是目前市场上最成熟的环保动力技术。因为油电混合动力技术是基于现有内燃机技术和电动机技术基础上开发的，所以相比氢内燃机技术和氢燃料电池技术，油电混合动力技术在市场上应用最广，车型也是最多的。在此领域，丰田公司无疑是当之无愧的领头羊。此前丰田旗下的混合动力车型普锐斯已经在国内车市小露锋芒，而目前丰田的混合动力领军车型当属雷克萨斯 LS600hL。

虽然同为油电混合动力产品，但是雷克萨斯 LS600hL 却丝毫没有普锐斯那种独特醒目的外观。纯正雷克萨斯车系的设计，使雷克萨斯 LS600hL 的外观和内饰并没有太大的变化，而它的内在动力系统却发生了彻底的变化。

作为雷克萨斯的新款旗舰，LS600hL 也是全球第一款搭载 V8 混合动力发动机的全驱车型。LS600hL 的混合动力系统是以 5L V8 汽油发动机为基础，配合高输出的电动机组和最新研制的电压为288V的大容量电池组共同组成的。其配备的2UR-FSE发动机是在新款LS460上搭载的4.6L V8发动机（1UR-FE）的基础上开发而来的。可以这么说，LS600hL的混合动力驱动系统所提供的动力性能可与6L排量的发动机相媲美，可以使LS600hL在6.3s内毫不费力地将时速从0提高到100km/h。雷克萨斯LS600hL的油电混合动力系统显示屏如图5-33和图5-34所示。

图5-33 雷克萨斯LS600hL的油电混合动力系统显示屏1

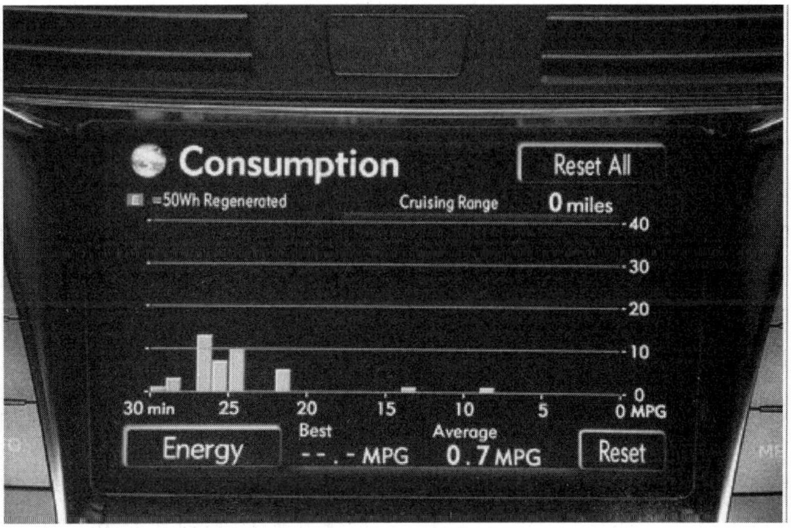

图5-34 雷克萨斯LS600hL的油电混合动力系统显示屏2

（二）福特将建全球最大汽车回收中心

世界第二大汽车公司美国福特公司宣布，将在今后5年内建成全球最大的废旧汽车回收中心，把废旧汽车零部件回收使用率提高到95%。

美国每年有1100万辆汽车由于老旧或交通事故而报废，报废汽车零部件的回收使用，主要靠分布在全国的一万多家“夫妻店”式修理行。福特公司拟通过建立回收中心的方式，统领这些家庭修理行。利用福特公司的制造技术加工二手车零部件，将其资料输入计算机，供所有修理行上网查询；利用福特公司的销售运输网络，及时输送和供应二手车零部件。福特的目标是成为世界上首屈一指的汽车回收中心，力争在5年内使二手车零部件的年销售额超过10亿美元。

福特公司特别希望从保险公司收购因交通事故而报废的汽车，因为这些汽车许多还是新的，零部件回收使用率更高。据说，保险公司也很愿意同福特公司合作，因为这有可能大幅度降低保险公司目前支出的高昂修车费用。

汽车工业的专家们认为，福特公司建立汽车回收中心的做法，是该公司新任总裁杰克·纳泽制定的新的经营方针的一部分。这个方针是，为用户着想，尽可能延长福特汽车的使用寿命，福特公司则由于在延长福特汽车使用寿命的每一个过程中发挥主导作用而步步盈利。福特公司此举对消费者有百利而无一害。虽然今后的汽车修理费未必大幅度下降，但是，由于福特公司涉足汽车修理领域而带来先进的技术和服务，将使得用户坐等零部件的时间大大缩短，从而极大地方便用户。

福特公司说，它将在今后数月内先收购美国大的汽车修理回收中心，然后向欧洲、亚洲和拉美扩展业务领域。

（三）福特汽车开发高效、环保的涂装新技术

减少涂装公害和降低涂装成本一直是汽车涂装技术发展的主题。福特汽车公司新开发了高效、环保的涂装新技术。该项新技术能有效地将汽车涂装过程中所特有的挥发性有机化合物、CO_2 的排放分别降低10%和20%。而且，每辆车的制造成本也将降低7~11美元。

汽车涂装技术的发展趋势应是从材料、工艺、设备等方面不断地追求更高的质量和效率、更少的材料和能源消耗，减少直至消除三废排放，在此基础上降低成本。

除新的涂装材料使典型汽车车身涂装工艺不断优化外，涂装材料厂家近几年逐渐开始重视联合汽车厂家和相关行业，着眼于更大幅度地简化汽车涂装工艺和降低成本，创造了一些新技术概念，如NIPPON PAINT的新色数字化概念。它基于通用型颜料和色浆，借助于数字化和网络技术，不但可以大大缩短新颜色面漆的开发周期，而且可使新车生产到售后修补整个体系的颜色在质量一致的前提下实现完全统一，将使根据汽车用户需要立即供应新色面漆成为可能；PPG和汉高公司都相继开发了可满足汽车车身要求的卷板前处理和防腐涂料，使应用预涂钢板制造汽车车身成为可能，这将大大简化汽车车身制造工艺，可能使汽车车身涂装实现零排放。

此外，新工艺和新涂装设备及喷涂技术将被进一步推广应用，尤其是简化的工艺（例如3C1B工艺、无中涂工艺）、无三废排放的粉末喷涂工艺、VU固化技术等。

值得一提的是，钢板和塑料制品一体涂装也将成为一种趋势。车身的外饰件及部分覆盖件往往使用高分子材料（或高分子复合材料）。由于传统的塑料涂装和金属涂装差异很大，一般不在同条线上进行，这样经常出现同一辆车不同材质零件的面漆出现色差的问题，多种控制色差的方法都不能彻底解决这个问题。随着材料技术和涂装技术的进步，现在可以在同一条线上进行涂装，从根本上消除了色差。

欧美一些汽车公司在某些车型上应用高性能塑料，可将塑料件直接装在白车身上，同金属车身一起涂装。可耐200℃高温的塑料翼子板可在电泳前或中涂前安装到白车身上，中涂面漆一体喷涂。另有一种技术路线，是开发可低温（80~90℃）固化的高性能中涂和面漆，不但可以达到上述目的，同时可以取消保险杠涂装线，降低烘干能耗，减少 CO_2 排放。这条路线在日本处于探索试验阶段。

（四）大豆聚醚发泡材料正式应用于福特野马汽车

世界著名汽车座椅供应商李尔公司工艺座椅生产技术再获突破。李尔公司生产基于大豆聚醚材料的汽车坐垫靠背已经应用于 2008 年新款福特野马汽车之中。

大豆聚醚发泡材料具有优良的环保性能，是传统聚醚的优秀替代材料，但是因为软泡产品对技术要求高，很多植物聚醚难以满足需求。现在国内植物聚醚发泡还主要应用于聚氨酯硬质泡沫，软泡的应用很少，技术也不够成熟。

李尔公司大豆聚醚发泡座椅的正式应用和推出将成为汽车座椅材料应用领域一个具有里程碑意义的事件。

（五）本田新一代燃料电池车引领节能环保潮流

新一代燃料电池汽车 FCX Clarity（图 5-35）是本田新开发的车型。FCX Clarity 搭载了本田独创的新燃料电池系统“V FLOW FC Stack”，该系统采用氢气和空气竖直流动的构造，电池堆性能有了飞跃性的提高，同时进一步实现轻质和小型化。FCX Clarity 已于 2008 年在美国和日本上市销售。

图 5-35　本田燃料电池汽车 FCX Clarity

“V Flow FC Stack”采用了本田独创的氢气和空气竖直流动的“V Flow”电池单元构造。同时，它还运用了让氢气和空气波状流动的“Wave 通道隔离板”设计，这些设计使得电池堆在性能上得到了飞跃性的提高，也更加小型化、轻量化。在功率的输出上，它的功率达到了 100kW，这比旧有的 FCX 概念车提高了 20%，续航能力提高了 30%。此外，在低温状态下 FCX Clarity 最低可在 -30℃时起动。FCX Clarity 绝对是几乎零排放的标准环保车款。本田燃料电池汽车 FCX Clarity 内部如图 5-36 所示。

（六）大众汽车新一代智能自动变速器

2003 年，大众汽车推出了全球第一款 DSG 双离合自动变速器——6 速 DSG 双离合自动

图 5-36 本田燃料电池汽车 FCX Clarity 内部

变速器并获得巨大成功。DSG 是英文 Direct Shift Gearbox 的首字母缩写，直译是直接换档变速器。在不到五年的时间里，大众汽车就销售了 100 多万台装备 DSG 双离合自动变速器的轿车。而在 2008 年北京国际车展上，大众汽车又将其新产品——被誉为“自动变速器新的里程碑”的 7 速 DSG 双离合自动变速器带给了中国观众。

DSG 双离合自动变速器以低油耗实现了快速换档，驾驶方便舒适，并更富动感，各方面的性能都超过了手动变速器。与传统手动变速器相比，在某些车型上，DSG 变速器可降低油耗达 12%，而和采用变矩器的传统自动变速器相比，降低油耗则高达 20%。对众多轿车驾驶人而言，这意味着他们似乎可以告别传统变速器的时代了。

DSG 双离合自动变速器最重要的核心部件是它的双离合器。与 6 速 DSG 采用“湿式”离合器不同，7 速 DSG 变速器的最大特点，就是采用了“干式”离合器。这也是世界首创。这一创新设计使得变速器系统的效率得以显著提高，新一代 DSG 变速器省去了吸滤器、油冷器以及变速器壳体中的高压油管。与普通手动变速器一样，变速器油只用于变速器齿轮和轴承的润滑和冷却。7 速 DSG 变速器油仅需要 1.7L 变速器油，而 6 速 DSG 变速器则需要 6.5L。

7 速 DSG 变速器的双离合器，由液压系统控制。发动机动力通过曲轴和一个双质量飞轮传递到双离合器。离合器 1 负责控制奇数档，离合器 2 负责控制偶数档和倒车档。本质上，相当于将两套变速系统合二为一，交替传输发动机动力。精确而复杂的双离合器操控系统实现了换档过程中发动机动力不间断传递，操控便利、驾乘舒适，为驾驶人提供了更富动感的驾驶感受。

7 速 DSG 变速器还采用了创新的独立电液控制系统，即液压系统独立于变速器油的循环系统之外。这一设计大幅减小了液压系统的渗漏并改善了机电控制模块的低温工作性能。另外，模块化的设计使其便于进一步研发，以提高性能。

先进的设计与技术应用使 7 速 DSG 变速器的效率得以提高，使油耗降低。通过对装备和未装备 7 速 DSG 变速器的高尔夫轿车的燃油经济性进行对比，其结果显示了这一技术进步所取得的成就。以装备 88kW TSI 发动机的高尔夫轿车为例，配备 6 速手动变速器的车型，百公里油耗为6.3L，这已经优于那些小排量、低功率车型的油耗了。而相同车型，装备7速DSG，油耗则降低至百公里5.9L！同时，CO_2排放也从149g/km降低到139g/km，而这样的数据在不久前还被认为是“不可能完成的任务”。另一对比试验的结果显示，配备了7速DSG变速器的高尔夫和高尔夫Plus 1.9 TDI车型的百公里油耗比配备6速DSG变速器的同样车型降低了0.7L，节油效果明显。

（七）日产汽车新技术：全球首个节能踏板技术

日产汽车的一个新技术——全球第一款“节能踏板技术”（ECO PEDAL）于2008年8月中旬诞生，在2009年上市的日产高档车上开始配备，例如风雅（FUGA）。

很多驾驶人都有狠踩加速踏板的习惯，这会导致汽车油耗增加。这个技术会通过踏板给驾驶人的脚一个回力，踏板变得稍稍沉重，提醒他们减轻加速踏板压力，帮助驾驶人掌握正确踩踏加速踏板的力度，那汽车也就省了5%～10%的油耗（图5-37）。对于喜欢高速驾驶的驾驶人来说，可以关闭这一系统，超车时也就不计较油耗了。该系统开启后，省油是自然的，而且培养省油的驾驶习惯也是它的好处，同时还可以减少二氧化碳的排放。

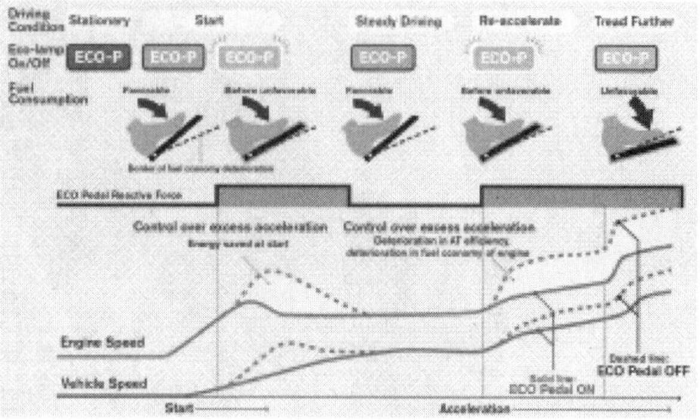

图5-37　ECO踏板原理

“节能踏板技术”具备灯光提醒功能，在转速表的右上方有一个发着绿光的小条带，就是“ECO-P”灯，根据它的颜色变化，可以知道驾驶习惯是否符合节能环保的要求（图5-38）。ECO踏板侧面构造与智能踏板相同。右下方贴有“NISSAN”封条的部分嵌有电动机。

早前日产的量产车上已经具备了智能踏板，可以通过雷达判断与前方车辆的车间距离，和前面的车接近时，就会反推加速踏板，如果你抬起踩着加速踏板的脚，就会制动以保证安全。智能踏板具备在需要制动、但却踩下加速踏板时会反推加速踏板的功能。它还有利用导航仪信息，根据转弯幅度的大小来控制车速的功能。

配备智能踏板的车辆通过追加软件可具有ECO踏板的功能（图5-39）。

图5-38　灯光显示和提醒

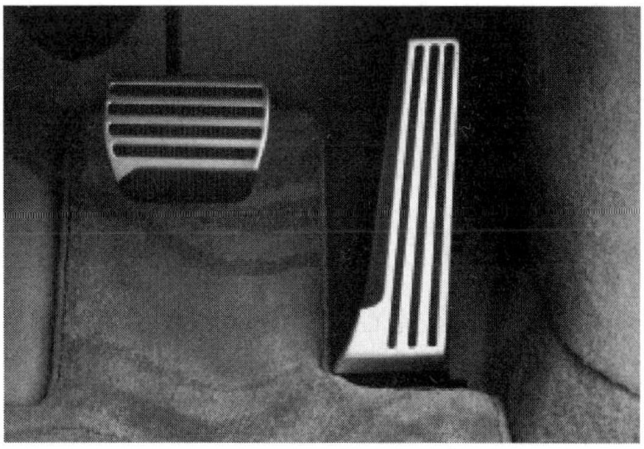

图5-39　智能踏板车型可以加ECO踏板功能

第四节　未 来 汽 车

未来的汽车可能是这个样子：没有发动机、没有汽车转向柱、没有制动。最另类的是它不用汽油或柴油，而是利用混合动力、乙醇、燃料电池、电力等汽车替代燃料，没有污染。

未来汽车可能是一辆海、陆、空通用的汽车，是科学技术的新突破。它的外壳用钛金属制成，可以承受空气和海水的压力，飞行在天空中时它是一架小型飞机，奔驰在马路上时它是一辆小型汽车，航行在水面时它是一艘小游艇（图 5-40）。

图 5-40　未来汽车

未来汽车还有一个导航系统，当驾驶人太累或无法知道目的地方向时，只需将目的地的有关信息输入汽车装置的电脑中，汽车就自动启动智能系统，驶向目的地，非常方便。

未来汽车还有两个可变速的推动发动机，它最高可以接近火箭般的速度前进，还可以对近距离的物体作出快速感应，就好像蝙蝠一样，这样就能避免海陆空任何一处的交通意外，既安全又快捷。

汽车，顾名思义是以汽油为动力，当混合动力、电池、氢等新能源动力车开始普及之后，汽车不但动力改变了，就连车身机构都发生了翻天覆地的变化，那么，未来的汽车还叫汽车吗？让我们拭目以待。

一、未来汽车的智能化

音响、车载电话、空调、行车电脑等越来越多的功能键被集成在转向盘上，让人们只要动动手指就能完成操作；只需带着钥匙走近车辆就可以直接打开车门，在手提很多物品时特别方便；起动车辆时也只需简单地按钮或旋转开关，让汽车更像一台家电，少了几分机械的冰冷和死板；随动控制前照灯随着转向盘的转动而转动，扩大了车身侧面的照亮范围，从而增强了黑暗中驾驶的安全性；电加热外后视镜，该装置通过电加热的方式可以除雾、除霜，使人们在特殊的天气环境下也可以有明亮的视野，无后顾之忧……

现代科技改变着汽车，发生变化的汽车改变着人们的生活。越来越多的消费者愿意为汽车的高科技买单。根据在网上做的一个调查数据显示，有近85%的消费者认为购买科技含量高的汽车是品质生活的体现。

随着汽车保有量的迅猛增长，消费者对汽车生活的功能性需求也越来越多，这一切对传统的汽车技术提出了挑战，以人为本的科技元素成了汽车的新卖点。汽车已经不仅仅是单纯的代步工具，而是一个充满科技元素的综合性空间，车上应该延伸出相应的娱乐系统、通信系统、导航系统、倒车雷达指挥系统等车载系统。

智能化汽车将是未来汽车发展的必然方向，它也必将完全改变人类的汽车生活。

（一）奔驰“疲劳识别”辅助安全系统

不同的研究课题表明，由疲劳驾驶造成的重大交通事故所占比例大约是10%～20%。德国保险公司所作的调查结果显示，四分之一的高速公路死亡事故的原因就是疲劳。另据美国公路交通局（NHTSA）的观点，人在疲劳时，事故发生的可能性会上升4倍至6倍。

奔驰开发的“疲劳识别”辅助系统（图5-41），能识别驾驶人的疲劳状态，并及时予以警告。该技术的开发始于几年前在驾驶模拟器上的系列试验，随后，研发人员在高速公路上进行了针对“单调驾驶环境”的夜间驾驶试验。

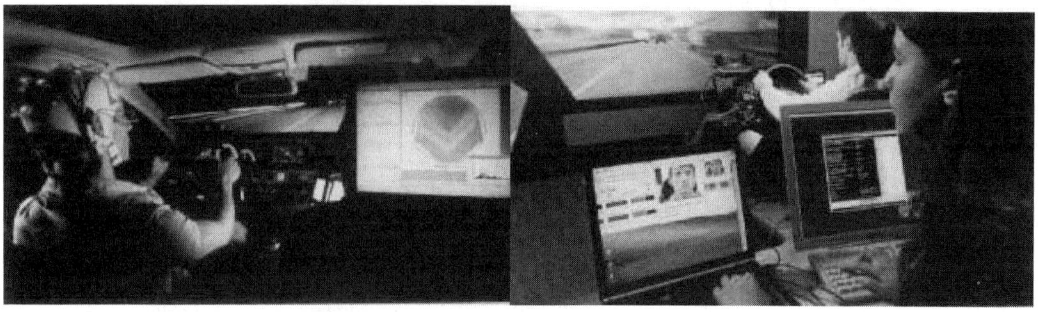

图5-41 奔驰开发的疲劳驾驶预防系统

由工程师、控制论专家、数学家、信息学家以及心理学家组成的奔驰专家小组，对“疲劳”这一现象进行了研究分析，以便在驾驶人出现疲劳状况时就能够有效地识别出来。其中“眨眼监控”系统就是由美国科学家开发的：红外线摄像机持续地记录驾驶人的眨眼频率以及每次闭眼的时长，一旦发现闭眼超时，驾驶舱内就会响起警告信号。

此外，其他生理监测，如脑电图（EEG）也投入了使用，以获取疲劳时的客观指标。还有一个方法是建立在行驶动态数据分析的基础上，如转向和制动行为，如果驾驶人较长时间没有操纵转向设备，系统也会发出警告。

试验结果显示，疲劳是一种复杂而且个性化明显的自然现象。除上述因素外，工程师们还将驾驶风格、驾驶时间以及当前交通状况等纳入研究范畴加以考虑。这些数据将不断地与已经存储在系统内的经验数值进行比较，从而形成一个驾驶人个性特征参数，并通过概率计算来确定驾驶人是否出现了疲劳现象。

（二）网格自由测距

（Free Ranging On Grid，FROG）FROG技术被应用于自动导向车系统（图5-42），而自

动导向车就属于无人驾驶车。该技术与我们之前讨论的自动停车系统类似，但比它更先进。

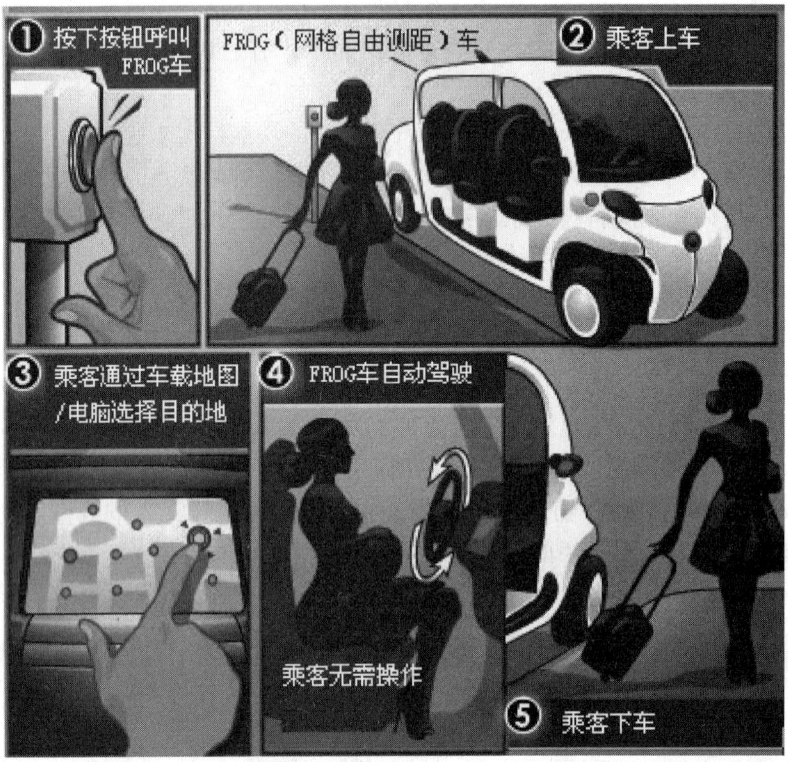

图 5-42　FROG 技术

FROG 车配备了车载电脑，包含该车运行区域的地图。该车从已知地点出发，然后通过该地图决定从起点到目的地的路线。通过计算车轮旋转圈数来得出已经行驶的距离（就好像您通过数自己走的步数来计算走了多远）。该车还可通过行驶区域的各种校准点（为 FROG 车准备的电子路标）来确认自身位置。某些码头已经采用了这项技术。FROG 车可以用来装货，并自动运送到卸货区域。

FROG 技术还可以用于公共交通枢纽。乘客来到站台按下按钮——就跟呼叫电梯一样。FROG 车到达后，乘客上车并通过按钮选择目的地——同样像是电梯中的操作。通过使用车载电脑、地图和校准点，FROG 车就可将乘客送到他们想去的地点。

FROG 技术的问题在于其只能应用于有限的区域之内。自动化高速公路被认为是可将无人驾驶技术扩展到更大区域的方式。虽然人们正在测试各种方案，但其核心内容基本不变，即自动化高速公路要与智能汽车协同工作。这种智能汽车一般拥有类似自适应巡航控制系统的高级系统。高速公路先不断将速度、路面状况、障碍物和方向等信息告知车辆，然后车辆会解读这些信息并作出反应。

（三）日本开发采用“目光信息”驾驶新技术

日本未来车辆研究中心宣布，他们已开发出采用“目光信息”操控驾驶的“驾驶模拟器”，这项新技术有望帮助手脚不便的残障人实现驾车梦想，还可以提高驾驶的安全性。

日本丰桥技术科学大学未来车辆研究中心的副教授北崎充晃领导了这项研究。新开发出的模拟器能够驾驶汽车在宽 6m 的道路上以 40 ~ 60km/h 的速度行驶。该研究小组认为，利用目光反应比利用大脑指挥运动反应速度快，而且也更容易应用到驾驶中去。

这项技术利用目光信息在脑电波投影显示的原理，在脸的右前方和左前方投射闪灭间隔不同的光线，根据脑电波仪显示频率的不同来判断视线的方向。

（四）自动化汽车

通用汽车公司开始试验一种拥有“第六感”的汽车。通过配备简单的天线、计算机芯片和全球定位系统技术等车载通信设备，该汽车就可以敏锐感知 400m 内其他车辆的所在位置，同时也能通知附近其他车辆自己的移动方向。同时，计算机系统将解读所有信息，预见可能出现的交通情况，并作出相应的反应，通过铃声、可视图标和座位振动等方式提醒驾驶人，如果驾驶人没有对提醒作出反应，通过计算机控制，车辆还能自动停下，确保驾驶人与道路安全。

该技术的另一大进步就是彻底解决了困扰许多驾驶人的盲点问题。通过传感器，汽车能敏锐感知其他车辆的位置，无论其位置是在驾驶人的视野盲点内，还是视线不达处。一旦感知盲点内存在危险，汽车能启动侧视镜内的小灯，以琥珀色的灯光提醒驾驶人在盲点范围内的车辆。如果驾驶人在此情况下开启转向信号灯，侧视镜内的小灯将不断闪动，座椅也会轻微地振动，以告知驾驶人潜在的危险情况。

同时，它还能减少汽车追尾碰撞的可能性。它一旦发现后方汽车的行驶速度过快时，将自动利用尾灯来警告其他的驾驶人。同时，它也会通过可视图标和座位的振动来提醒驾驶人。如果汽车上的计算机一旦发现有发生碰撞的可能性，它将自动采取制动措施。

（五）汽车智能“黑匣子”

汽车智能“黑匣子”能客观地记录机动车辆发生车祸前驾驶人的操作过程，有效地提供驾驶人在事故发生前作出的种种反应。据称，交通事故处理部门安装这种系统后，可随时对穿行在各条公路上的所有汽车进行实时监控，一旦发生车祸，离事故发生地点最近的交通事故处理中心可以在几秒钟之内获取撞车时的驾驶速度、车内乘客伤亡情况等信息。这种黑匣子与普通烟盒差不多大，构件包括可以储存、收集和传输数据的蜂窝电话装置和外部的保险装置。车祸发生后，黑匣子会自动打开，利用传感器记录下汽车的行驶速度以及出车祸时汽车的撞击位置，然后将这些信息传输给中央通信系统。黑匣子内部嵌有全球定位系统，该系统负责数据处理与传输功能。这种技术的应用将使汽车事故处理更加及时、科学，使人员生命及财产损失降到最低点。

（六）未来汽车智能照明

目前，汽车照明系统正在经历着重要变革，不仅高压气体放电灯（High Intensity Discharge，HID，通常称为氙气灯）和发光二极管（LED）光源得到了更广泛的应用，而且汽车照明系统也日益智能化，并且在智能化的范围不断延伸，例如前照灯甚至可以转化任意角度，以便驾驶人看到偏僻的角落，不过这还取决于汽车的行驶速度。

另外，汽车内部的照明系统对汽车内环境也有着重要的影响，设计工程师们也正努力地使这一系统与内环境更加融合。

1. 汽车转弯视觉增强系统（图 5-43）

在夜间、恶劣天气、车辆转弯、进入或离开交叉口以及倒车等特殊情况下，仅靠驾驶人的视力是无法保证安全的，因此，车辆配备有视觉增强功能，确保车辆及其他交通参与者的安全。

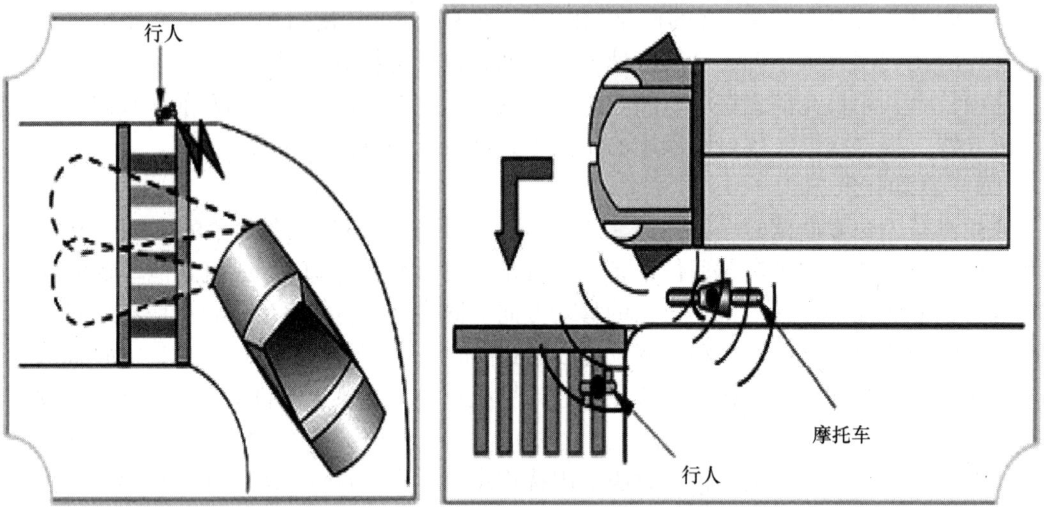

图 5-43　转弯视觉增强、盲区视觉增强

在未来几年中我们可以看到奥迪先进的前照灯照明系统：①前照灯可以旋转；②前照灯光束形状随周围环境的变化而变化，甚至在汽车开始拐弯以前就已经可以照到周围的拐角。该系统将会在驾驶人转弯和曲线路段行驶时起到重要的作用。

奥迪公司已经推出了转弯照明并且打算推出更先进的主动移动式前照灯照明方案，德国戴姆勒汽车公司采用 HID 照明技术的主动照明系统已经广泛地用在梅赛德斯汽车上。独立的微控制器，通过处理来自转向角和速度传感器的实时信息，控制电动机旋转对应的前照灯。另外，传统的主动前照灯用来减少对驾驶人眩目的机会。

美国汽车零配件生产商 Valeo 也正在致力于类似于戴姆勒的系统的研究，称之为“Bending Light”（转弯灯），它采用了机械化的前照灯，旋转的角度由转向角、轮速传感器和全球定位系统（GPS）的输入信息确定。

旋转的前照灯可以明显扩展夜间的可视范围，在这里所提到的系统中（图 5-44），传统

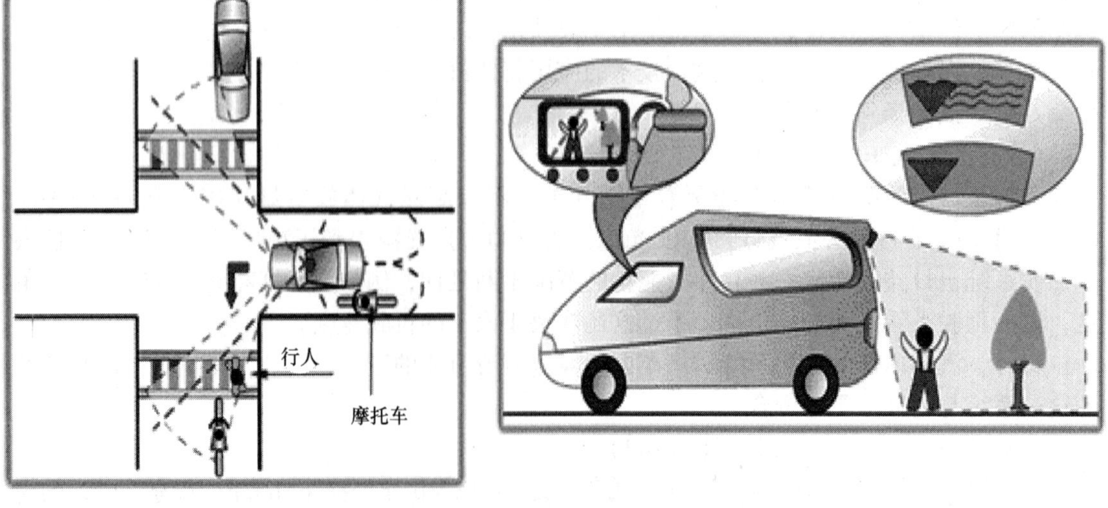

图 5-44　交叉口视觉增强、倒车视觉增强

的近光灯在曲率半径为190m拐弯时，照射范围为30m，而旋转前照灯的照射范围会增加25m，达到了55m。该灯的特点是，在不同的转弯半径下，前照灯能够在水平±15°之内摆动，这时的转弯近光灯照亮区域几乎扩大了1倍，以帮助驾车者更好更快地适应弯道路况。

目前已经有技术可以消除视野盲区，它们一般采用复杂的电子摄像装置，采集驾驶人无法看到区域的图像，然后显示在驾驶人能看到的地方。这样一套设备造价不菲，因此一般只能在高档豪华车上才能看到。

2. 智能化尾灯

智能化尾灯就是使汽车尾灯自动地执行工作，改善与其他道路使用者之间的交流功能。例如，如果频繁的忘记关闭或者误用雾灯就会自动由尾灯取代，不过这还要取决于具体天气条件。

用于照明系统中的传感器会探测透镜周围的环境状况、污染物，甚至速度和交通信息。当有汽车尾随时，输入信息经分析后，尾灯的工作方式自动改为“有雾”状态，减少尾灯的亮度，避免车祸的发生。通过采用脉冲宽度调整LED，尾灯的亮度可以很轻易地以低成本的方式实现在很大的范围内改变。

通过采用LED矩阵，尾灯的形状和亮度可以相应的改变。这种方法还提供白天和夜间的model-to-model改变及软件驱动改变。

如果LED矩阵用于尾灯，现在尾灯已确定的形状将来可能不会再延续下去，它们的形状可以由软件命令来确定和改变，这有可能取决于法律的规定（制动灯和指示灯）。例如，制动灯与倒车灯可以变成不同形状。

最后，制动灯的照明范围也可以由汽车行驶速度的快慢来决定。宝马概念车X-Coupe已经采用了该技术，在开始制动时，制动灯只有外围亮。随着踏板压力的不断增加，照明的范围逐渐向内延伸，全制动时，整个区域被照亮。

3. 内部照明

随着消费者对汽车舒适性要求的提高，汽车制造商不断开发新技术以缓解汽车行驶中的驾驶人和乘客之间的心理压力，内部照明技术也随之更加先进。奥迪A8在门套、把手（内、外）、门饰及驾驶人放腿脚的搁脚空间（footwells）等地方都安装了相应的照明灯。

除了已经介绍的彩色的LED，电（场）致发光（Electro Luminescent，EL）也可以用来提供形状统一的发光体。这在飞机中已经有了应用，还可以用来作为照明的辅助设备和统一的照明带。

梅赛德斯和沃尔沃汽车现在开始安装外部照明入口，当遥控车门时可以打开相应的照明系统。这是一种非常有效的方法，可以便捷地打开辅助照明系统，预计可能很快在其他的汽车上看到。

与此同时，光纤导光管也开始在汽车内部照明系统中使用。

另外，还要考虑到内部照明系统对驾驶人和乘客的心理方面的影响。例如奥迪公司建议在晚上和较黑的环境中行驶时，内部照明系统应该营造出一种安宁的氛围。当汽车在夜间停止行驶和驾驶人离开汽车时，EL条可以朦胧地照射车门。

这种所谓的“心理”方式已经在梅赛德斯SL系列汽车上开始应用，其中包括：照亮汽车驾驶人和乘客搁脚空间，产生一种广阔空间的舒适感觉；车门把手凹陷的夜间照明灯点燃，有助于黑暗中乘客开门；汽车后视镜中央安装有综合照明灯，可以发出温和的光。

为了确保良好的状态，SL系列汽车上装有一个特别的传感器来探测周围光的亮度，测定的信息传送到控制模块，最终决定内部的光亮强度。

综上所述，未来的汽车照明系统是令人兴奋的。先进的前照灯、可变亮度的尾灯和更人性化的内部照明系统等全新的汽车照明技术，在不久的将来我们就会看到它们的应用。

（七）智能安全气囊

汽车智能安全气囊是在普通安全气囊的基础上增加某些传感器，并改进安全气囊电子控制单元（ECU）的程序实现的。增加的乘员质量传感器能感知座位上的乘员是大人还是儿童；红外线传感器能探测出座椅上是人还是物体；超声波传感器能探明乘员的存在和位置等。安全气囊电子控制单元则能根据乘员的身高、体重、所处的位置、是否系安全带以及汽车碰撞速度及碰撞程度等，及时调整气囊的膨胀时机、膨胀方向、膨胀速度及膨胀程度，以便安全气囊对乘客提供最合理和最有效的保护。

（八）智能化仪表

未来汽车仪表将拓宽功能，汽车仪表的功能将不局限于现在的车速、里程、发动机转速、油量、冷却液温度、转向灯指示，可能会增添一些功能，比如带 ECU 的汽车仪表能指示安全系统运行状态，如轮胎气压、制动装置、安全气囊、安全带等。这些信号传输形式，将不再是简单的开关接通和断开直流信号，而是包含反映这些安全装置工作状态较多信息的调制信号，供 ECU 读取，以便 ECU 能准确地综合判断这些安全装置的工作状态，并给出故障显示提醒驾驶人，或指导维修人员排除故障。将防盗系统纳入汽车仪表 ECU 的监管下，如车门和行李舱等处防盗锁指纹识别开启系统、防撬振动报警装置、防盗点火起动装置等。

未来的汽车仪表系统，正向"综合信息系统"的方向发展。这种仪表系统以液晶显示器为基础，车内通信与互联网相连，乘员室内各操纵件通过语音进行控制。汽车收音机、DVD 播放机和音响设备等构成乘员室配置部分。构成信息通信系统的主要部件有漫游器、移动电话、电子邮件和国际互联网终端、视频或电子游戏中控台等。系统的主要功能有导航、音响、通信、远程微机通信和信息处理等。

二、未来汽车的新材料

（一）智能玻璃

智能汽车玻璃有许多种类，包括防光防雨玻璃、电热融雪玻璃、影像显示玻璃、防碎裂安全玻璃、调光玻璃以及光电遮阳顶篷玻璃等。防光防雨玻璃采用新材料及新表面处理方法制造，雨水落到玻璃上会很快流走且不留水珠，无需刮水器刮水。玻璃内表面反射性低，仪表板及其他饰物不会反射到风窗玻璃上，驾驶人视线不受干扰。具有影像显示功能的玻璃，是在风窗玻璃上的某一部分涂上透明反射膜，在膜片上可根据需要显示从投影仪传来的仪表板上的图像和数据，便于驾驶人观察，驾驶人在行车时勿需低头察看仪表。影像显示智能玻璃如果与红外线影像显示系统配合，可使驾驶人在雾天看清前方 2km 左右的物体。光电遮阳顶篷玻璃则是在轿车行驶或停车时，能自动吸收、积聚、利用太阳能来驱动车内风扇，还可对轿车蓄电池进行连续补充充电。

其中，大众汽车公司进行了电子遮阳玻璃的研究，开发出了一种电子防耀眼系统，这个系统可以利用由电脑控制的玻璃中的电子矩阵来挡住阳光。

这个系统中有两个传感器，一个是用来感应太阳的状态的，另一个是用来感应驾驶人的眼部方位。这两个传感器都将信号传输到计算机中，然后计算机会计算出阳光进入驾驶人眼睛的视角的照射点，然后计算机就可以在风窗玻璃中的电子矩阵中制造出一个黑点来挡住射向驾驶人眼睛位置的阳光（与后视镜自动变暗的原理类似）。当汽车的行驶方向变动时，那些黑点的位置也会相应变动。现在，这项技术还不能应用于所有的玻璃，但是它已经是一项巨大的进步了。图 5-45 所示是大众公司的电子遮阳玻璃。

图 5-45　电子遮阳玻璃

（二）未来汽车生产平台将采用粘合剂新技术

粘合剂技术的快速发展能让设计师设计出车体更轻的汽车，并且也能让汽车制造商使用更薄的钢板。一些汽车生产新平台已经开始采用粘合剂新技术。

汽车工业的挑战是在提高安全性、提高性能和让用户能买得起的同时来提高车辆的燃油效率。如果能够在汽车规模的应用上可靠地预测粘接性能并且能开发出更快装配的粘合剂，结构型粘合剂下一代的重大技术突破就会出现。

福特车身结构技术主管 ShawnMorgans 说，福特公司通过在车身上部使用抗冲撞耐久结构胶，使 2008 款福特福克斯车型的质量减少 1.7kg。

通用汽车公司的工程师们也正在着眼于增加使用新型强力胶。通用公司材料与处理实验室主任 MarkVerbrugge 说，广泛使用抗冲撞加强型粘合剂，而不用铆接、热连接、搅拌摩擦焊等其他类似方式会很有好处，这样能减轻重量。如果不得不使用铆钉或什么其他东西来保证车身结构牢固安装在一起，在工厂中的紧固安装也会成问题。

在欧洲，汽车制造商必须在 2012 年以前把所有客车的 CO_2 排放减少到 120g/km 以下。在车身上使用结构粘合剂是欧洲非常领先的技术。比如，防撞稳定型粘合剂就正在被新梅赛德斯和宝马车型使用。

防撞稳定型粘合剂之所以能够适用于传统汽车生产系统是因为出现一项关键技术。这种胶一般在 356℃左右就能固化，这可以让预处理电涂加工不使用专用养护炉就可以使结构固化。这种材料的最新品类可以在 -40 ~ 176℃的温度范围内使用。

三、未来汽车的网络化

（一）车—车通信技术

在未来（图 5-46），我们有希望看到这样一套无线通信系统——路上行驶的车辆与路边单元构成的通信网络。这套系统可以随时向驾驶人报告路面流量和交通拥塞程度，前方恶劣天气状况，道路管制状况和事故通报。

图 5-46　车—车通信技术

几乎所有的汽车制造商都在研究所谓的 Vehicle-to-Vehicle（V2V）无线通信系统。这样的通信系统采用专用小范围通信技术（Dedicated Short-Range Communication，DSRC），可以在即将发生碰撞之时发出预警。相关的管理机构甚至已经为此划定了特定的无线电频段，其技术标准规范代号为 802. 11p，工作在 5. 9GHz 的频段上。

DSRC 的工作原理是这样的：车辆顶部的 GPS 天线接收定位信息和车内 100 多个不同数据点的资料，包括行驶速度、制动信息和转向灯信号，由车载电脑系统把这些信息发送出去。在 400m 范围内，其他配备相同系统的车辆都可以接收到这些信息。为了保护车主的隐私权，这些信息不包含车辆的牌照号码等识别信息和车主信息。车载电脑中的软件一直不断地接收和处理这些信息，计算出这个范围内每辆车的位置和速度。

据说，通用汽车公司已经在其凯迪拉克 STS sedans 中对这套系统进行了测试，其中采用了自己专有的危险评估算法（Threat Assessment Algorithm），可以收集和处理来自 GPS、车内网络和其他车辆的信息，以便发出碰撞预警并采取防护措施。

美国的一些州政府正在积极推动一项计划——在主要道路两侧安装相应的设备，以便与道路中行驶的车辆进行通信，例如可以发送安全信息给车内安全信息系统。应用这样的系统，可以把交通信号灯的信号发送给车辆，让驾驶人在目测距离之外就提早知道前面是红灯还是绿灯，在气候不佳、视线不良的时候，这种系统就非常有效。如果某条道路因为大雾或者其他恶劣天气而关闭，驾驶人在前方很远的地方就可以获知消息，甚至车内电脑就会自动重新规划更适当的路径。

无论如何，大功率发动机已经不再是一辆好车的唯一标志！安全性已经变得越来越重要了。

（二）交通堵塞预防系统（图5-47）

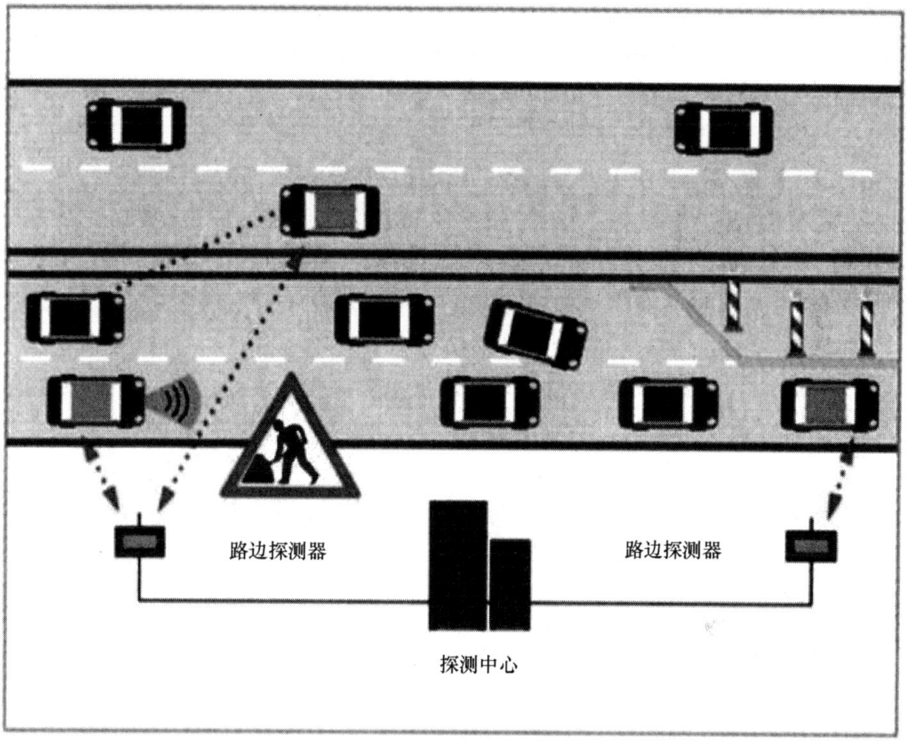

图5-47　交通堵塞预防系统

驾驶人每天所走的高速公路或许会因为一起交通事故而变成单车道行驶状态，这是非常令人泄气的事情。那条路上的汽车必须转道行驶。因此驾驶人不可避免地必须在中途减速换到另外一条路上去。但是，那种减速情况是否是不可避免的呢？

德国政府赞助汽车行业进行了一项名为“ACTIV”的计划，计划的目的是充分利用技术进行车流量管理并最终实现自动化行车向导。作为这项计划的成果之一，大众汽车公司的工程师们进行了一项研究，显示出如何让道路上的汽车在合适的时候提速以减少交通堵塞。这基本上也是你一直期望驾驶人们能够做的事，加速让其他驾驶人插进来。

该系统是这样发挥出作用的：在发生交通堵塞时，不用让所有的车都减速，可以指示临近道路上的一辆正在接近堵塞点的汽车加速。这样在那辆汽车和它后面的汽车之间就留出了一段空间，供堵塞车道上的汽车插进去。配备了照相机和电脑来记录和分析路况的交通管理系统可以提示汽车何时停下以及起动。

此外，还可以用一个更有效的系统对正在接近堵塞点的汽车进行半自动控制。这个系统可以建在本地交通管理系统的先进型适应型巡航控制和互动通信之中。

交通指挥中心可以利用路旁的照相机和探测器通过广播信号通知仍在驾驶的汽车驾驶人，从而让汽车由于道路拥塞造成的减速情况降低到最小。在川流不息的车道上行进的汽车驾驶人可以根据提示加速，从而拉开与后面的汽车之间的距离。由于道路堵塞而滞留在道路上的汽车也可以获得提示转向临时开通的其他车道，然后迅速换到新开放的车道上去。

（三）车上网络系统

现在，已经有多家汽车制造商向市场提供可在车上上网的配套装置。通用公司已经在车上试用其 Onstar 系统，只要按一个键，说一声“Onstar（启动）”，系统便将一个手机拨号连接到服务器上。然后你可以用语音指令要求播放天气预报、新闻、体育和交通状况，或者发电子邮件。更令驾驶人高兴的是，由于网络家电的大量普及，你可在车上指示家中的微波炉开始工作，一回到家便可饱餐一顿。

（四）卫星服务更上一层楼

近年来，有些公司已经推出了以卫星通信为基础的汽车信息服务，例如 XM Satellite Radio 的 NavTraffic 就是这样的服务，可以把各类交通相关信息呈现在车载导航系统的电子地图上，每个月收取 13 美元的服务费。相关的设备已经首先应用在本田公司 2005 年推出的 Acura RL 汽车上。随后也装备于日产汽车的 Altima 等车型。

XM 推出一项产品，名字叫 Weatherlink。这套系统类似于轮船上使用的导航设备，对于恶劣天气等不良交通条件将会提供更加准确的信息。这种产品既可装在汽车上，也可以装在手持设备上。

Google 也进军汽车产业。例如，通过与德国大众公司合作，Google 推出的新一代导航系统可以呈现 3D 画面的卫星地图，并且带有触摸屏。由于这套系统可以与 Google Earth 相连接，因此可以提供更为丰富多样的交通服务。

Google 还将与芯片制造商 Nvidia 合作，根据卫星拍照的影像数据，通过信息处理技术呈现出更加逼真的地形地貌图形，而且可以提供实时的交通、天气信息和动态路径规划，以及丰富的个性化旅游观光和餐饮娱乐信息。利用这些图像和信息，驾驶人就可以对不良交通状况了然于胸，提早作出趋吉避凶的最佳判断。Google 和德国大众都表示，这样的产品指日可待。

四、未来汽车的新能源

（一）英国新技术变生活垃圾为汽车燃料

英国英力士公司（INEOS）日前宣布，他们目前已经掌握了将生活垃圾转变为燃料的技术工艺，并计划在近期大规模采用这项工艺生产燃料。

英国英力士公司总裁彼特·威廉姆斯说，他们公司已掌握变垃圾为燃料的生产工艺，并拥有这个生产工艺的专利权。在生产过程中，加热垃圾产生气体，气体和某些细菌反应产生乙醇，乙醇经过净化变成燃料。经过这个生产工艺，1000kg 的垃圾可以生产出 400L 乙醇。与其他以粮食为原料的生物燃料的生产过程相比，英力士公司的生产工艺显现出巨大的优势。威廉斯对记者说：“与其他生物燃料不同，我们用不着在食物和燃料之间作艰难选择。”但由于目前英国几乎没有单纯以乙醇作燃料的车，英力士公司生产出的乙醇燃料必须混合汽油或柴油，才能驱动汽车。

由于一些国家生物燃料的生产主要以粮食为原料，这使得全球粮价快速上涨。经济合作与发展组织估计，到2017年，欧盟、美国和加拿大耕地的14%将用于种植生产生物燃料的植物，挤占粮食作物的种植面积，势必进一步推高粮食价格。与这些生物燃料的生产相比，英力士公司以垃圾为原料，如果未来占有较高市场份额，这将有助于降低粮价。同时，垃圾变燃料也为有车一族带来福音。去年英国柴油价格涨到平均每升1.33英镑，大规模采用垃圾变燃料生产工艺后，油价有望下降。不仅如此，这个工艺还有助于减少温室气体的排放。威廉斯说："乙醇燃烧释放的温室气体比汽油少，甚至可以减少90%，所以说我们的新生产工艺将会为全球减排作出很大贡献。"

英力士公司在大约20年前开始垃圾变燃料的研究。他们率先建立一家工厂，从2003年开始，聘请科研人员在工厂里对各种各样的垃圾进行研究。英力士公司计划到2010年底大规模采用这项新工艺生产燃料，他们现在正与美国、加拿大和欧洲的主要燃料消费厂家商谈销售事宜。威廉斯希望，将来在北美和欧洲，乙醇至少可以取代10%的汽油使用量。威廉姆斯说，他们计划在2年内生产出更多的车用乙醇，最终把这个生产工艺推广到全球，但目前，他们暂时对第一处用垃圾生产商用乙醇的工厂厂址保密。

（二）美国科学家利用尾气发电驱动汽车

一向令人生厌的汽车尾气现在有了新用途。美国科学家研发的一项新技术可利用尾气发电驱动汽车，从而节省燃油。

据美国媒体报道，美国能源部资助的这项研究，由通用汽车公司与俄亥俄州州立大学合作进行。研究人员将一种特殊的电镀金属装置安装在汽车排气管上，利用尾气与空气间温差导致的热电效应，形成电流，通过电动机驱动汽车。

专家解释说，在上述装置内由两种金属组成的回路中，如果两个接触点之间产生温度差，金属电子的状态会发生变化形成电流，这种热电转换现象即为热电效应。

研究人员指出，这一装置可使一辆雪佛兰越野车的燃油利用率提高5%，相当于每升燃油多跑0.43km。小型车如果安装这种装置，节油效果会更明显。

据报道，美国能源部希望通过这项研究将汽车燃油利用率提高10%。研究人员说，如果该装置最终达到这一目标，通用汽车公司今后在美国销售的所有汽车有望每年节省燃油约3.78亿L。

（三）更清洁的燃料（图5-48）

大众汽车公司和德国其他的汽车厂商正在开发一种新型合成燃料，那种燃料是通过液化过程得到的。大部分这种方法都使用催化剂（通常使用铁或者钴）来将固体如煤炭和农业废物转化成液体燃料或者将天然气转化成液体燃料。现在它们还在研究用纤维素（稻草、木头和各种废物）而不是玉米或者甜菜来生产乙醇，因为使用玉米或者甜菜的话会对食品供应造成影响。

生物燃料被称为阳光燃料，因为从本质上来说它们是可再生的，它们的基本生产工艺与其他合成燃料的生产工艺是一样的。人们可以根据先进发动机工艺的具体要求，利用各种精确的燃烧特性来设计合成燃料。

（四）无线电能

在未来，电动汽车将被消费者广泛接受。通用、福特、大众、戴姆勒、克莱斯勒、丰田、本田等汽车制造商都在积极研制可以利用无线电技术充电的小型电动汽车。电能将被转化成特殊的激光束或微波束，通过天线接收，人们不必停车补充能源就可以开车环游世界。

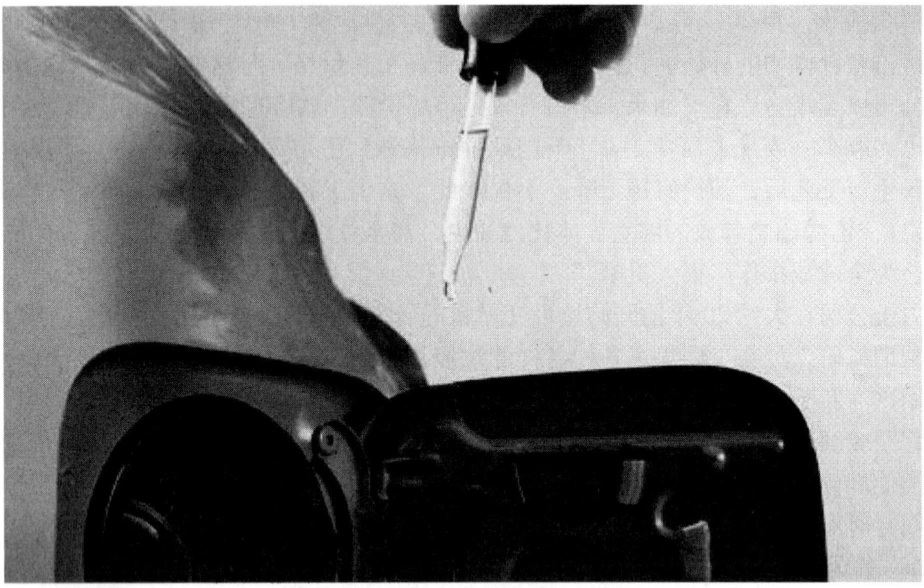

图 5-48　清洁的燃料

（五）氢能源

目前汽车产业以惊人的速度飞快发展。随着汽车数量增多，它所带来的负面影响也逐渐增大。由于全球气候越来越糟糕，各地政府对于汽车尾气排放和燃油消耗都有愈来愈严格的限制，这不得不引起全球汽车厂商的重视。

当今世界开发新能源迫在眉睫，原因是目前所用的能源如石油、天然气、煤，均属不可再生资源，地球上存量有限，而人类生存又时刻离不开能源，所以必须寻找新的能源。氢能源是目前谈论最多，也是人类期望最大的新能源。很多汽车厂家也是纷纷加紧对氢能源的研发（图 5-49）。

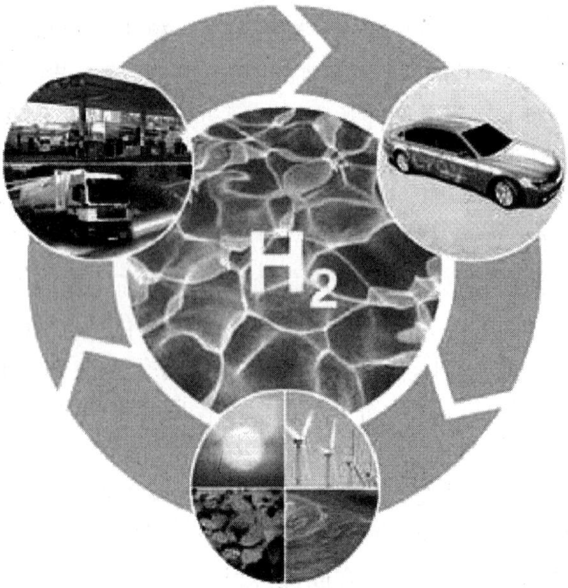

图 5-49　极具发展潜力的氢能源

氢能是一种二次能源，它是通过一定的方法利用其他能源制取的，而不像煤、石油和天然气等可以直接从地下开采、几乎完全依靠化石燃料。随着化石燃料消耗量的日益增加，其储量日益减少，终有一天这些资源将要枯竭，这就迫切需要寻找一种不依赖化石燃料的、储量丰富的新的合能体能源。氢正是这样一种人们期待的新的二次能源。氢位于元素周期表之首，原子序数为 1，常温常压下为气态，超低温高压下为液态。作为一种理想的新的合能体能源，它具有以下特点。

① 重量最轻的元素。标准状态下，密度为0.8999g/L，-252.7℃时可成为液体，若将压力增大到数百个大气压，液氢可变为金属氢。

② 导热性最好的气体，比大多数气体的导热系数高出10倍。

③ 自然界存在最普遍的元素。据估计它构成了宇宙质量的75%，除空气中含有氢气外，它主要以化合物的形态储存于水中，而水是地球上最广泛的物质。据推算，如把海水中的氢全部提取出来，它所产生的总热量比地球上所有化石燃料放出的热量还大9000倍。

④ 除核燃料外氢的发热值是所有化石燃料、化工燃料和生物燃料中最高的，为142351kJ/kg，是汽油发热值的3倍。

⑤ 燃烧性能好，点燃快，与空气混合时有广泛的可燃范围，而且燃点高，燃烧速度快。

⑥ 无毒，与其他燃料相比，氢燃烧时仅生成水和少量氮化氢，不会产生诸如一氧化碳、二氧化碳、碳氢化合物、铅化物和粉尘颗粒等对环境有害的污染物质，少量的氮化氢经过适当处理也不会污染环境，且燃烧生成的水还可继续制氢，反复循环使用。产物水无腐蚀性，对设备无损。

⑦ 利用形式多。既可以通过燃烧产生热能，在热力发动机中产生机械功，又可以作为能源材料用于燃料电池，或转换成固态氢用做结构材料。

⑧ 可以以气态、液态或固态的金属氢化物出现，能适应储运及各种应用环境的不同要求。

⑨ 可以取消远距离高压输电，代以远距离管道输氢，安全性相对提高，能源无效损耗减小。

⑩ 氢取消了内燃机噪声源和能源污染隐患，利用率高。

⑪ 氢可以减轻燃料自重，可以增加运载工具有效载荷，这样可以降低运输成本，从全程效益考虑，社会总效益优于其他能源。

目前，世界各国正在研究如何能大量而廉价地生产氢。利用太阳能来分解水是一个主要研究方向，在光的作用下将水分解成氢气和氧气，关键在于找到一种合适的催化剂。如今世界上有50多个实验室在进行研究，至今尚未有重大突破，但它孕育着广阔的前景。

氢作为气体燃料，首先被应用在汽车上。1976年5月，美国研制出一种以氢作燃料的汽车；后来，日本也研制成功一种以液态氢为燃料的汽车；20世纪70年代末，奔驰汽车公司已对氢气进行了试验，他们仅用了5kg氢，就使汽车行驶了110km。

用氢作为汽车燃料，不仅干净，在低温下容易发动，而且对发动机的腐蚀作用小，可延长发动机的使用寿命。由于氢气与空气能够均匀混合，完全可省去一般汽车上所用的化油器，从而可简化现有汽车的构造。更令人感兴趣的是，只要在汽油中加入4%的氢气，用它作为汽车发动机燃料，就可节油40%，而且无需对汽油发动机作多大的改进。

氢能源有这么多的优势，难怪那么多汽车厂家决定考虑采用氢能，因此近年来在国际汽车制造业出现了氢能汽车开发热。

在氢能利用方面，燃料电池发电系统仍是实现氢能应用的重要途径。燃料电池通过氢和氧生电，并且仅排放出水蒸气（图5-50、图5-51）。

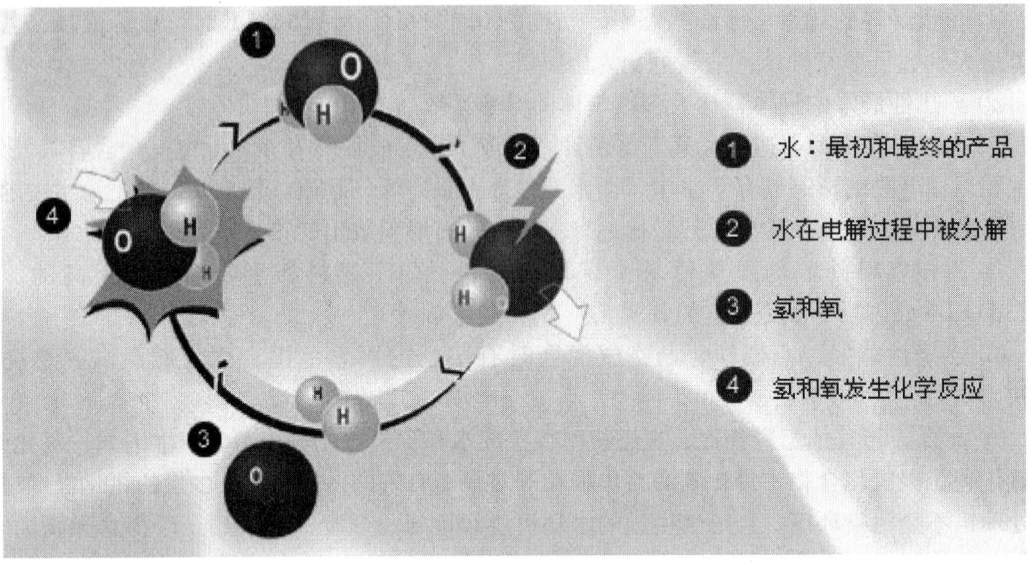

图 5-50　氢和氧发生化学反应

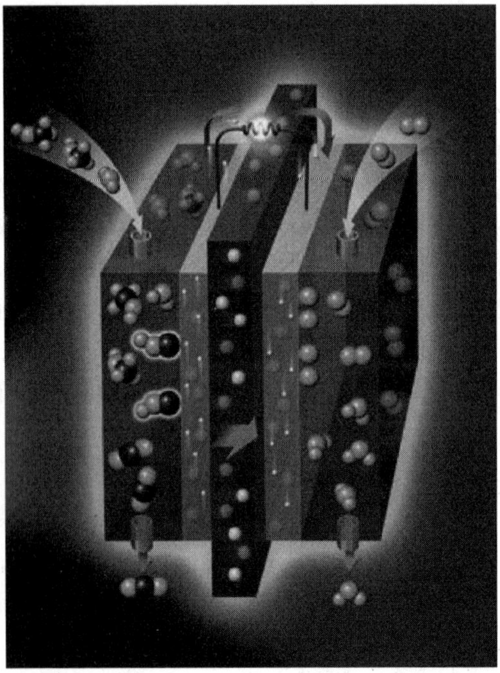

图 5-51　氢燃料电池

宝马公司开发了世界上第一款量产的氢动力汽车（图 5-52）。宝马氢能 7 系的动力系统所搭载的 6.0LV12 氢/汽油双燃料发动机是基于宝马 760i 所装备的汽油发动机研制的，拥有全可变电子气门控制和可变双凸轮轴可变气门正时系统等。在汽油模式下，燃油通过直接喷射供应；而在氢动力模式下，氢燃料则通过进气歧管被“吸入”到气缸中。这台发动机的最大输出功率为 191kW，最大转矩可达 390N · m（4300r/min），采用氢和汽油时均是如此。

由于采用氢作为燃料，理论上发动机排放出来的只有水，可以做到零排。不过这种技术目前难以普及的主要瓶颈，在于氢的存储和运输。氢是非常活跃的，以现在的技术，很难让它安稳长久地保存在储气罐中，如果你的氢动力汽车有一个月不开，里面的氢就会挥发殆尽。

基于对未来的前瞻性洞察和对消费需求的深切把握，我国长安汽车在新能源方面的技术研发与应用已经实现起步领跑。在 2008 北京国际车展上，长安汽车展出了国内第一款自主品牌量产混合动力杰勋 HEV 和国内第一款氢动力概念跑车，两个第一充分代表了长安在自主创新和新能源汽车科技上的最新成就。此次展出的长安杰勋 HEV 也是奥运示范运行指定用车，具有世界先进水平，采用“科技、环保、节能”的设计理念，最高时速能达到

160km/h，加速性能优于同类内燃机汽车；工况油耗比传统同排量汽车低20%以上，大大实现节能目标，而其成本增加不超15%足显其优良的经济性；排放限值全面达到国Ⅳ标准，环保性能优秀。据了解，长安杰勋HEV从整车设计、发动机设计到混合动力系统，均为完全自主开发，完整掌握了电池、电源管理技术、整车控制与集成标定、电动机开发与控制技术等混合动力关键核心技术。三十多项的发明专利，标志着长安在此领域已经跨入国内领先、国际先进行列。

图5-52　世界上第一款量产的氢动力汽车——宝马氢能7系

储氢技术是氢能利用走向实用化、规模化的关键。根据技术发展趋势，今后储氢研究的重点是在新型高性能规模储氢材料上。国内的储氢合金材料已有小批量生产，但较低的储氢质量比和高价格仍阻碍其大规模应用。镁系合金虽有很高的储氢密度，但放氢温度高，吸放氢速度慢，因此研究镁系合金在储氢过程中的关键问题，可能是解决氢能规模储运的重要途径。近年来，纳米碳在储氢方面已表现出优异的性能，有关的研究国内外尚处于初始阶段，应积极探索纳米碳作为规模储氢材料的可能性。

本章小结

本章先从汽车电子化、汽车环保两个方面向人们介绍了现代汽车新技术内容。其中汽车电子化包括以下小节：汽车智能轮胎、碰撞报警系统、触摸屏式无线导航系统、自适应巡航控制系统、车道偏离预警系统、无钥匙系统、睡眠驾驶报警系统、智能照明与夜视辅助系统、行人保护系统、电子液压制动系统、电磁减振器系统、语音控制系统、夜视系统、倒车电子屏系统、无人自动停车系统。

然后再从能源、材料、智能化、网络化四个方面向人们展示了未来汽车的发展趋势。通过本章的学习读者可扩大知识面，提高赏车水平、掌握购车技巧以及学会科学用车。

【思考与习题】

1. 现代汽车新技术的应用体现在哪些方面?
2. 汽车电子设备的成本占汽车售价的比例会越来越大吗?为什么?
3. 你最看好的汽车电子设备是什么?为什么?
4. 你最看好的未来汽车燃料方式是什么?为什么?
5. 你认为中国的民族汽车产业在新能源汽车方面的发展机遇如何?

第六章　汽车造型色彩与时尚

【学习目标】

时至今日，历史进入了21世纪，中国人对汽车的认识也有了新的飞跃，人们也越来越多地在了解汽车、认识汽车、思考汽车。随着改革开放的深入，汽车开始走向中国普通百姓家庭。从汽车制造、汽车设计到汽车消费，汽车从来没有像今天这样受到人们的如此关注和青睐，中国的汽车热已经形成并还在不断地继续升温。这一章我们就从汽车造型的演变来追溯汽车的发展。

第一节　汽车的造型

确定汽车外形有三个基本要素，即机械工程学、人机工程学和空气动力学。前两个要素在决定汽车构造骨架时有重要意义，特别是设计初期受这两个要素的制约更大。

汽车要行走就必须安装发动机、变速器等传动装置，这些装置必须经过周密的设计之后才能确定大致的车身骨架；如果大批量生产则要降低成本，车身钣金件的冲压加工要简易化，同时兼顾到维修简便性，即使发生撞车事故，车身也要易于修复，这些都属于机械工程学的范畴。

其次是人机工程学要素。因为汽车是由人驾驶的，所以必须保证乘坐舒适、驾驶方便、视野宽阔，还要考虑上下车方便及减少振动，这些都是设计车身外形时与人机工程学有关的内容。

高速行驶的汽车，会受到空气阻力。空气阻力大小，大致与车速的平方成正比例，因此必须在车身外形上下工夫，尽量减少空气阻力。除空气阻力以外，还有升力的问题和横风不稳的问题，这些都是与汽车造型密切相关的空气动力学问题。

要将上述三要素完美地体现在一辆汽车上是相当困难的。尽管如此，从汽车诞生至今，人们一直在追求功能上的理想造型。

一、汽车外形的发展

同一时代的汽车造型总有共同之处，汽车的形状也是经历了几个时代的变迁。从粗糙的“马车”到火柴盒般的箱形汽车，再到很卡通的甲壳虫汽车，还有船形、鱼形、楔形等的演变。值得注意的是，这几种造型并不像某一时期的装饰品，流行过后就随即消失，而是伴随着机械工程学、人机工程学和空气动力学技术上的进步，构成整个追求功能上的理想造型的全过程。

汽车外形的发展在第一章已有介绍，这里不再赘述。

二、汽车造型的发展趋势

造型对于汽车的意义可能远远超过普通人的想象。它直接影响汽车的动力、操控、环保、静音甚至是安全。

今天，造型设计已经成为专门的学科，涵盖了工业造型设计、空气动力学、材料力学、金属金相学、分子力学等多个学科；整车厂负责产品研发的主管也常由从事造型设计的技术人士担任。

造型，是科技的魅力，更是时尚的符号。

进入21世纪后，从世界各大汽车博览会推出的多款新概念车看，造型更具个性化和特色。车身造型的未来发展趋势综合起来主要有以下几个方面。

1. 气动最优化

一部汽车车身造型发展史，从某种意义上说就是一部不断追求具有最佳气动造型的历史，人们一直在努力研究能够减小气动阻力且气动稳定性好的车身造型，今后这将仍是未来汽车造型追求的目标之一，但更主要的工作是在研究气动行驶稳定性上。未来的气动造型最优应满足以下几点：①最佳气动性能的车身外形只能通过计算机辅助设计和部分实验得出；②车身所受的气动纵倾力矩和气动横摆力矩理论上为零；③车身所受的气动升力理论上为略小于零；④减少气动阻力虽然不再是主要目标，但气动刚力系数不应大于0.2。

2. 个性化

车身气动最优化是否会导致未来汽车外形的雷同，从而失去个性化？其实汽车车身造型的发展过程已经揭示了这个问题的答案。在车身造型的不同历史发展时期，可能会由于追求气动造型的优化而使得某一种车型成为一个时期内的主导车型，但绝不是唯一。就是同一主导车型，也由于气动特性非唯一评定指标而形成不同风格。随着社会发展，社会意识和美学观念在造型过程中会起到越来越大的作用，现代人对汽车式样个性化要求也会越来越高。不同层次、不同行业、不同种群的审美意识也会大不相同。随着人类物质文化水平的提高和生活环境的变化以及生活方式的多样化，作为大众化商品的轿车无疑将出现各式各样更新颖、更奇特的造型。

3. 人性化

汽车是人的代行工具，与人在日常生活中息息相关，已形成独特的汽车文化。“一堆冰冷的钢铁”是无法满足现代人精神和文明需要的。车身造型设计必须以人为本，体现人机协调，使用操作方便、舒适，使汽车适应人的各种生理和心理要求，从而提高工作效率、保障安全、维护健康。未来的车身造型设计将在车身外观设计、人机工程以及室内环境等方面更加注意人性化的发展。

4. 现代化

随着虚拟现实技术在车身造型中的应用，使得造型设计中可采用计算机模拟色彩、纹理、质感、背景、阴影及运用三维视觉效果生成虚拟汽车车身造型并实施漫游。通过仿真设备和虚幻环境的动态模型创造出人能够感知的虚拟现实，完全替代传统的实体模型和造型效果图的平面表述方式，甚至能做到未出实车而能体验实车的感觉，使车身造型技术发生了实质性的变革。

5. 全球化

20世纪90年代以来，面对市场和用户对新技术和新产品日益提高的要求，制造厂商必须在最短的时间内使产品更新换代，这就使得各公司不得不建立合作伙伴关系，以弥补资金和技术力量之不足，通过整合资源、优势互补以达事半功倍的效果。这样汽车造型设计就逐步摆脱国家和地域的束缚，日渐走向全球。未来汽车及未来概念车造型如图6-1、图6-2所示。

图6-1　未来汽车

图6-2　未来概念车型

第二节　汽车色彩

五彩缤纷的颜色是阳光所提供的，从不同染色面的分界才得以认知物体的形状。汽车是颜色的载体，以至于很多人将颜色作为购车的重要参考内容。

色彩可分为有彩色和无彩色两大类。有彩色是指红、黄、蓝、绿等带有彩色的色彩。无彩色是指白、灰、黑等不带彩色的色彩。

以前消费者选购汽车时，多半将目光投向价格、外形和配置，不会过多考虑颜色。然而在汽车外形日益趋同的今天，颜色已成为区别汽车造型的关键要素之一，同样品牌型号的汽车可能会因车身颜色不同而有不同价格。色彩已经成为汽车品牌的符号特征。而汽车企业对色彩的大胆尝试，也使越来越多的用色被消费者接受。

一、缤纷的色彩、魅力的个性

和服装一样，黑白灰曾经是道路上最常见的风景色。然而，曾几何时，人们惊喜地发现越来越多的色彩开始出现在滚滚车流中，在道路上现出一道道靓丽的风景，惊愕一瞥之后让人记忆深刻。看似简单的汽车颜色，不仅是汽车外表包装和品牌识别的标志，其中包含着消费心理、文化背景、个性风格等诸多因素。

由于传统文化习惯等因素的作用，人们对某种色彩会产生根深蒂固的观念，不会轻易改变，因为色彩会使人产生联想。

银色是最能反映汽车本质的颜色。看见银色使人想起金属材料，这种颜色给人感觉整体感很强。美国杜邦（Dupont）公司的调查结果显示，银色汽车最具人气，银色也最具运动感。

白色给人以明快、活泼、大方的感觉。白色是中间色，给人以清洁朴实的感觉，容易与外界环境相吻合而协调，白色车身较耐脏，路上泥浆或污物溅上干后不易看出。另外，白色是膨胀色，容易使小车显大。日本车在20世纪80年代，有白色代表高级的说法，白色车的销量曾经占到过总销量的70%。另外，白色车相对中性，对性别要求不高。

黑色是一种矛盾的颜色，既代表保守和自尊，又代表新潮和性感，给人以庄重、尊贵、严肃的感觉。黑色也是中间色，容易与外界环境相吻合，但黑色车身反而不耐脏，有一点灰尘就能看出来。黑色一直是公务车最受青睐的颜色，高档车黑色气派十足，但低档车最好不要选用黑色，除非标新立异。

红色包括大红、枣红，给人以跳跃、兴奋、欢乐的感觉。红色是放大色，同样可以使小车显大。高速公路上的红色跑车，在阳光下感觉如同一团火焰掠过，非常提神。红色是别致又理想的颜色，跑车或运动型车非常适合。

蓝色是安静的色调，但是感觉非常收敛，个性不张扬，如同星球的深邃和大海的包容。但蓝色不耐脏。

黄色给人以欢快、温暖、活泼的感觉。黄色是扩大色，在环境视野中很显眼，跑车选用黄色非常适合，小型车用黄色也非常适合。出租车和工程抢险车的黄色，一是便于管理；二是便于人们及早发现，可与其他汽车区别。但私用车选用黄色的不多。香槟色是黄色派生出来的金属漆颜色，现在大行其道。

绿色有较好的可视性，是大自然中森林的色彩，也是春天的色彩。绿色的金属漆也一改以前冰冷的色调，以温暖的面貌出现，小车选绿色很有个性，但豪华型车如果选用绿色，有点不伦不类的感觉。

现在的汽车颜色可谓五花八门，充分反映了汽车颜色的变迁和当今车主日益张扬的个性。

二、汽车色彩的设计

汽车色彩的设计绝非随心所欲，一般要经过色彩研究、想像设计、色彩构成、用户评议、信息反馈、色彩初步确定、环境试验、色彩最终确定等一系列程序。在国外，很多世界汽车巨头都不敢小看色彩的含金量。每年不同的汽车公司都推出不同的色彩，这种色彩的推出绝不是根据设计者的喜好，而是有他们各自的色彩方案。例如，奥迪汽车公司就委托英国的环球色彩公司来做汽车产品整体设计。首先奥迪公司选好准备新推出的汽车款式，再请环球色彩公司来提供 10 ~ 20 种颜色，奥迪公司再根据提供的颜色来确定设计不同颜色的汽车。

在设计汽车色彩时，应主要从汽车的使用功能、使用环境、使用对象、安全性和流行趋势等方面考虑。

（一）汽车的使用功能

汽车在使用过程中，已经形成惯用色彩。例如，消防车采用红色，除了红色亮度高、醒目容易发觉外，主要是人们一见到红色的消防车，就想到有火灾发生，因而赶紧避让（图 6-3）。白色用于医疗救护车，是运用白色的洁白、神圣的联想含义（图 6-4）。邮政车选择绿色，是因为绿色给人以和平、安全的感觉（图 6-5）。作为军用车辆，一般都为深绿色，使车辆与草木、黑色的沥青路面颜色相近，达到隐蔽安全的目的。工程车辆多采用黄黑相间的色彩，是运用黄色亮度高、醒目的特点，以引起行人和其他车辆注意（图 6-6）。还有汽车在底色上采用有功能标志的图案，例如白色救护车上的红十字标志，冷藏车上的雪花、企鹅等图案。还有一些专用汽车其色彩应符合人们的传统习惯，贴近人们的思想感情。例如，殡仪车的色彩应具有肃穆、庄重的气氛，白色和黑色是最优选择。

图6-3　红色用于消防车

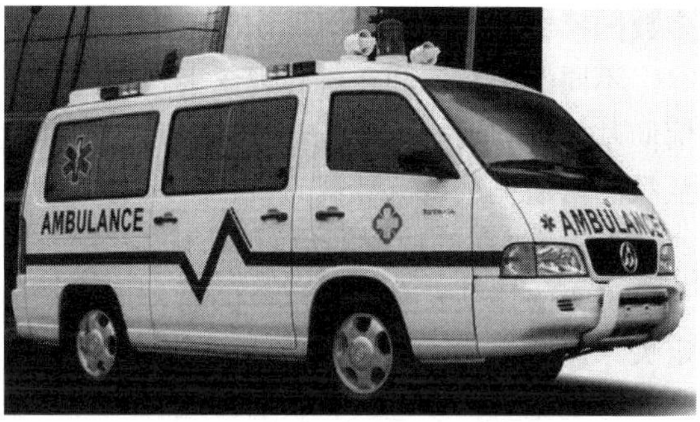

图6-4　白色用于救护车

图6-5　绿色用于邮政车

图6-6　黄色用于工程车

（二）汽车的使用环境

由于不同地区的光照射强度有差别，造成了人们对不同色彩的偏爱。在美国，以纽约市为中心的大西洋沿岸的人们喜欢淡色，而在旧金山太平洋沿岸的人们则喜欢鲜明色。北欧的阳光接近发蓝的黄色，北欧人喜欢青绿色。意大利人喜欢黄色和红色，法拉利跑车全是红色。伊朗、科威特、沙特阿拉伯、伊拉克等国家禁忌黄色，却推崇绿色，认为绿色是生命之源。

汽车行驶在城市中，对城市色彩有装饰作用，但是，汽车色彩与环境色彩发生碰撞，会使原本喧闹的环境更加嘈杂混乱，使视觉感观极易疲劳。因此，汽车色彩应与环境色彩协调。

（三）汽车的使用对象

由于各国、各地区、各民族的社会政治、经济、文化、教育以致生活习惯的不同，表现出人们的色彩观念也不同，都有自己偏爱和禁忌的色彩。据日本丰田汽车公司的调查统计，该公司的汽车在本国销售，以白色最受欢迎，其次是红色、灰色等，而销往美国、加拿大的汽车色彩以淡茶色、浅蓝色最受欢迎，其次是白色、杏黄色。

在中国，红色具有赤诚之意，又是幸福和喜庆的象征，例如红灯笼、红鞭炮、红喜字等，营造热烈、兴奋和喜庆的氛围。但是，在另外一些国家，如美国却认为红色是不吉祥的象征，常把红色视为巫术、死亡、流血和赤字。日本喜欢白色和红色，忌讳黑白相间色。拉丁美洲国家大多偏爱暖色调，在他们的客车上喜欢涂饰艳丽夺目的各式图案，或是临摹圣婴像，或是涂绘田园风景、花鸟等。南亚一些国家因为人的皮肤黑，所以不喜欢黑色。非洲大多数国家也忌讳黑色，而喜欢鲜艳的色彩。

不同的宗教信仰在色彩观念上也不同。对于信仰佛教的国家，黄色代表神圣。但是，在信仰基督教的国家，黄色却被认为是叛徒犹大的衣服颜色，具有卑劣可耻之意。在信仰伊斯兰教的国家里，黄色被视为丧色，具有不幸和死亡的含义。

（四）汽车的使用安全

汽车的行驶安全是与汽车的制动性、操纵稳定性等直接相关的，但也与汽车的色彩有一定关系。

在视觉上，颜色具有收缩性或膨胀性。如果有红色、黄色、蓝色、绿色 4 辆车与观察者保持相同的距离，红色车和黄色车看上去要离观察者近一些，而蓝色和绿色的轿车看上去离观察者较远。不同的颜色，会产生体积大小不同的感觉。黄色感觉大一些，有膨胀性，称膨胀色；而同样体积的蓝色、绿色感觉小一些，有收缩性，称收缩色。此外，汽车颜色的深浅在不同光强条件下的反射效果也有很大的差异。清华大学汽车系和大陆汽车俱乐部（CAA）曾经对黑、蓝、绿、银灰、白 5 种不同颜色轿车的视认性和安全性做过试验研究。研究结果表明，深颜色的黑色车在清晨和傍晚时段光线不好的情况下，最难被肉眼所识别，而浅颜色的白色和银灰色则容易辨识，所以黑色车的颜色安全性较白色和银灰色车辆差，而绿色和蓝色车的颜色安全性居中。

根据大陆汽车俱乐部针对 5158 起交通事故的统计数据得到：黑色故障率最高，白色故障率最低。其他颜色故障率由高到低依次是绿色、棕色、红色、蓝色和银灰色。

由此可知，从安全的角度考虑，汽车色彩最好选择浅颜色或膨胀色。白色是安全色较佳的选择。银灰色车子不但看上去有品位，而且遭遇车祸的概率也比其他颜色的车子低得多，银灰色是浅颜色中最能避免车祸的，特别是在晚上，因为这种颜色可以反射灯光，更容易令其他驾驶人注意到。

汽车内饰的颜色选择也同样影响着行车安全，因为不同的内饰颜色对驾驶人的情绪具有一定的影响。内饰采用明快的配色，能给人以宽敞、舒适的感觉。夏天最好采用冷色，冬天最好采用暖色，可以调节冷暖感觉。暗色给人以重的感觉，明色给人以轻的感觉。红色内饰容易引起视觉疲劳，浅绿色内饰可放松视觉神经。

（五）汽车的流行色彩

流行色彩是指在一定的时期内被人们广泛采用的颜色。汽车流行色彩有其自身的发展规律。新鲜感是流行色彩的原动力，如果总是感受同样的色彩，人们就需要新的刺激。大量的资料表明，汽车的流行色彩呈现周期性的变化，其新鲜感周期大约为 1.5 年，交替周期大约是 3.5 年。以日本汽车色彩的变迁为例，1965 年以前，明亮的灰色汽车备受青睐；1965 年盛行蓝色、灰色和银色汽车；1968 年黄色汽车迅速增多；1970 年黄色汽车又急剧减少，而橄榄色和褐色汽车逐渐增多；1977 年褐色汽车最受欢迎；1982 年白色汽车占到总数的 50.9%；1985～1986 年白色汽车数量达到最高峰，每 4 辆汽车就有 3 辆是白色的。据一项调查，在世界范围内，1989 年的最畅销汽车色彩是白色和红色。而 20 世纪 90 年代，黑色汽车销量增多（图 6-7）。

三、中国汽车色彩发展

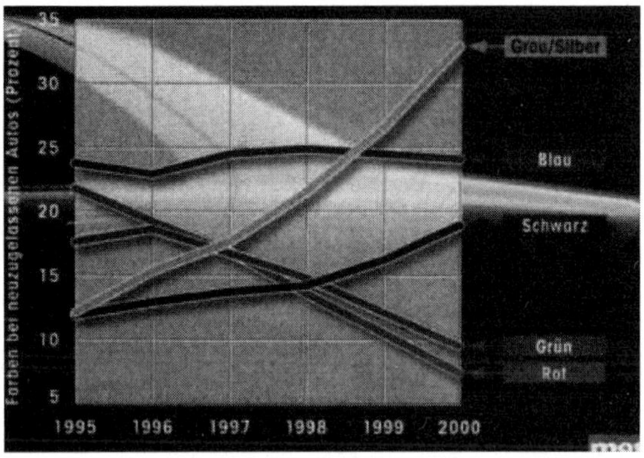

图 6-7　五种流行色彩发展趋势

目前，中国汽车色彩的研究和开发基本处于空白，大大落后于国际汽车产业的同行。首先，汽车企业多年来走一条模仿国际汽车色彩的路子，没有形成具有民族特色和中国文化内涵，体现企业文化个性的品牌色彩。国际上一些大汽车公司的品牌都有丰富的文化内涵，具有自己的独特风格，因此大大提高了品牌的含金量。通过汽车外观色彩，就能看到德国车的严谨，法国车的浪漫，英国车的高贵，日本车的精明。它们不同车系的色彩所具有的特殊文化气质，已经在消费者心中形成鲜明的差异化形象和产品定位。中国奇瑞汽车就对汽车色彩做了积极的探索和大胆的尝试。奇瑞 QQ 就是依靠了它的靓丽的色彩取得了成功。奇瑞 QQ 的多色系列开拓了市场的空间，为消费者提供了更多颜色的选择，满足了消费者对车身色彩的需求。奇瑞汽车这种努力，是少有的亮点，对整个中国汽车产业的发展，也只能是杯水车薪，是远远不够的。

其次，中国汽车产业对汽车色彩研究投入太少，缺乏行业内权威机构对汽车色彩的研究，无法为企业提供有针对性的色彩预测。国外汽车公司对汽车色彩的研究十分重视。日本著名的丰田汽车公司就设有上千人的汽车色彩设计科研中心。欧美的一些汽车公司也都设立了专门的色彩研究所，相关研究人员有数百人之多。他们在世界各国建立了一支汽车色彩信息调查反馈的庞大队伍，专门收集市场情报。他们的研究机构能迅速地了解到各地消费者对汽车色彩的反映和需求。世界生产汽车涂料的著名的杜邦公司每年都会发布一次汽车颜色流行报告。它的报告成为汽车行业分析预测各种类型汽车的颜色流行趋势和从整体上分析预测世界各地区汽车颜色流行趋势的重要参考。中国流行色协会现在也试图对汽车色彩进行一些研究。它与国内个别汽车生产企业进行合作，设计理念运用了当前流行色趋势的研究方式，对促进我国汽车原创设计，牵动汽车色彩的时尚潮流，推动发展自主品牌有着积极的意义。但中国流行色协会对中国本土汽车色彩的研究还是相当缺乏的，它无法引领中国汽车色彩的新潮流。国内汽车企业现有的色彩研究机构由于资金匮乏，人才短缺，技术缺乏，规模过小，没有能力也没有办法单独进行汽车色彩的研发工作，更难以对汽车色彩流行趋势作出科学准确的预测。

面对国际汽车公司咄咄逼人的气势，国内汽车行业的竞争日趋激烈。我们只有努力提高自主能力，打造中国的品牌，只有加快汽车色彩的研究和开发，才能在未来的汽车色彩的角逐中争得一席之地。目前我们要立足现实，从基础抓起，讲究效率，注重成效。

本章小结

造型对于汽车的意义可能远远超过普通人的想象。它直接影响汽车的动力、操控、环保、静音甚至是安全。汽车造型经过马车形时代，箱形时代，流线形时代，船形时代，鱼形时代，到现在的楔形时代。进入 21 世纪后，从世界各大汽车博览会推出的多款新概念车看，造型更是更具个性化和特色。现在的汽车颜色可谓五花八门，充分反映了汽车颜色的变迁和当今车主日益张扬的个性。

【思考与习题】

1. 汽车颜色有哪些？
2. 请问汽车色彩与安全性有关吗？为什么汽车颜色不同，发生车祸的概率也不同？
3. 分析汽车色彩的流行趋势。
4. 分析汽车色彩在营销中的作用及地位。
5. 分析影响汽车色彩变化的因素。

第七章　汽车驾驶与安全保障

【学习目标】

本章主要介绍汽车安全与驾驶的3个方面：汽车主动安全性、汽车被动安全性以及安全行车。通过本章的学习了解关于汽车主、被动安全的各种措施和技术，掌握目前汽车安全的发展趋势，了解行车安全的注意事项。

第一节　行车安全的保障

随着汽车保有量的增长，道路交通事故已成为世界性的社会问题。全世界每年死于道路交通事故的人数估计超过50万人，伤1000万人，而我国则是世界上交通事故最严重的国家。严峻的现实使人们不能不正视汽车安全性问题。从市场营销的角度看，提高汽车安全性就是增加企业产品的市场占有率；从消费者利益的角度看，提高汽车安全性就是强化对人的生命和财产的保障；从政府管理的角度看，提高汽车安全性就是稳定社会、保证经济繁荣的重要举措。

进入20世纪90年代以来，无论是汽车消费者还是政府管理者都对未来汽车安全性的期望愈来愈高。随着社会的进步和人民生活水平的提高，汽车消费者和政府管理者的这种心态是合理的，也是必然的。这种趋势很快体现在各国的汽车安全法规上，汽车安全法规经过不断修订和追加，变得越来越严格和完善了。先是美国由运输部和国家公路交通安全局制定和监督实施的美国汽车安全技术法规（FMVSS），使事故死亡人数减少20%。随后，欧盟、日本、澳大利亚、加拿大等国也相应公布了自己的法规，它们大多参照FMVSS和欧洲经济委员会汽车法规（ECE）进行修改和补充，且强制性越来越严格。我国先后制定了国标GB 11551—2003《乘用车正面碰撞的乘员保护》、GB 11552—2009《乘用车内部凸出物》、GB 11557—2011《防止汽车转向机构对驾驶员伤害的规定》等强制性法规。政府管理部门的法规使汽车企业不能不在汽车安全性上作出迅速而有力的回应。另一方面，汽车工业已成为当今世界上最典型的集团化、世界化产业，在全球经济一体化和知识经济初见端倪的背景下，尤其是亚洲金融危机后，世界各大汽车企业都在力求提高产品性能、占领技术制高点、适应国际化的多元化需求、积极开拓和占据国际市场。汽车安全性也自然成为各国工业支柱产业发展战略的重要组成部分。

一般汽车上的安全设计和装备分为主动安全和被动安全两部分。其中，主动安全的目标是避免事故发生，而被动安全则是在事故发生后尽全力保护乘员及一切道路交通参与者的身体。除此之外，在现代交通安全保证体系中还要发挥人、车和交通环境三位一体的作用，即在提高车辆安全性的同时，也必须考虑驾驶人和交通环境的因素，提高人的安全意识和优化道路交通状况，提高道路交通事故安全保障的措施及事后救援等，它体现国家整体的医疗和服务水平。可以看出，道路交通安全体系中与车辆直接有关的就是主动和被动安全。虽然，各汽车公司对安全问题都不会忽视，但对上述两方面的研究程度和开发侧重点却不尽相同。

下面我们看看主动和被动安全有哪些内容，且怎样发挥作用。

第二节　汽车主动安全性

一、主动安全性提高途径

汽车主动安全性，是指汽车本身防止或减少道路交通事故发生的性能。这主要取决于汽车的总体尺寸、制动性、行驶稳定性、操纵性、信息性以及驾驶人工作条件（操作部件人机特性、座椅舒适性、噪声、温度和通风、操纵轻便性等）。此外，汽车动力性（特别是超车的时间和距离）也是很重要的影响因素。

导致汽车交通事故的原因十分复杂，既有车辆自身的技术因素，也有参与交通的人的行为因素，还有公路、气象等环境因素。总而言之，人-车-环境是影响汽车行驶安全性能的三大因素，这三者组成了相互制约的系统工程。例如，驾驶人在驾驶汽车时要完成一个对环境和车的感知—判断—操作的闭环过程，在行驶中要经过周而复始地循环才能完成对汽车的操纵和控制。对驾驶人而言，必须具备相应的技能才能顺利完成安全驾驶工作；对车辆而言，必须为驾驶人提供一个能够适应人的生理和心理特点的外部技术条件，以保证驾驶人能很好地完成上述循环，这就是汽车主动安全的内涵。在目前的情况下，为提高汽车的主动安全性，做到防患于未然，主要通过以下几个方面的技术加以实现。

（一）视认特性

驾驶人在行车中所感觉到的道路、车辆等信息的准确性将直接影响汽车的主动安全性。良好的视认特性是汽车主动安全性的重要组成部分。汽车在行驶过程中，大约95%以上的外部环境信息是通过人的观察来进行收集的。视认特性包括视野性能、被视认性、防眩目性等。其中视野性能包括前方视野（直接视野）、后方视野（间接视野）以及特殊环境下的视野性能（包括寒冷、雨天及夜晚时的视野）；被视认性则通过车辆示宽、紧急闪烁、报警、反射等信号装置加以实现。在防眩目性方面引入了诸如三光束前照灯等一些技术。

（二）车辆底盘电子综合控制装置

该装置是汽车主动安全技术中非常引人注目的项目，也是各大汽车企业显示自己技术实力、占据汽车技术有利制高点的重要方面，因此，发展中的汽车主动安全技术在此得以集中体现。驾驶人驾车的过程就是人、车和环境三者之间信息交流的过程，构成人-车-环境信息流的闭环系统，车辆性能的完善取决于闭环系统中的人、车和环境三者之间相互协调与各自特性的最佳匹配，即实现系统内驾驶人行为特性、车辆机械特性以及道路设施和交通法规之间的最优协调，以追求系统整体的最佳效益。这种先进的汽车主动安全技术的研究动向和成果，正体现了人机一体化（AHMS）的系统工程学观点。

（三）信息传递技术

驾驶人在操纵和控制汽车时，必须不断地从各方面获得所需要的信息。信息传递系统收集的人、车和环境三者的信息经过处理器处理后，除了服务于车辆底盘电子综合控制装置外，还可以输出对驾驶人更加有用的深加工信息，甚至包括驾驶人注意力状况，并用数据或图像显示，帮助驾驶人更加完整地获得信息，及时处理各种情况。

信息传递技术是在世界汽车机电一体化的大背景下发展起来的，是以计算机和通信技术为核心的新技术，它紧紧围绕市场需要，着眼于未来的汽车安全，将为下个世纪的汽车市场的发展开辟了一条新路。这项技术即使是在目前的初级阶段，其回报亦是很可观的。美国国家公路安全委员会（NHTSA）的交通动力学小组认为，仅 ABS 的全面实施，每年会减少 2.9 万起牵引车/挂车冲撞事故，挽救 320～500 个生命和减少 2.7 万个受伤者。德国汉诺威交通事故研究组对 182 例交通事故的分析报告表明，汽车装备防抱死制动系统可以避免 7.1% 的交通事故、13.9% 的材料损失、17.4% 的人员伤害。由此可以预计，如果将各项独立的主动安全装置和措施加以整合和优化，那么，汽车的主动安全性将发生质的飞跃。

二、汽车主动安全技术

主动安全说起来其实非常简单，就是尽量自如地操纵、控制汽车。无论是直线上的制动与加速还是左右打方向都应该尽量平稳，不至于偏离既定的行进路线，而且不影响驾驶人的视野与舒适性。这样的汽车，当然就有着比较高的避免事故的能力，尤其在突发情况的条件下保证汽车安全。现代科技的发展，使得一些设备能够帮助汽车日常的制动或者驱动系统，以提高其主动安全性。

（一）防抱死制动系统（ABS）

ABS 的全名是 Anti-lock Brake System（防抱死制动系统）或 Anti-skid Braking System（防滑移制动系统）（图 7-1），它能有效控制车轮保持在转动状态，提高制动时汽车的稳定性及较差路面条件下的汽车制动性能。ABS 通过安装在各车轮或传动轴上的转速传感器不断检测各车轮的转速，由计算机算出当时的车轮滑移率，并与理想的滑移率相比较，作出增大或减小制动器制动压力的决定，命令执行机构及时调整制动压力，以保持车轮处于理想制动状态。

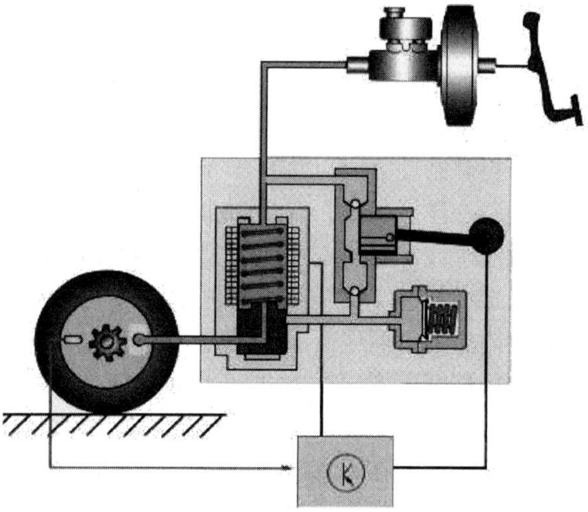

图 7-1　防抱死制动系统

ABS 的主要作用是改善整车的制动性能，提高行车安全性，防止在制动过程中车轮抱死（即停止滚动），从而保证驾驶人在制动时还能控制方向，并防止后轮侧滑。其工作原理是这样的：紧急制动时，依靠装在各车轮上高灵敏度的车轮转速传感器，一旦发现某个车轮将抱死，计算机立即控制压力调节器使该轮的制动轮缸泄压，使车轮恢复转动，达到防止车轮抱死的目的。ABS 的工作过程实际上是“抱死—松开—抱死—松开”的循环工作过程，使车辆始终处于临界抱死的间歇滚动状态，有效克服紧急制动时由车轮抱死产生的车辆跑偏现象，防止车身失控等情况的发生。

ABS 的种类可分机械式和电子式两种。机械式 ABS 只是用部件的物理特性完成机械的动作，而电子式 ABS 是运用电脑对各种数据进行分析运算从而得出结果的。电子式 ABS 由轮速传感器、线束、电脑、ABS 液压泵、指示灯等部件构成。根据每个车轮的轮速传感器的信号，电脑对每个车轮分别施加不同的制动力，从而达到科学合理分配制动力的效果。

如果汽车车轮在制动时抱死，汽车能得到的侧向附着力是最小的。这时，由于路面附着系数的不平衡、汽车本身制动力的不平衡、悬架的不平衡、汽车轮胎气压、路面弯度、颠簸或坡度等因素都可能会使汽车发生侧滑、甩尾或失控。另外，由于车辆前轮抱死，汽车会失去转向能力。一个性能优良的汽车防抱死制动系统，在制动时能够将汽车车轮的滑移率控制在20% ~30%，车轮在这种状态下，能兼顾相对最大的纵向制动力和横向抓地力，有效地保证车辆不会发生失控状况。另外，在前轮不抱死的情况下，由于有一定的抓地力，汽车还可以按照驾驶人的意愿进行转向，从而控制车辆。为了将车轮滑移率控制在理想状态下，追求车辆的稳定性，可能会牺牲一些纵向的制动力。所以，ABS 起作用时，不是在所有路面上制动距离都会缩短。

实际道路其实是很复杂的，诸如：路面附着系数不平衡、道路弯度或路面横向坡度，甚至汽车轮胎气压等汽车自身的原因，都能使汽车在制动时产生侧滑的运动趋势，这些因素都不是 ABS 本身能够克服的。所以，如果在冰雪路面上车速过快时紧急制动，遇到上述因素之一，当车辆离心力大于地面能够提供的最大侧向力时，就会使车辆形成失控趋势，这是非常危险的。

总之，任何装备都不是万能的，驾驶人必须通过自己的主观能动性实现安全驾驶。即使是性能优良的 ABS 在工作状态下稳定车辆的效果也是有限的，尤其是行驶在砂石路或冰雪路面上，更应保持充分的车距，减速慢行，不要完全依赖 ABS。

（二）电子制动力分配系统（EBD）

EBD 能够根据由于汽车制动时产生轴荷转移的不同，而自动调节前、后轴的制动力分配比例，提高制动效能，并配合 ABS 提高制动稳定性。汽车在制动时，4 只轮胎附着的地面条件往往不一样。比如，有时左前轮和右后轮附着在干燥的水泥地面上，而右前轮和左后轮却附着在水中或泥水中，这种情况会导致在汽车制动时四只轮子与地面的摩擦力不一样，制动时容易造成打滑、倾斜和车辆侧翻事故。EBD 用高速计算机在汽车制动的瞬间，分别对四只轮胎附着的不同地面进行感应、计算，得出不同的摩擦力数值，使四只轮胎的制动装置根据不同的情况用不同的方式和力量制动，并在运动中不断高速调整，从而保证车辆的平稳、安全。

从理论上讲，在紧急制动车轮抱死的情况下，EBD 在 ABS 动作之前就已经平衡了每一个轮的有效地面抓地力，以防止甩尾和侧移，并缩短汽车制动距离。由此看来，EBD 实际上是 ABS 的辅助功能，它可以改善并提高 ABS 的功效。除了 EBD，还有部分车型上采用带 EBV 的电子防抱死制动系统，比如奥迪 A6、奥迪 A4、宝来、高尔夫等。据了解，EBV 与 EBD 一样，也是电子制动力分配系统，EBV 依据制动时车辆的中心位置，对各个车轮施加相应的制动力，使车轮制动时处于最佳状态。

（三）牵引力控制系统（TCS）

TCS 的英文全称是 Traction Control System，中文意思是驱动防滑系统，也有称为循迹控制系统（ASR）的。

TCS 是一个循环控制系统。汽车在光滑路面制动时，车轮会打滑，甚至使方向失控。同样，汽车在起步或急加速时，驱动轮也有可能打滑，在冰雪等光滑路面上还会使方向失控而出危险。TCS 就是针对此问题而设计的。TCS 依靠电子传感器探测到从动轮速度低于驱动轮时（这是打滑的特征），就会发出一个信号，调节点火时间、减小气门开度、减小节气门开度、降档或制动车轮，从而使车轮不再打滑。TCS 可以提高汽车行驶稳定性，提高加速性，提高爬坡能力。原来只是豪华轿车上才安装 TCS，现在许多普通轿车上也有。TCS 如果和 ABS 相互配合使用，将进一步增强汽车的安全性能。TCS 和 ABS 可共用车轴上的轮速传感器，并与行车电脑连接，不断监视各轮转速，当在低速发现打滑时，TCS 会立刻通知 ABS 动作来减低此车轮的打滑。若在高速发现打滑时，TCS 立即向行车电脑发出指令，指挥发动机降速或变速器降档，使打滑车轮不再打滑，防止车辆失控甩尾。

牵引力控制系统的控制装置是一台计算机。利用计算机检测 4 个车轮的速度和转向盘转向角，当汽车加速时，如果检测到驱动轮和非驱动轮转速差过大，计算机立即判断驱动力过大，发出指令信号减少发动机的供油量，降低驱动力，从而减小驱动轮轮胎的滑转率。计算机通过转向盘转角传感器掌握驾驶人的转向意图，然后利用左右车轮速度传感器检测左右车轮速度差，从而判断汽车转向程度是否和驾驶人的转向意图一样。如果检测出汽车转向不足（或过度转向），计算机立即判断驱动轮的驱动力过大，发出指令降低驱动力，以便实现驾驶人的转向意图。

（四）电子稳定装置（ESP）

电子稳定装置（Electronic Stablity Program）也是一种牵引力控制系统，不仅控制驱动轮，而且可以控制从动轮。如后轮驱动汽车常出现的转向过度的情况，此时后轮会失控而甩尾，ESP 便会通过对外侧的前轮的适度制动来稳定车辆。转向不足时，为了校正循迹方向，ESP 则会对内后轮制动，从而校正行驶方向。

不少公司对电子稳定装置都用自己的缩写，譬如沃尔沃公司的 DSTC，宝马公司的 DSC，丰田的 VSC，它们的基本原理和所起到的作用跟 ESP 都是一致的。

ESP 的作用是随时监控汽车的行驶状态，当汽车在紧急闪避障碍物，或在过弯出现转向不足、转向过度时，它都能帮助车辆克服偏离理想轨迹的倾向。实际上 ESP 是一套电脑程序，通过对从各传感器传来的车辆行驶状态信息进行分析，进而向 ABS、TCS（ASR）发出纠偏指令来帮助车辆维持动态平衡。其中最重要的信息由偏航率传感器提供，它负责测定汽车围绕纵轴的旋转运动（偏航率）。其他传感器负责记录偏航角速度和横向加速度。ESP 的电脑会计算出保持车身稳定的理论数值，再比较由偏航率传感器和横向加速度传感器所测得的数据，发出平衡、纠偏指令。

由于车辆发生转向不足时会产生向理想轨迹曲线外侧的偏离倾向，而转向过度则正好相反，向内侧偏离。因此 ESP 具体的纠偏工作是这样实现的：通过 TCS 装置牵制发动机的动力输出，同时指挥 ABS 对各个车轮进行制动，产生一个反偏航转矩，将车辆带回到所希望的轨迹曲线上来。譬如出现转向不足时制动力会作用在曲线内侧的后轮上，而在严重转向过度时会出现甩尾，这种倾向可以通过对曲线外侧的前轮进行制动得到纠正。

ESP 一般都包含了几个组成部分。

转向传感器：它监测转向盘旋转的角度，帮助确定汽车行驶方向是否正确。

车轮传感器：它监测每个车轮的速度，确定车轮是否在打滑。

侧滑传感器：它记录汽车绕垂直轴线的运动，确定汽车是否在打滑。

横向加速度传感器：它对转弯时产生的离心力起反应，确定汽车是否在通过弯道时打滑。

随着近几年电子科技的发展，各种汽车智能安全系统也开始发展起来，主要是通过由雷达和摄像机组成的"预知传感器"，对行车危险进行判断并帮助驾车人进行处理。这一系统能够在汽车与其他物体发生撞前的瞬间，自动进行干预以保证安全。

三、汽车主动安全技术最新进展

无论是欧洲新车碰撞测试（NCAP）还是美国 NHTSA-NCAP，其最近的测试结果表明大部分车型都能取得 4 星或 5 星评价。因此对于汽车厂家来说，在被动安全测试方面取得高星级已经不再是一项很难的事，因此他们的研究重点也逐渐转到了预防事故发生的主动安全方面。下面就介绍一下各公司最新推出的主动安全技术。

（一）盲区消除技术

由于汽车设计的原因，驾驶人在驾驶时总是存在不同程度的盲区，从而成为安全隐患。如何最大限度地消除盲区，让驾驶人"眼观六路、耳听八方"，获得全面的交通信息是主动安全技术的重要课题之一。

前已叙述有技术可以消除视野盲区，它们一般采用复杂的电子摄像装置，采集驾驶人无法看到区域的图像，然后显示在驾驶人能看到的地方。但是福特通过另外的方式解决了这个问题，当然不是那种毫无效果的低端路线。福特在其 2009 款 Edge 上面推出了全新的盲区消除后视镜。这个盲区消除后视镜的原理非常简单。这项技术是在传统的后视镜的外侧上角加装了一个小的凸镜，这个凸镜可以给驾驶人带来额外的视角，让驾驶人的后视角度更加开阔。

之前在一些零部件市场也能看到这样的后视镜产品，但是该装置更多地还是应用在车型较大、视野范围小的大客车上。福特之所以重新研发该装置并用于自己的乘用车产品，是基于他们自己的调查而作出的。他们的调查显示：有超过 76% 的驾驶人认为这样的盲区后视镜增加了他们的驾驶自信。车主对该装置的支持让福特很快作出了使用盲区后视镜的计划，2009 款 Edge 也有幸成为采用该技术的首款车型。之后不久，福特、林肯和水星等品牌车型将全面采用该设备作为标准配置。

（二）主动防撞技术

汽车主动安全的主要目的是消除事故隐患，在事故发生之前避免其发生。主动防撞技术就是汽车主动安全领域的一个重要研究方向。其原理是采用雷达、红外线等多种方式来监测车辆周围的道路交通状况，一旦发现有两车相撞的危险时，就会给驾驶人发出提醒信号，或者自动采取制动、转向等措施来避免碰撞。

近年来主动安全技术研发方面屡创佳绩的日产公司最近就推出了两项车辆主动防撞技术，它们分别是侧面碰撞预防（Side Collision Prevention，SCP）与追尾碰撞预防（Back-up Collision Prevention，BCP），用来强化日产旗下车型对于乘员的保护性能。这两项技术与之前推出的车道偏离警示系统（Lane Departure Prevention，LDP）及车距控制辅助系统（Distance Control Assist，DCA）相配合，可以很好地体现日产公司"安全屏障（Safety Shield）"的安全理念，为车辆及乘员提供多角度的保护。

侧面碰撞预防技术是在汽车车身的侧面装上传感器，当邻道有车时，如果驾驶人开始变道，就会以图像和声音发出警示的同时，通过分别控制每个车轮的制动器产生横摆力矩（车辆的回转力），帮助驾驶人驾驶车辆不接近邻道车辆。

至于追尾碰撞预防技术，则是通过车尾的传感器来监测后方的情况，若是传感器检测到后方来车有可能追尾的话，会自动发出声音警告驾驶人，或是暂时接管制动系统的控制来避免被追尾。

近年来，日产公司在主动安全技术领域成果颇丰，开发了很多世界首创的主动安全技术，对降低道路交通事故伤害起到了很好的效果。

（三）车间通信技术

目前业界普遍达成共识：交通安全是个复杂的系统，依靠提升单车的安全性并不能彻底解决道路交通问题。因此现在很多汽车厂家都在研究智能交通系统，通过采用车间通信技术等来实时交换信息，预防事故的发生。福特和奥迪公司在这方面取得了很大进展。

研究显示：40%的交通事故和20%的车祸都发生在十字路口，其主要原因是驾驶人由于打电话、吃东西等活动分散精力没有注意到红灯。福特目前正在联合政府和其他汽车制造商采用车间通信技术来消除这种风险，提高汽车行驶的安全性。

这项名为“Smart Intersections”的技术是福特公司首创的汽车主动安全技术，它利用车间通信来减少十字路口处的交通事故以及缓解堵车局面。该公司将在其位于美国密歇根州蒂尔博的研究与改革中心附近建立必要的基础设施，并利用测试车辆对该系统进行测试。

设在十字路口的基础设施将把十字路口的数字地图、暂停标志、人行横道的位置、GPS对每条车线的定位信息以及信号状态和信号变化的时间等信息发送给汽车。汽车接收到上述信息后，碰撞回避系统将对危险等级作出判断，如果判断需要停车，而驾驶人尚未进行充分减速以使汽车停下来，则该系统将通过语音和显示器来提醒驾驶人。一系列的红色LED灯将会闪烁，并且伴有“Stopsign”或者“Stopsign的语音警告。这样，如果驾驶人正在通电话，或者吃东西，亦或是在做别的什么事时，这个系统将能很快把驾驶人的注意力重新转移到路面上来。采用该系统，有利于减少十字路口处因驾驶人犯困、精力不集中以及标志隐蔽看不见等情况下发生的交通事故。

美国德克萨斯交通研究所在2007年的城市交通报告指出，美国大部分城市的交通堵塞状况越来越严重，由此每年将浪费114亿L燃料。由于很多的交通堵塞是在发生交通事故后，由故障车辆或散乱在道路上的碎片所引起，因此减少交通事故有利于缓解十字路口的堵车。福特公司表示，虽然该系统有利于减少交通事故、缓解堵车状况，但要大范围建设基础设施，需要投入公共资金。

无独有偶，奥迪也在德国开展类似的研究。奥迪公司和德国Ingolstadt政府正在积极研究全新环保节能概念趋势下的交通基础设施如何促进环境友好型驾驶，它们正式启动了一项名为Travolution的战略。研究旨在德国形成一个独具规模的创新型交通管理系统，最终将会为未来的交通管理提供一个正常运作的模型。除奥迪外，这项工程的参与者包括Ingolstadt交通管理及地理信息官方机构、慕尼黑技术大学主持交通工程的教授及GEVAS软件公司。

该工程的一个项目被称为“智能驾驶人”。通过这种技术，将3种颜色交通信号灯配备相应的通信控制模块，用以将到达下一个绿灯信号的时间发送到车载计算机上，以便驾驶人及时调整车速，避免更长的停车等待。驾驶人可以提前预知他们在行进中应该采用怎样的速度以便通过交叉路口而不必停车。

调查发现，很多事故都是由于驾驶人“抢红灯”造成的，驾驶人本以为会在交通警告灯变红之前提高速度而通过，但实际上却还是闯了红灯与其他车辆相撞。奥迪的Travolution系统则可以根据道路信息计算出车辆能否在红灯之前通过，如果系统认为在红灯之前无法通过，有撞车的风险，则会自动采取制动措施让车辆停下来等候红灯。

（四）夜视辅助系统

夜间行车时，由于车灯照明范围的限制，驾驶人很可能没有发现路边或者前面较远处的行人或者动物，从而导致交通事故。如何改善驾驶人的视野，为驾驶人安全行车提供帮助是主动安全技术领域的一个重要内容。

2008 年 4 月上市的丰田皇冠混合动力版配备了一套名为 Night View 的夜视系统，不仅可以识别夜间道路上的车辆情况，还新增加了行人检测功能，更大限度地避免了交通事故的发生。

以前丰田的夜视系统都是将信息显示在位于前上方的显示器上。而新的夜视系统利用一个设置在仪表板上的 1280×480 像素的 LCD 显示屏，既可以显示车辆环保和运动模式下的油耗，又能利用红外线显示前方路况。车载计算机系统搜寻前方的行人，发现后利用屏幕右下端不断闪烁的人形图标提醒驾驶人前方有行人。目前夜视系统还只能对行人进行检测，但丰田希望未来能对动物、骑车人和其他移动物体进行检测。

由于夜视系统需要对路边的行人进行辨识，需要一个处理过程，因此车辆的行驶速度和天气条件成为制约该系统正常发挥的因素，目前该系统只能在车速 15～60km/h 范围内工作，如果车速太快就来不及对捕捉到的图形进行处理。另外在某些情况下，如大雨天，刮水器工作将对系统造成干扰使其无法对行人进行辨识。

事实上，丰田并不是第一个采用夜视辅助系统的车型。通用凯迪拉克也采用了类似的夜视系统，它能将驾驶人的视野扩大到近光灯照射时的 3～5 倍，也能保持驾驶人在被对面汽车前照灯晃眼时的观察能力。它的虚拟图像一般显示在位于头部上方的翻盖显示屏上，或者直接显示在风窗玻璃上，而不是显示在车内的多功能显示屏上，这样不会对驾驶人观察前面道路造成不利影响。但由于成本问题，这个系统没有得到广泛的应用。

目前比较成熟的夜视辅助系统是奔驰 S500 车型配备的 Night View Assist，它采用了创新性的红外技术，进一步降低了车辆在黑暗行驶情况下的事故风险。借助于两个大功率的红外前照灯，近光时将驾驶人的视野扩展至 150m 以上，且因为使用的是肉眼看不到的红外线，因此不会令迎面车辆中的驾驶人感觉不适。此外，在前车窗内部还安装有红外摄像机，它可记录前方道路的反射影像，并将影像在仪表板中显示出来，因此，无论是行人、骑车人、停驻车辆还是其他障碍物在夜视系统下均清晰可见。

第三节　汽车被动安全性

一、被动安全性的定义

被动安全就是要减少事故造成的伤害，不但要保全车内乘员还要照顾到其他的交通参与者。被动安全的主要措施有安全车身、安全气囊、安全带、行人安全保护装置以及儿童座椅等。

设计优良的车身结构是被动安全的主要课题。有研究表明，在道路交通事故中，绝大部分的碰撞能量被车身所吸收。安全车身的表现形式是车室结构坚固，在发生事故时变形量极小，充分保证内部乘员的生存空间；同时，车身前后能在碰撞时变形以吸收能量，减轻乘员受到的冲击。

由此可见，绝对不变形的车身并不是最安全的。那么车重和车身钢板厚度对安全性有什么影响呢？首先要辩证地看车重问题，但不可否认汽车轻量化已是大势所趋。车身钢板厚其实并不能说明任何问题，要看实际碰撞过程中车身各部位是否按预先设定的方式运动，换句话说，车身设计远比车身钢板厚度更重要。以前撞为例，发动机舱是溃缩变形部位，它依靠薄壁纵梁的收缩变形吸收能量。这里，纵梁以及前保险杠的收缩方式是最重要的设计关键。

当车身吸收了大部分冲击动能后，仍有一部分能量需要车内的安全气囊和安全带来化解。其中，安全带是最关键的，因为如果不佩带安全带，安全气囊就不能很好地发挥保护作用，甚至还会对乘员造成伤害。最新的安全带增加了预紧装置和限力保护措施，即当传感元件探测到碰撞发生时，预紧器通过爆破能量把安全带收紧，使安全带的吸能时间和距离得到延长。限力保护是在乘员受到压迫极限的时候适当放松安全带，避免不必要的伤害发生。

有心的人可能注意到，现在汽车中安全气囊是越来越多了。那么安全气囊多就一定好吗？首先从安全气囊发挥作用的过程看，安全气囊需要在最恰当的时间或最恰当的人员位置时弹出、充满并收缩，因此气囊与整车的匹配变得很关键。其次从能量学角度，其他被动安全措施主要是吸收能量，而安全气囊在吸收能量之前要通过爆破能量将其打开，因此使用不当的安全气囊会存在危险性。从上述两方面考虑，气囊数多并不一定就好，气囊的良好设计和匹配才是最关键的。

行人保护和儿童安全座椅也是非常重要的被动安全措施。当今世界，对道路交通安全的理解已经不局限于保护车内乘客，对行人以及其他道路交通参与者的保护已经受到相当的重视，从最新安全研究方面可以看出这一趋势。根据儿童情况设计的安全座椅可以有效地减少婴幼儿受到的伤害，这一点通过多年的实践已经得到证实。

二、安全带

（一）工作原理

理想的安全带作用过程：首先，及时收紧，在事故发生的第一时刻毫不犹豫地把人“按”在座椅上；然后，适度放松，待冲击力峰值过去，或人已能受到气囊的保护时，即适当放松安全带，避免因拉力过大而使人肋骨受伤。最先进的安全带都带有预收紧装置和拉力限制器，让我们来看看这两者的功能原理。

1. 安全带预收紧装置

当事故发生时，人向前，座椅往后，此时如果安全带过松，则后果很可能是乘员从安全带下面滑出去，或者，人已碰到了气囊，而此时安全带由于张紧余量过大而未能及时绷紧，即未能像希望的那样先期吃掉一部分冲力，而是将全部负担都交给了气囊。这两种情况都有可能导致乘员严重受伤。但问题是，正确安装的安全带，其松动余地来自何方？一是由于乘员的衣服本身有一定的厚度，另外在安全带装置中也多少隐藏了部分松动余地，这种余地无法消除，但真遇到事故时，还应该尽量消除。怎么办？为此出现了这种安全带预收紧装置，它负责提供瞬间绷紧的安全带。其作用过程是，首先由一个探头负责收集撞车信息，然后释放出电脉冲，该脉冲传递到气体发生器上，引爆气体。爆炸产生的气体在管道内迅速膨胀，压向所谓的球链，使球在管内往前窜，带动棘爪盘转动。棘爪盘跟轴连为一体，安全带就绕在轴上。简单地讲，就是气体压力使球动，球带动棘爪盘转，棘爪盘带动轴转——瞬间实现了安全带的预收紧功能。从感知事故到完成安全带预收紧的全过程仅持续千分之几秒。管道末端是一截空腔，用于容留滚过来的球。

2. 安全带拉力限制器

事故发生后，安全带在预收紧装置的作用下，已经绷紧了。但我们希望在受力峰值过去后，安全带的张紧力度马上降低，以减小乘员受力，这份特殊任务就由安全带拉力限制器来完成。在安全带装置上，有一个如前所述的预收紧装置，底下卷绕着安全带。轴芯里边是一根钢质扭转棒。当负荷达到预定情况时，扭转棒即开始扭曲，这样就在一定程度上放松了安全带，实现了安全带的拉力限制功能。

在安全带预收紧装置和安全带拉力限制器的共同作用下，安全带的保护能力几乎达到了理想状态。所谓于细微处见精神，先进的安全带确实能给乘员提供可以信赖的安全保护。

（二）安全带分类

1. 预紧式安全带

预紧式安全带（图 7-2）的特点是当汽车发生碰撞事故的一瞬间，乘员尚未向前移动时它会首先拉紧织带，立即将乘员紧紧地绑在座椅上，然后锁止织带防止乘员身体前倾，有效保护乘员的安全。预紧式安全带中起主要作用的卷收器与普通安全带不同，除了普通卷收器的收放织带功能外，还具有当车速发生急剧变化时，能够在 0.1s 左右加强对乘员的约束力，因此它还有控制装置和预拉紧装置。

图 7-2　预紧式安全带

控制装置分有两种：一种是电子式控制装置，另一种是机械式控制装置。预拉紧装置则有多种形式，常见的预拉紧装置是一种爆燃式的，由气体引发剂、气体发生剂、导管、活塞、绳索和驱动轮组成。当汽车受到碰撞时，预拉紧装置受到激发，密封导管内底部的气体引发剂立即自燃，引爆同一密封导管内的气体发生剂，气体发生剂立即产生大量膨胀气体，迫使活塞向上移动拉动绳索，绳索带动驱动轮旋转，驱动轮使卷收器卷筒转动，织带被卷在卷筒上，使织带被回拉。最后，卷收器会紧急锁止织带，固定乘员身体，防止身体前倾避免与转向盘、仪表板和玻璃窗相碰撞。

2. 三点式安全带

安全带可以救命，这是一个毋庸置疑的事实，但无论是官方还是普通民众都用了很长时间才明白了这个道理。在减轻全世界千千万万交通事故的后果方面，它的贡献是其他任何单一的安全方案都无法比拟的。行车中，坐在车内的人体的移动速度与车速相同。突然停车时，人体仍会以原有速度移动。这就要求有一条坚固、柔软、拴系舒适的护带牢牢地将介乎

3000～5000kgf 的冲力挡住。如今，这种安全带已经成为我们轿车标准配置的一部分。先着手于安全带工作的不是汽车业，而是航空业。两名美国前飞行员休·德·黑文和罗杰·W·格里斯沃尔德设计了一种 Y 形的三点式安全带，并将斜挂带的扣接点置于座后——几乎就在乘员的身后。这种安全带与一个放在腹部上的扣环相连，叫做组合式肩—腰安全带（图 7-3），并于 1951 年申请了专利。

3. 后排安全带

在汽车发生碰撞时，后排安全带对后排的乘客能够更好地起到保护作用（图 7-4）。同时由于儿童乘坐汽车时，坐在后排遇到特殊情况时安全系数较高，如有后排儿童安全带，则能起到很好的保护作用。

图 7-3　三点式安全带

图 7-4　后排安全带

（三）安全带的使用误区

安全带是用来保护驾驶人和乘客安全的装置，这一点相信每个人都很清楚。但还是有不少驾驶人在驾驶过程中不系安全带，对其态度是“用时则信手拈来，不用时则顺手一丢”。甚至有个别私家车主把安全带当成了摆设，只有在遇到警察时才勉为其难、装模作样地系一下。安全带是生命的保护神，在现实生活中，一些人却在安全带使用上走入了误区。

误区之一：可用可不用

安全带成为了名副其实的“摆设”。其实，这完全是在拿自己的生命冒险。当车辆在高速行驶发生碰撞或紧急制动时，巨大的惯性会使车内乘员与转向盘、风窗玻璃等发生二次碰撞，从而造成对乘员的严重伤害。而安全带能将人束缚在座位上，它的缓冲作用会吸收大量动能，大大减轻乘员的伤害程度。然而由于观念的滞后，很多人都抱着侥幸心理，认为在市内行车，时速不会太高，所以没什么机会能用得着安全带。其实，当车仅以 40km/h 的速度行驶时发生碰撞，身体前冲的力量就会相当于从四层楼上扔下一袋 50kg 重的水泥，其冲力之大可想而知。所以，安全带的作用在这个时候就显示出来。

还有一些人认为，车内装备有安全气囊，所以就没必要系安全带了。其实，单纯依靠安全气囊也是十分危险的。因为气囊的爆发力非常大，如果丝毫没有安全带的牵引缓冲而直接撞到正在爆发的气囊上，对身体也会有严重的损伤。所以，安全气囊是要与安全带配合使用才能起到其“安全”的作用的。

据统计，由于系了安全带而在交通事故中幸免于难的乘员约占30%。也就是说，小小的安全带救了近三分之一驾车人的命。所以，您千万不要嫌麻烦，举手之劳，也许就能保住一条命。套用一句大家都知道的宣传语：为了您的安全，请系好安全带。

误区之二：不用时乱扔乱丢

在汽车的日常保养工作中，安全带也常常被忽视，其实，同其他部件一样，安全带也要使用与保养兼顾。经常性检查安全带的性能，一旦发现有损坏应及时更换，座椅旁边地板上所有固定座椅安全带的螺栓都应按规定力矩拧紧，螺栓周围应涂上密封胶。佩戴时，腰部安全带系位应尽可能低些，以系在髋部为佳，不要系在腰部，肩部安全带不宜在胳膊下面，应斜挂胸前，不要将安全带扭曲起来，不要把包裹抱在腿上或穿过厚的衣服，以免造成安全带佩戴错位，影响正常的功能。不要让安全带压在坚硬或易碎的物体上，如衣服里的眼镜、钢笔和钥匙等，也不要让安全带在锋利的刃口上摩擦，以免破坏安全带，不要让座椅靠背过于倾斜，否则安全带将不能正常伸缩。座椅上无人时，要将安全带送回卷收器中。如果安全带在使用中曾承受过一次强拉直负荷，即使未损坏，也应更换总成，不要继续使用。安全带必须与座椅配套安装，不要随意拆卸，车与车之间也不要对换。安全带太脏时，可用软性肥皂水作清洗液，用布或海绵擦洗。不要使用染料或漂白剂，否则会腐蚀安全带，且不要用硬刷刷洗，以免降低安全带的抗拉强度。

误区之三：怎么用都行

不少驾驶人由于不注意正确使用安全带，导致被安全带损伤。被安全带损伤的主要原因，源于当汽车突然制动或变速时，由于安全带的束缚，使驾乘人员的体位相对固定，在惯性力的作用下，驾乘人员的头颈部则处于过伸状态，由此可对颈椎产生一种剪切冲击力。另外，驾驶人因体位长期固定，而会引起颈肩及腰部的肌肉、韧带慢性疲劳性损伤。其损伤早期，可表现为颈椎不稳的症状，如颈、肩、手臂和背部的麻木、酸胀、疼痛等。此种损伤亦可见于胸腰段，表现为腰酸背痛，因椎动脉及颈段脊神经根所受到的牵拉刺激，严重者可出现头晕、头痛、耳鸣、视力模糊等症状，甚至于椎体的楔形压缩性骨折。为防止上述情况的发生，首先应避免在非高速公路段高速行车，起步及停车时应平缓变速，以减轻制动及变速时对脊椎产生的剪切冲击力。另外，还应在工作之余坚持进行颈肩及腰背部的功能锻炼，如做颈椎操，广播操等，以减轻肌肉、韧带的慢性疲劳性损伤，一旦发现有上述症状，应及时去医院就诊。

三、安全气囊

（一）安全气囊的概述

安全气囊是汽车被动安全中一项技术含量很高的产品。它的保护效果已经被人们普遍认识，有关安全气囊的第一个专利始于1958年。1970年就有厂家开始研制可以减轻碰撞事故中乘员伤害程度的安全气囊；20世纪80年代，汽车生产厂家开始逐渐装用安全气囊；进入20世纪90年代，安全气囊的装用量急剧上升；而进入21世纪以后，汽车上普遍都装有安全气囊（图7-5）。

汽车安全气囊系统（SRS）是辅助安全系统，它通常是作为安全带的辅助安全装置出现。安全带与安全气囊应配套使用，没有安全带，安全气囊的安全效果将要大打折扣。据调查，单独使用安全气囊可使事故死亡率降低18%左右，单独使用安全带可使事故死亡率下降42%左右，而当安全气囊与安全带配合使用时可使事故死亡率降低47%左右。由此可见，只有两者相互配合才能最大可能地降低事故的死亡率。

图7-5　安全气囊

当发生碰撞事故时，安全带将乘员“约束”在座椅上，使乘员的身体不至于撞到转向盘、仪表板和风窗玻璃上，避免乘员发生二次碰撞；同时避免乘员在车辆发生翻滚等危险情况下被抛离座位。安全气囊的保护原理：当汽车遭受一定碰撞力量以后，气囊系统就会引发某种类似小剂量炸药爆炸的化学反应，隐藏在车内的安全气囊就在瞬间充气弹出，在乘员的身体与车内设备碰撞之前起到铺垫作用，减轻身体所受冲击力，从而达到减轻乘员伤害的效果。

安全气囊用带橡胶衬里的特种织物尼龙制成，工作时用无害的氮气填充。此系统由一个传感器激活，该传感器用于监视碰撞中汽车速度减小的程度。在碰撞发生的早期，安全气囊开始充气，充气大约需要0.03s。安全气囊以非常快的速度充气十分重要，这能确保当乘客的身体被安全带束缚不动而头部仍然向前行进时，安全气囊能及时到位。在头部碰到安全气囊时，安全气囊通过气囊表面的气孔开始排气。气体的排出有一定的速率，确保让人的身体部位缓慢减速。由于安全气囊弹开的速度高达320km/h，碰撞时如果人的乘坐姿势不正确，将给人带来严重的伤害。

如果前排装备了安全气囊，不要让6岁或140cm以下的儿童坐在前座，更不要将婴儿座椅安置在前乘客座。

（二）安全气囊的结构原理

现代安全气囊系统由碰撞传感器、缓冲气囊、气体发生器及控制装置（电脑）等组成。

1. 碰撞传感器

碰撞传感器是安全气囊系统中的重要部件，其功能是检测、判断汽车发生碰撞后的撞击信号，以便决定是否展开缓冲气囊。碰撞传感器主要有三种类型，机械式传感器在早期的安全气囊中使用较多，它主要应用惯性原理，利用传感器中元件的惯性力克服弹簧力来触发气体发生器。机械式传感器在加速度较低时能保证不启动气囊，可靠性较高；但只能单点传感，对机械部件的品质、精度和耐磨性要求极高。

电子式传感器是一种应用最早的碰撞传感器，它根据电子原理，利用电信号来反映车身减速度，而后根据电信号来判别是否展开缓冲气囊。

机电式传感器采用机电结合的方式，将机械信号转化为电子信号，再利用电子信号点爆安全气囊。它既具有机械式的优点，又能克服机械式传感器本身存在的缺陷。机电式传感器可安装在车身上任何位置，都可得到较好的减速信号，而且能够在同一位置安装多个传感器。

2. 缓冲气囊

气囊一般由防裂性能好的聚酰胺织物制成，它是一种半硬的泡沫塑料，能承受较大的压力；经过硫化处理，可减少气囊冲气膨胀时的惯性力；为使气体密封，气囊里面涂有涂层材料。气囊的大小、形状、漏气性能是确定安全气囊保护效果的重要因素，必须根据不同汽车的实际情况来确定。

3. 气体发生器

安全气囊系统要求气体发生器能够在较短的时间内（30ms 左右）产生大量的气体充满气囊，产生的气体必须对人体无害，且不能温度太高，同时要求气体发生器有很高的可靠性和稳定性。气体发生器主要有压缩气体式、烟火式和混合式三种形式。混合式气体发生器是压缩气体式和烟火式相结合的发生器，也是目前广泛应用的一种气体发生器。

4. 控制装置

控制装置一般集成在微计算机中。当汽车发生碰撞事故时，控制装置接收多个传感器传来的车身不同位置的减速信号，经过反复不断地分析、比较、计算，决定是否发出点火信号。要求控制装置能够在复杂的碰撞情况下作出非常准确的判断，点火时刻也必须精确控制。

虽然安全气囊在结构上会有所不同，但其工作原理基本一致。在汽车行驶过程中，传感器系统不断向控制装置发送速度变化（或加速度）信息，由控制装置（中央控制器）对这些信息加以分析、判断。如果所测的加速度、速度变化量或其他指标超过预定值（即真正发生了碰撞），则控制装置向气体发生器发出点火命令或传感器直接控制点火，点火后发生爆炸反应，产生 N_2 或将储气罐中压缩氢气释放出来充满气囊。乘员与气囊接触时，通过气囊上排气孔的阻尼吸收碰撞能量，达到保护乘员的目的。

安全气囊根据安装的位置及保护对象不同而不同。对驾驶人进行保护的气囊，装在转向盘内，防止驾驶人与转向盘、仪表板及前风窗玻璃发生碰撞；对前排乘员进行保护的气囊，装在仪表板内，防止乘员与仪表板、前风窗玻璃发生碰撞；对后排乘员进行保护的气囊，一般安装在前排座椅的靠背上部或头枕内部，防止乘员与前排座椅发生碰撞。由于后排乘员受到的伤害程度较轻，后座椅安全气囊一般只在高级轿车上使用。

（三）安全气囊的化学原理

汽车的安全气囊内有叠氮化钠（NaN_3）或硝酸铵（NH_4NO_3）等物质。当汽车在高速行驶中受到猛烈撞击时，这些物质会迅速发生分解反应，产生大量气体，充满气囊。叠氮化钠分解产生氮气和固态钠；硝酸铵分解产生大量的一氧化二氮（N_2O）气体和水蒸气。

新型安全气囊加入了可分级充气或释放压力的装置，以防止一次突然点爆产生的巨大压力对人头部产生的伤害，特别在乘客未佩戴安全带的时候，可导致生命危险。具体形式如下：

① 分级点爆装置。即气体发生器分两级点爆，第一级产生约 40% 的气体容积，远低于最大压力，对人头部移动产生缓冲作用，第二级点爆产生剩余气体，并且达到最大压力。总的来说，两级点爆的最大压力小于单级点爆。

② 分级释放压力方式。囊袋上开有泄压孔或可调节压力的孔，分为完全凭借气体压力顶开的方式或电脑控制的方式。这种方式，一开始压力达到设定极限，然后瞬时释放压力，以避免伤害。

（四）安全气囊打开条件

为了保证安全气囊在适当的时候打开，汽车生产厂家都规定了气囊的起爆条件，只有满足了这些条件，气囊才会爆炸。虽然在一些交通事故中，车内乘员碰得头破血流，甚至出现生命危险，车辆接近报废，但是如果达不到安全气囊爆炸的条件，气囊还是不会打开。

安全气囊打开需要合适的速度和碰撞角度。从理论上讲，只有车辆的正前方左右大约60°之间位置撞击在固定的物体上，速度高于30km/h，这时安全气囊才可能打开。这里所说的速度不是我们通常意义上所理解的车速，而是在试验室中车辆相对刚性固定障碍物碰撞的速度，实际碰撞中汽车的速度高于试验速度气囊才能打开。

汽车发生碰撞时的主要受力部位是保险杠和车身纵梁，为了缓冲碰撞时的冲击力，车身前部大都设计有碰撞缓冲区，而且车身的刚度分布也是不均匀的。在一些事故中，例如当轿车与没有后部防护装置的货车发生钻入性追尾事故，或轿车碰撞护栏后发生翻车事故，或发生车身侧面碰撞等，这样的事故往往没有车身前部的直接撞击，主要是车身上部和侧面发生碰撞，碰撞车身部位的刚度很小，虽然车舱发生了很大的变形，造成了车内乘员受伤或死亡，但是由于碰撞部位不对，有时候气囊并不能打开。

（五）安全气囊使用过程中存在的缺陷

安全气囊作为提高汽车安全性的有效措施之一越来越受到人们的重视。世界各国都投入大量的人力物力致力于安全气囊的开发，使得安全气囊系统得到大力发展。在一些实际的碰撞事故中证明安全气囊确实具有降低乘员伤亡的功效，但也发现了其存在的一些问题。安全气囊在使用中存在如下问题：

① 气囊可能在很低的车速时打开。汽车在很低车速行驶而发生碰撞事故时，乘员和驾驶人系上安全带即可，完全不需要安全气囊展开起保护作用。如果这时展开气囊反而会造成不必要的浪费，甚至还可能因安全气囊的展开加重碰撞伤害。

② 气囊的启动会对乘员造成伤害。安全气囊系统启动时将冲开气囊盖板，并且在瞬间展开充气，很可能对乘员造成冲击；产生的灼热气体也会灼伤乘员和驾驶人。

③ 当乘客偏离座位或座位上无人或儿童乘坐时，气囊系统的启动不仅起不到应有的保护作用，还可能会对乘员造成一定的伤害。

（六）安全气囊的发展趋势

随着科技的发展和人们对汽车安全重视程度的提高，汽车安全技术中的安全气囊技术近年来也发展得很快，智能化、多安全气囊是今后整体安全气囊系统发展的必然趋势。

新的技术可以更好地识别乘客类型，采取不同的保护措施。系统采用重量、红外、超声波等传感器来判断乘客与仪表板远近、重量、身高等因素，进而在碰撞时判断是否点爆气囊、采用1级点火还是多级点火、点爆力有多大，并与安全带形成总体控制。通过传感器，气囊系统还可以判断出车辆当前经历的碰撞形式，是正面碰撞还是角度碰撞，是侧面碰撞还是整车的翻滚运动，以便驱动车身不同位置的气囊，形成对乘客的最佳保护。

网络技术的应用也是安全气囊系统的发展方向。在汽车网络中，有一种应用面比较窄，但是非常重要的网络即Safe-By-Wire。Safe-By-Wire是专门用于汽车安全气囊系统的总线，它旨在通过综合运用多个传感器和控制器来实现安全气囊系统的细微控制。Safe-By-Wire Plus总线标准是由汽车电子供应商和部件供应商如飞利浦、德尔福等公司提出。与整车系统常用的CAN、FlexRay等总线相比，Safe-By-Wire的优势在于它是专门面向安全气囊系统的汽车LAN接口标准。为了保证系统在汽车出事故时也不受破坏，Safe-By-Wire中嵌入有多重保护功能。比如说，即使电路发生短路，安全气囊系统也不会因出错而起动。Safe-By-Wire技术将会在汽车安全气囊系统中获得广泛的应用。

四、其他被动安全技术

（一）乘坐舱的设计

环绕乘员周围的车体结构设计的目的是在车辆发生碰撞时限制车体的变形，减少乘员受伤的风险。车体设计的一系列特征都以实现这一功能为目的，如防撞压损区、车门防护梁以及车顶加固物、汽车门锁等。

乘坐舱的设计首先要考虑对碰撞能量的吸收。在车体结构中设计防撞压损区就属于此种设计。当防撞压损区发生挤压变形时，它可吸收能量并帮助减少乘坐舱的变形。这样，就通过减小作用于乘员的作用力而显著提高了乘员避免一系列严重受伤的概率。另外，还可在防撞压损区内设置触发点，用于在发生前/后碰撞时提供一个渐进的和可控的压皱区。现在，防撞压损区的设计都是在计算机的帮助下进行的，因此，可以获得各种变形的防撞压损区。甚至在车体结构中故意加入一些孔洞，从而使压皱在预先设计的点开始。

其次，乘坐舱的设计还要考虑碰撞发生时保持乘坐舱的完整性，避免乘员受到挤压和冲击。汽车侧面、地板以及侧车门的加强设计即用于抵抗侧面碰撞时车体的变形。此外，车门内还安装有钢制防护梁和吸收能量的泡沫状物，它们与坚固的门铰链和门闩一起，进一步分解抵消侧面碰撞的碰撞力。汽车门锁的设计用于发生事故时保持车门处于关闭状态，以保持乘员呆在车内，防止乘员弹出。

通常，在发生正面碰撞时，驾驶人最易受到伤害，因为他可能遭受发动机和转向柱后移造成的冲击。为此，现代有些汽车将转向柱设计成缩进式，即当转向柱的两端受到撞击力——碰撞过程中发动机的移动撞击转向盘底部或乘员向前俯冲撞击转向盘时，它能够折叠起来。这样，就通过限制转向柱冲出撞击驾驶人和减小驾驶人与转向盘接触产生的作用力，为驾驶人提供了额外的保护功能。

（二）可充气式幕系统（ICS）

ICS 是一项全新发展出来的安全设计，其基本原理是为保护车内乘员的头部，因此在车厢的车顶下檐四周横梁部分，当碰撞发生时 ICS 会充气，充气后的形状呈幕状，范围可从前挡上缘绕 A 柱到 C 柱，用以保护乘员的头部。

（三）管状充气结构头部空气囊（ITS）

目前的侧边防护系统仍停留于只能保护人的胸部、腹部、臀部，而对于头部的保护功能则较不足，而 ITS 配合车身刚体结构、车门防护刚梁、侧边空气囊，可构成较完整的侧边安全防护网，这也是未来的安全防护趋势。ITS 本身由高抗力纤维制成，内含一支绝不漏气的圆管，其管状结构在受压时直径可增加 3 倍，并在充气的同时缩短，以产生轴向张力，使整支圆管紧绷，使 ITS 有更稳定的保护性。它的两端皆有皮带，一端固定于 A 柱内侧接近于仪表板之处，另一固定点在车顶边缘靠近后座上方的车门把手处，连接这两点间的直线位置，在气囊充气后可以与所谓人的“眼点（eye point）”相对应，由于眼点系大部分人眼睛的分布位置，因此无论是乘客体型是娇小的女生或是两米高的彪形大汉，都能够获得 ITS 相同的保护。

（四）头部支撑系统（HRS）

HRS 通称为头枕。车辆中座椅所配备的头枕，其实不只是为了舒适，更重要的是为了安全。因为车辆如果遇到紧急状况——后车追尾时，车身会有强烈的前后摆动，由于惯性的原理乘员身躯必然跟着摆动，尤其是颈部，如果头部没有支撑缓冲的头枕时，颈部受伤所引起的伤害是非常惊人的，有些汽车车枕的设计略嫌不够周严，显得华而不实。

（五）主动式头部支撑系统（AHRS）

AHRS 在座椅下方有一机械装置与一个管状框架与压力板，最后连接着一个旋转轴，整个系统连接于接近座椅底部的位置，而这个管状框架的路径由座椅顶端的横轴导管控制。当车辆承受突然撞击时，驾驶人身体因而往后压，会迫使导管上升而使头枕向前倾，抵住头部，防止头部快速后仰，保护头部颈椎的安全。

（六）儿童安全

1. 儿童安全保护锁（CPLS）

CPLS 是四门式轿车为了进一步保护后座儿童所做的设计。当此装置设定时，车内人员将无法由车内开启车门，因此可避免小孩顽皮不小心拉开门锁把，车门突然打开所造成的危险。

2. 儿童座椅（Child Seat）

儿童座椅又可称为儿童限制系统 Child Restraint System（CRS）。目前汽车上的安全措施如安全带、辅助气囊几乎都是依据成人的身材、体重设计的，若儿童系上安全带坐在前座，由于儿童的身材、体重不同于成人，因此如果儿童使用专为成人而设计的安全设施，非但无法降低伤害反而会增加儿童的伤害。另外，根据美国国家高速公路安全局的研究报告，辅助气囊造成婴儿及 12 岁以下之幼童的死亡率有增加的趋势，因此儿童座椅绝对不可以将婴儿放置于装有安全气囊的前座，最好是放置于后座。假如万不得已必须坐在前座，则必须把座椅尽量往后拉，增加与安全气囊的距离。目前 CRS 大体上可分为婴儿用、幼儿用及学童用等三类，婴儿用座椅目前市面上使用较少，是用躺的方式，至于幼儿用安全座椅则使用较多，又可分向车前、向车后或两者兼用式，而以原车上的安全带来固定儿童座椅，幼儿则使用安全座椅上的五点式安全带。至于学童用的安全座椅，则是使用可以把学童垫高的安全座垫，将座椅垫高之后就可以使用成人用安全带，如此才可避免事故发生时由于学童系安全带的高度不够而勒住脖子的现象。

第四节 安 全 行 车

一、概述

交通事故是和平时期人类非正常死亡的主要原因之一，每年因道路交通事故造成了大量的人员伤亡和财产损失。据公安部发布的统计数字，2003 ~ 2007 年全国共发生道路交通事故 239. 13 万起，造成 47. 32 万人死亡、223. 73 万人受伤，直接经济损失 106. 5 亿元。2007 年，全国共发生道路交通事故 327209 起，造成 81649 人死亡、380442 人受伤，直接财产损失 12 亿元。也就是说，2007 年全国的交通事故死亡人数相当于“5. 12”汶川大地震造成的人员死亡，平均每一个小时就有 9. 3 个人因交通事故死亡，43. 4 个人因交通事故受伤。“车祸猛于虎”，道路交通安全事关人民群众的生命财产安全，影响社会的和谐稳定，一起交通事故往往使多个家庭失去亲人，带来的身体和心理上的创伤，是家庭永远无法愈合的伤口。

道路交通安全涉及人、车、路、环境四个基本要素，行车安全既需要驾驶人养成文明的驾驶习惯，也需要掌握安全行车必需的技能，同时，也要能够根据天气、路况等客观因素及时调整驾驶行为。

二、行车安全尤其需要克服的几种重点交通违法行为

大量的数据表明，驾驶人交通违法行为是引发道路交通事故的罪魁祸首。以 2007 年为例，机动车超速行驶、酒后驾车、疲劳驾驶、违法超车等违法行为造成交通事故占总数的 87.7%，造成的死亡事故占到了总数 89.03%。驾车出行尤其要克服以下几种交通陋习。

（一）严防超速行驶

1. 超速行驶使驾驶人视力下降

通常情况下，在车速 72km/h 时，正常视力为 5.1 的驾驶人会下降到 4.8，这时驾驶人对周围环境与行人的分辨能力大大下降。人体处于运动状态下，眼睛的视界也会变得越来越窄，就像通过一根管子看东西一样，近处的东西看不见，看到仅是远处的东西，前方一旦出现的险情，难以及时、准确、妥善地进行处置，容易引发交通事故。

2. 超速行驶影响车辆的安全性能

超速行驶，破坏了车辆在特定环境工作中的指数，加大了车辆的工作强度和负荷，加剧了机件的磨损和损毁。特别对车轮更是不利，跳跃性、拖滑性磨损不说，还提高了摩擦温度，轮胎极易老化和变形，引发爆胎事故。

3. 超速行驶易使驾驶人疲劳

由于速度快，超车、会车的机会增多，行驶间距缩短，车外情况应接不暇，驾驶人心理能量和生理能量消耗很大，时间一久还会瞌睡，其反应速度及操纵车辆的准确度就会明显下降，易发生交通事故。

4. 超速行驶易加大交通事故损害后果

超速行驶时一旦前方突然出现情况，即使采取了紧急制动措施，但仍会延长车辆的制动距离，易造成翻坠车、碰撞的交通事故，交通事故的破坏程度很高。由于超速行驶，路面冲突点和交织点增多，交通事故发生的概率无疑将增高，并且一旦遇有紧急情况，驾驶人稍一动转向盘，很有可能发生车道偏离，这就增加了行车的危险性。

（二）严防疲劳驾驶

暑期是疲劳驾驶的高发期，造成疲劳驾驶的主要原因是由于驾驶人睡眠不足或连续长时间驾驶。驾驶人疲劳时，听觉和视觉敏锐度降低。特别是随着疲劳的加重，出现注意力不稳定，注意范围变小，注意力转移迟缓，反应变得迟钝，精力不集中等现象，常常不能正确、敏捷地操纵汽车，一旦前方出现紧急情况，疲劳的驾驶人就会不知所措，极易导致事故的发生。

同时，高速公路因其交通元素单一、路况较地方道路简单、驾驶动作基本不变等原因也往往使驾驶人产生疲劳，往往因反应不及时或采取措施不当发生交通事故。连续行车两三个小时后，驾驶人要选择一个安全的地点停车休息至少 10min，活动一下，呼吸一下新鲜空气，不要因赶路而勉强行车。一旦发现驾驶人有疲劳驾驶的特征时，一定要立即停车休息，以保证行车安全。

（三）严防酒后驾驶

众所周知，世界各国都明令严禁驾驶人饮酒后驾驶机动车辆。因为酒精对人的大脑既有短时间刺激作用，使人“假兴奋”，又有麻醉作用，使人反应迟钝，甚至行为失控。驾驶人饮酒后，由于酒精的麻痹作用，致使触觉、视觉、判断能力、操作能力等降低，人体作出反应的相应时间会延长到正常状态时的两三倍。

机动车是一种速度快、冲力大的交通工具，它要求驾驶人行车时，必须保持清醒的头脑，对于道路上瞬息万变的交通情况，要在 0.75s 内作出迅速的判断，并采取恰当的技术措施，才能保证交通安全。驾驶人在没有饮酒的情况下行车，发现前方有危险情况，从视觉感知到踩制动器的动作中间的反应时间为 0.75s，饮酒后尚能驾车的情况下反应时间要减慢两三倍，同速行驶下的制动距离也要相应延长，这大大增加了出事的可能性。

据研究表明，人呈微醉状开车，发生事故的可能性为没有饮酒情况下开车的 16 倍。

① 触觉能力降低。饮酒后驾车，由于酒精的麻醉作用，人的手、脚的触觉较平时降低，往往无法正常控制加速踏板、制动踏板及转向盘。

② 判断能力和操作能力降低。饮酒后，对光、声刺激反应时间延长，本能反射动作的时间也相应延长，感觉器官和运动器官如眼、手、脚之间的配合功能发生障碍，因此，无法正确判断距离、速度。

③ 视觉障碍。饮酒后可使视力暂时受损，视像不稳，辨色能力下降，因此不能发现和正确领会交通信号、标志和标线。同时饮酒后视野大大减小，视像模糊，眼睛只盯着前方目标，对处于视野边缘的危险隐患难以发现，易发生事故。

④ 心理变态。在酒精的刺激下，人有时会过高地估计自己，对周围人的劝告常不予理睬，往往干出一些力不从心的事。

⑤ 疲劳。饮酒后易困倦，表现为行驶不规律，空间视觉差等疲劳驾驶的行为。

按照《车辆驾驶人员血液、呼气酒精含量值与检验国家标准》：驾驶人血液中的酒精含量大于或者等于 20mg/100mL，小于 80mg/100mL 属于酒后驾车行为；血液中的酒精含量大于或者等于 80mg/100mL 就属于醉酒驾车。一般人喝一纸杯啤酒，100mL 血液中酒精含量即可达到 20mg；喝一瓶啤酒，100mL 血液中酒精含量即可达到 80mg。

据世界卫生组织的报告，当驾驶人血液中酒精含量达 80mg/100mL 水平时，发生交通事故的机会是血液中不含酒精时的 2.5 倍；达 100mg/100mL 水平时，发生交通事故的机会是血液中不含酒精时的 4.7 倍。

即使在少量饮酒的状态下，交通事故的危险度也可达到未饮酒状态的 2 倍左右。驾驶人一定要养成酒后不驾车，驾车不饮酒的良好习惯，减少交通事故对人身及财产带来的侵害。

三、在几种特殊情况下的行车安全

（一）要特别注意恶劣天气下的行车安全

近年来，恶劣天气频发，恶劣天气条件下行车发生事故的概率要大大高于正常条件下。随着行车条件的下降，驾驶人因没有及时调整心态和车速，从而造成大量的交通事故。

恶劣天气条件下影响驾驶人安全驾车的主要因素如下：

1. 雨天积水，车辆跑偏

雨天，当车速达到 80km/h 以上时，车轮与地面会产生一种“水膜”，车速越高，“水膜”越厚，在“水膜”的润滑作用下，车辆方向容易失控引发事故。雨中驾车应将车速控制在规定的范围内，并根据实际需要调整车速。能见度在 50m 以内时，最高车速不得超过 30km/h，遇到大暴雨或特大暴雨，刮水器的作用不能满足能见度要求时，不要冒险行驶，应选择安全地点停车，并打开示宽灯，待雨小或雨停时再继续行驶。

2. 雾天能见度下降

驾驶人在视线不良的情况下没有把车速降下来，盲目行车，极易造成追尾事故。雾中驾驶车辆应打开防雾灯及示宽灯，严格遵循靠右侧通行的原则缓慢行驶，车辆之间及行人之间都要保持充分的安全距离，严格根据能见度控制车速，适时鸣喇叭，以引起行人和车辆注意。

3. 冰雪打滑

在冬季路面通常容易结冰，而部分驾驶人由于路况不熟且缺乏行车经验，在通过结冰的涵洞、桥面或遇有突发情况时，不能及时采取措施导致车辆侧滑，引发交通事故。为确保交通安全，要适当放宽前距、横距，车速应控制在安全速度以内，在通过路口时切勿加速抢行，特别在弯道处，须格外小心，同时避免紧急制动，防止侧滑。

（二）要特别注意高速公路行车安全

由于排除了行人、非机动车辆对交通过程的干扰，高速公路具有行车速度快、交通流量大等特点。正是这些特点使高速公路行车不同于普通公路，一旦发生交通事故后果极其严重。

1. 不能超速行驶

超速行驶驾驶人视力下降、视野变窄、准确判断能力降低，如遇紧急情况，纵有再多的操作经验也难以化险为夷，最终酿成大祸。而在雾、雨、雪天超速行驶，因路面湿滑，更容易发生事故。

2. 要注意低速行驶车辆

低速行驶的车辆造成的“流动障碍”是驾驶人无法预见的，也无法设置提醒、指示标志。特别是在夜晚或其他恶劣气候情况下，后车往往措手不及。特别是一些低速行驶的车辆如果灯光不全，更易造成事故。

3. 不能随意停车

在高速公路连续行驶的过程中，由于车速较快，驾驶人很难判断前方车辆是移动的还是静止的。尤其是夜间，后方车辆往往把停驶车辆的尾灯当成行驶车辆的尾灯，难以判断车辆的移动速度，极易发生碰撞事故。

4. 要保持安全车距

行车过程中保持合理的车距是留给自己采取应急措施的一项有效方法。《道路交通安全法实施条例》规定车辆时速在 100km/h，与前车行车间距必须保持 100m 以上。但有些驾驶人对保持车距的必要性不以为然，有时甚至发生群车连环追尾事故。

5. 严禁违法超车、倒车、逆行

少数驾驶人不按规矩行车，想超就超，盲目超车，强行超越正在超车的车辆以及从右侧紧急停车带超车等，都可能引发交通事故。

（三）要特别注意夜间行车安全

夜间行车视线差，在没有照明的路段，驾驶人视线普遍受到影响，不能清楚看到前方事物，或者不能看清和判断前方事物的距离，尤其是在会车的情况下，由于受对向车辆灯光的影响，会产生视觉的盲点，导致看不清或看不见前方事物，夜间特大道路交通事故明显高于白天。夜间行车由于不能见到道路两旁的景观，对驾驶人兴奋性刺激物小，因此最易产生驾驶疲劳，如稍有感觉就应振作精神或停车休息片刻。

1. 夜间行车应严格控制车速

由于夜间道路上车辆相对较少，加上急于赶路，一般比较容易高速行车，因而很可能发生交通事故。夜间行车由亮处到暗处时，眼睛有一个适应过程，因此必须降低车速，在驶经弯道、坡路、桥梁、窄路和不易看清的地方更应降低车速并随时做好制动或停车的准备；驶经繁华街道时，由于霓虹灯以及其他灯光的照射对驾驶人的视线有影响，这时也须低速行驶；如遇下雨、下雪和下雾等恶劣的天气时更须低速小心行驶。

2. 夜间行车应增加跟车距离

夜间行车视线不良，常遇危险、紧急情况，为避免危险，要注意适当增加跟车距离，以防止前后车碰撞事故。

3. 夜间行车应正确使用灯光

夜间驾驶，必须开亮前车灯，如遇对向车，要切实注意右侧行人和自行车，与对向车相距150m时，应将远光灯变为近光灯，若遇对方不改用近光，应立即减速并连续使用变换远、近光的办法来示意对方；如仍不改变，则应减速靠右停车避让。应尽量避免夜间超车，必须超车时，应事先连续变换远、近灯光告知前车，在确实判定前车让路允许超越后，再进行超车。

4. 夜间行车要注意从左侧横过马路的行人

在城市道路的交通繁忙地段，有时对向车道上排满了等红灯的车，在这种情况下，常常有行人从车队的间隙中跑出来从左向右横过马路。

在窄路、窄桥与非机动车会车时要使用近光灯。在行经没有信号灯控制的人行横道地段，遇有行人通过，必须做到停车让行人先行，因为在这种情况下，行人具有绝对的优先通行权，受到法律的有效保护。通过没有信号灯的路口，即使有优先通行权，也一定减速慢行，以防其他没有优先通行权的车辆抢行。

四、树立和培养驾驶人良好的职业道德形象

安全文明行车是驾驶人职业道德的一部分，也是现代交通对驾驶人的一项基本要求。教育驾驶人熟练掌握好安全驾车的本领，培养良好的职业道德，坚决杜绝各类交通违法行为，不酒后驾驶，不疲劳驾驶，不开“特权车”、“英雄车”，文明行车，安全驾驶。

驾驶人的驾驶技能不仅包括开车的技能，更应熟练掌握车辆保养和维修的技能，做到会驾驶、会维护保养、会排除故障、知交通法规。尤其在出车前，要对车辆的安全技术状况进行检查，重点检查制动、转向、轮胎等重点部件的安全性能，防止半路抛锚现象发生。驾驶人一定要牢固树立安全行车意识，每次驾车外出都必须有一种忧患意识、安全意识，时刻想到安全出行、平安回家，驾车出行也绝非是个人的安全，同时也影响到他人的安全。

要真正从心灵深处烙上“安全出行”的印迹，为了您及他人的安全，为了家人的幸福，严格遵守交通安全法律法规，切忌疏忽大意引发事故。

本章小结

本章主要介绍了汽车主动安全性、汽车被动安全性以及安全行车，介绍了汽车上主动安全实现的技术，如防抱死制动系统（ABS）及其扩展功能——电子制动力分配系统（EBD）、牵引力控制系统（TCS）和电子稳定装置（ESP）以及最新技术进展；也介绍了被动安全的各种措施和技术，如安全带、安全气囊等；还详细介绍了行车安全知识。

【思考与习题】

1. 从哪些方面入手提高汽车主动安全性？
2. 汽车被动安全性有哪些措施？
3. 行车安全的注意事项有哪些？

参 考 文 献

[1] 魏郎，刘浩学. 汽车安全技术概论 [M]. 北京：人民交通出版社. 1999.
[2] 王晅，李宏光，等. 现代汽车安全 [M]. 北京：人民交通出版社. 1997.
[3] 邢忠义. 汽车新结构与新技术 [M]. 北京：机械工业出版社. 2011.